T&P BOOKS

I0168686

TAILANDESE

VOCABOLARIO

PER STUDIO AUTODIDATTICO

ITALIANO-TAILANDESE

Le parole più utili
Per ampliare il proprio lessico e affinare
le proprie abilità linguistiche

9000 parole

Vocabolario Italiano-Thailandese per studio autodidattico - 9000 parole
Di Andrey Taranov

I vocabolari T&P Books si propongono come strumento di aiuto per apprendere, memorizzare e revisionare l'uso di termini stranieri. Il dizionario si divide in vari argomenti che includono la maggior parte delle attività quotidiane, tra cui affari, scienza, cultura, ecc.

Il processo di apprendimento delle parole attraverso i dizionari divisi in liste tematiche della collana T&P Books offre i seguenti vantaggi:

- Le fonti d'informazione correttamente raggruppate garantiscono un buon risultato nella memorizzazione delle parole
- La possibilità di memorizzare gruppi di parole con la stessa radice (piuttosto che memorizzarle separatamente)
- Piccoli gruppi di parole facilitano il processo di apprendimento per associazione, utile al potenziamento lessicale
- Il livello di conoscenza della lingua può essere valutato attraverso il numero di parole apprese

T&P Books Publishing
www.tpbooks.com

ISBN: 978-1-78767-244-4

Questo libro è disponibile anche in formato e-book.
Visitate il sito www.tpbooks.com o le principali librerie online.

VOCABOLARIO THAILANDESE
per studio autodidattico

I vocabolari T&P Books si propongono come strumento di aiuto per apprendere, memorizzare e revisionare l'uso di termini stranieri. Il vocabolario contiene oltre 9000 parole di uso comune ordinate per argomenti.

- Il vocabolario contiene le parole più comunemente usate
- È consigliato in aggiunta ad un corso di lingua
- Risponde alle esigenze degli studenti di lingue straniere sia essi principianti o di livello avanzato
- Pratico per un uso quotidiano, per gli esercizi di revisione e di autovalutazione
- Consente di valutare la conoscenza del proprio lessico

Caratteristiche specifiche del vocabolario:

- Le parole sono ordinate secondo il proprio significato e non alfabeticamente
- Le parole sono riportate in tre colonne diverse per facilitare il metodo di revisione e autovalutazione
- I gruppi di parole sono divisi in sottogruppi per facilitare il processo di apprendimento
- Il vocabolario offre una pratica e semplice trascrizione fonetica per ogni termine straniero

Il vocabolario contiene 256 argomenti tra cui:

Concetti di Base, Numeri, Colori, Mesi, Stagioni, Unità di Misura, Abbigliamento e Accessori, Cibo e Alimentazione, Ristorante, Membri della Famiglia, Parenti, Personalità, Sentimenti, Emozioni, Malattie, Città, Visita Turistica, Acquisti, Denaro, Casa, Ufficio, Lavoro d'Ufficio, Import-export, Marketing, Ricerca di un Lavoro, Sport, Istruzione, Computer, Internet, Utensili, Natura, Paesi, Nazionalità e altro ancora ...

INDICE

GUIDA ALLA PRONUNCIA

Vocali

Alfabeto fonetico T&P	Esempio thailandese	Esempio italiano
[a]	ห้า [hâ:] – hâa	macchia
[e]	เป็นลม [pen lom] – bpen lom	meno, leggere
[i]	วินัย [wíʔ naj] – wí–nai	vittoria
[o]	โกน [ko:n] – gohn	notte
[u]	ขุนเคือง [kʰùn kʰɯ:aŋ] – khùn kheuang	prugno
[aa]	ราคา [ra: kʰa:] – raa–khaa	scusare
[oo]	ภูมิใจ [pʰu:m tɕaj] – phoom jai	discutere
[ee]	บัญชี [ban tɕʰi:] – ban–chee	scacchi
[eu]	เดือน [dɯ:an] – deuan	Come [u], vocale posteriore alta, ma senza le labbra arrotondate.
[er]	เงิน [ŋɤn] – ngern	Come [o], vocale posteriore, ma senza le labbra arrotondate.
[ae]	แปล [plɛ:] – bplae	essere
[ay]	เลข [lê:k] – lâyk	essere
[ai]	ไป [paj] – bpai	marinaio
[oi]	โพย [pʰo:j] – phoi	vassoio
[ya]	สัญญา [săn ja:] – săn–yaa	piazza
[oie]	อบเชย [ʔòp tɕʰɤ:j] – òp–choie	Combinazione [ə:i]
[ieo]	หน้าเซียว [nâ: si:aw] – nâa sieow	KIA (auto)

Consonanti iniziali

[b]	บาง [ba:ŋ] – baang	bianco
[d]	สีแดง [sǐ: dɛ:ŋ] – sěe daeng	doccia
[f]	มันฝรั่ง [man fà ràŋ] – man fà–ràng	ferrovia
[h]	เฮลซิงกิ [he:n siŋ kìʔ] – hayn–sing–gì	[h] aspirate
[y]	ยี่สิบ [jî: sìp] – yêe sìp	New York
[g]	กรง [kroŋ] – grorng	guerriero
[kh]	เลขา [le: kʰǎ:] – lay–khǎa	[k] aspirate
[l]	เล็ก [lék] – lék	saluto
[m]	เมลอน [me: lɔ:n] – may–lorn	mostra
[n]	หนัง [nǎŋ] – nǎng	notte
[ng]	เงือก [ŋɯ:ak] – ngêuak	fango
[bp]	เป็น [pen] – bpen	pieno
[ph]	เผา [pʰǎw] – phǎo	[p] aspirate
[r]	เบอร์รี่ [bɤ: rî:] – ber–rêe	ritmo, raro
[s]	ซอน [sôn] – sôrn	sapere
[dt]	ดนตรี [don tri:] – don–dtree	tattica
[j]	ปั้นจั่น [pân tɕàn] – bpân jàn	come [tch] ma più schiacciato

Alfabeto fonetico T&P	Esempio thailandese	Esempio italiano
[ch]	วิชา [wiʔ tɕʰaː] – wí–chaa	[tsch] aspirate
[th]	แถว [tʰɛːw] – thăe	[t] aspirate
[w]	เคียว [kʰiːaw] – khieow	week-end

Consonanti finali

[k]	แม่เหล็ก [mɛː lèk] – mâe lèk	cometa
[m]	เพิ่ม [pʰɤːm] – phêrm	mostra
[n]	เนียน [niːan] – nian	notte
[ng]	เป็นห่วง [pen hùːaŋ] – bpen hùang	fango
[p]	ไม่ขยับ [mâj kʰà ja p] – mâi khà–yàp	pieno
[t]	ลูกเป็ด [lûːk pèt] – lôok bpèt	tattica

Note di commento

Tono medio - [ā] การคูณ [gaan khon]
Tono basso - [à] แจกจ่าย [jàek jàai]
Tono decrescente - [â] แต้ม [dtâem]
Tono alto - [á] แซ็กโซโฟน [sáek-soh-fohn]
Tono crescente - [ǎ] เนินเขา [nern khǎo]

ABBREVIAZIONI
usate nel vocabolario

Italiano. Abbreviazioni

agg	-	aggettivo
anim.	-	animato
avv	-	avverbio
cong	-	congiunzione
ecc.	-	eccetera
f	-	sostantivo femminile
f pl	-	femminile plurale
fem.	-	femminile
form.	-	formale
inanim.	-	inanimato
inform.	-	familiare
m	-	sostantivo maschile
m pl	-	maschile plurale
m, f	-	maschile, femminile
masc.	-	maschile
mil.	-	militare
pl	-	plurale
pron	-	pronome
qc	-	qualcosa
qn	-	qualcuno
sing.	-	singolare
v aus	-	verbo ausiliare
vi	-	verbo intransitivo
vi, vt	-	verbo intransitivo, transitivo
vr	-	verbo riflessivo
vt	-	verbo transitivo

CONCETTI DI BASE

Concetti di base. Parte 1

1. Pronomi

tu	คุณ	khun
lui	เขา	khăo
lei	เธอ	ther
esso	มัน	man
noi	เรา	rao
voi	คุณทั้งหลาย	khun tháng lăai
Lei	คุณ	khun
Voi	คุณทั้งหลาย	khun tháng lăai
loro (masc.)	เขา	khăo
loro (fem.)	เธอ	ther

2. Saluti. Convenevoli. Saluti di congedo

Salve!	สวัสดี!	sà-wàt-dee
Buongiorno!	สวัสดี ครับ/ค่ะ!	sà-wàt-dee khráp/khâ
Buongiorno! (la mattina)	อรุณสวัสดิ์!	a-run sà-wàt
Buon pomeriggio!	สวัสดีตอนบ่าย	sà-wàt-dee dtorn-bàai
Buonasera!	สวัสดีตอนค่ำ	sà-wàt-dee dtorn-khâm
salutare (vt)	ทักทาย	thák thaai
Ciao! Salve!	สวัสดี!	sà-wàt-dee
saluto (m)	คำทักทาย	kham thák thaai
salutare (vt)	ทักทาย	thák thaai
Come sta?	คุณสบายดีไหม?	khun sà-baai dee măi
Come stai?	สบายดีไหม?	sà-baai dee măi
Che c'è di nuovo?	มีอะไรใหม่?	mee à-rai mài
Arrivederci!	ลาก่อน!	laa gòrn
Ciao!	บาย!	baai
A presto!	พบกันใหม่	phóp gan mài
Addio! (inform.)	ลาก่อน!	laa gòrn
Addio! (form.)	สวัสดี!	sà-wàt-dee
congedarsi (vr)	บอกลา	bòrk laa
Ciao! (A presto!)	ลาก่อน!	laa gòrn
Grazie!	ขอบคุณ!	khòrp khun
Grazie mille!	ขอบคุณมาก!	khòrp khun mâak
Prego	ยินดีช่วย	yin dee chûay
Non c'è di che!	ไม่เป็นไร	mâi bpen rai

Di niente	ไม่เป็นไร	mâi bpen rai
Scusa!	ขอโทษที!	khŏr thôht thee
Scusi!	ขอโทษ ครับ/ค่ะ!	khŏr thôht khráp / khâ
scusare (vt)	ให้อภัย	hâi a-phai
scusarsi (vr)	ขอโทษ	khŏr thôht
Chiedo scusa	ขอโทษ	khŏr thôht
Mi perdoni!	ขอโทษ!	khŏr thôht
perdonare (vt)	อภัย	a-phai
Non fa niente	ไม่เป็นไร!	mâi bpen rai
per favore	โปรด	bpròht
Non dimentichi!	อย่าลืม!	yàa leum
Certamente!	แน่นอน!	nâe norn
Certamente no!	ไม่ใช่แน่!	mâi châi nâe
D'accordo!	โอเค!	oh-khay
Basta!	พอแล้ว	phor láew

3. Come rivolgersi

Mi scusi!	ขอโทษ	khŏr thôht
signore	ท่าน	thâan
signora	คุณ	khun
signorina	คุณ	khun
signore	พ่อหนุ่ม	phôr nùm
ragazzo	หนู	nŏo
ragazza	หนู	nŏo

4. Numeri cardinali. Parte 1

zero (m)	ศูนย์	sŏon
uno	หนึ่ง	nèung
due	สอง	sŏrng
tre	สาม	săam
quattro	สี่	sèe
cinque	ห้า	hâa
sei	หก	hòk
sette	เจ็ด	jèt
otto	แปด	bpàet
nove	เก้า	gâo
dieci	สิบ	sìp
undici	สิบเอ็ด	sìp èt
dodici	สิบสอง	sìp sŏrng
tredici	สิบสาม	sìp săam
quattordici	สิบสี่	sìp sèe
quindici	สิบห้า	sìp hâa
sedici	สิบหก	sìp hòk
diciassette	สิบเจ็ด	sìp jèt
diciotto	สิบแปด	sìp bpàet

diciannove	สิบเก้า	sìp gâo
venti	ยี่สิบ	yêe sìp
ventuno	ยี่สิบเอ็ด	yêe sìp èt
ventidue	ยี่สิบสอง	yêe sìp sŏrng
ventitre	ยี่สิบสาม	yêe sìp săam

trenta	สามสิบ	săam sìp
trentuno	สามสิบเอ็ด	săam-sìp-èt
trentadue	สามสิบสอง	săam-sìp-sŏrng
trentatre	สามสิบสาม	săam-sìp-săam

quaranta	สี่สิบ	sèe sìp
quarantuno	สี่สิบเอ็ด	sèe-sìp-èt
quarantadue	สี่สิบสอง	sèe-sìp-sŏrng
quarantatre	สี่สิบสาม	sèe-sìp-săam

cinquanta	ห้าสิบ	hâa sìp
cinquantuno	ห้าสิบเอ็ด	hâa-sìp-èt
cinquantadue	ห้าสิบสอง	hâa-sìp-sŏrng
cinquantatre	หาสิบสาม	hâa-sìp-săam

sessanta	หกสิบ	hòk sìp
sessantuno	หกสิบเอ็ด	hòk-sìp-èt
sessantadue	หกสิบสอง	hòk-sìp-sŏrng
sessantatre	หกสิบสาม	hòk-sìp-săam

settanta	เจ็ดสิบ	jèt sìp
settantuno	เจ็ดสิบเอ็ด	jèt-sìp-èt
settantadue	เจ็ดสิบสอง	jèt-sìp-sŏrng
settantatre	เจ็ดสิบสาม	jèt-sìp-săam

ottanta	แปดสิบ	bpàet sìp
ottantuno	แปดสิบเอ็ด	bpàet-sìp-èt
ottantadue	แปดสิบสอง	bpàet-sìp-sŏrng
ottantatre	แปดสิบสาม	bpàet-sìp-săam

novanta	เก้าสิบ	gâo sìp
novantuno	เก้าสิบเอ็ด	gâo-sìp-èt
novantadue	เก้าสิบสอง	gâo-sìp-sŏrng
novantatre	เกาสิบสาม	gâo-sìp-săam

5. Numeri cardinali. Parte 2

cento	หนึ่งร้อย	nèung rói
duecento	สองรอย	sŏrng rói
trecento	สามรอย	săam rói
quattrocento	สี่รอย	sèe rói
cinquecento	หารอย	hâa rói

seicento	หกร้อย	hòk rói
settecento	เจ็ดรอย	jèt rói
ottocento	แปดรอย	bpàet rói
novecento	เการอย	gâo rói
mille	หนึ่งพัน	nèung phan

duemila	สองพัน	sŏrng phan
tremila	สามพัน	săam phan
diecimila	หนึ่งหมื่น	nèung mèun
centomila	หนึ่งแสน	nèung săen
milione (m)	ล้าน	láan
miliardo (m)	พันล้าน	phan láan

6. Numeri ordinali

primo	แรก	râek
secondo	ที่สอง	thêe sŏrng
terzo	ที่สาม	thêe săam
quarto	ที่สี่	thêe sèe
quinto	ที่ห้า	thêe hâa
sesto	ที่หก	thêe hòk
settimo	ที่เจ็ด	thêe jèt
ottavo	ที่แปด	thêe bpàet
nono	ที่เก้า	thêe gâo
decimo	ที่สิบ	thêe sìp

7. Numeri. Frazioni

frazione (f)	เศษส่วน	sàyt sùan
un mezzo	หนึ่งส่วนสอง	nèung sùan sŏrng
un terzo	หนึ่งส่วนสาม	nèung sùan săam
un quarto	หนึ่งส่วนสี่	nèung sùan sèe
un ottavo	หนึ่งส่วนแปด	nèung sùan bpàet
un decimo	หนึ่งส่วนสิบ	nèung sùan sìp
due terzi	สองส่วนสาม	sŏrng sùan săam
tre quarti	สามส่วนสี่	săam sùan sèe

8. Numeri. Operazioni aritmetiche di base

sottrazione (f)	การลบ	gaan lóp
sottrarre (vt)	ลบ	lóp
divisione (f)	การหาร	gaan hăan
dividere (vt)	หาร	hăan
addizione (f)	การบวก	gaan bùak
addizionare (vt)	บวก	bùak
aggiungere (vt)	เพิ่ม	phêrm
moltiplicazione (f)	การคูณ	gaan khon
moltiplicare (vt)	คูณ	khoon

9. Numeri. Varie

cifra (f)	ตัวเลข	dtua lâyk
numero (m)	เลข	lâyk

numerale (m)	ตัวเลข	dtua lâyk
meno (m)	เครื่องหมายลบ	khrêuang măai lóp
più (m)	เครื่องหมายบวก	khrêuang măai bùak
formula (f)	สูตร	sòot
calcolo (m)	การนับ	gaan náp
contare (vt)	นับ	náp
calcolare (vt)	นับ	náp
comparare (vt)	เปรียบเทียบ	bprìap thîap
Quanto?	เท่าไหร่?	thâo rài
Quanti?	กี่...?	gèe…?
somma (f)	ผลรวม	phŏn ruam
risultato (m)	ผลลัพธ์	phŏn láp
resto (m)	ที่เหลือ	thêe lĕua
qualche ...	สองสาม	sŏrng săam
un po' di ...	นิดหน่อย	nít nòi
alcuni, pochi (non molti)	น้อย	nói
resto (m)	ที่เหลือ	thêe lĕua
uno e mezzo	หนึ่งครึ่ง	nèung khrêung
dozzina (f)	โหล	lŏh
in due	เป็นสองส่วน	bpen sŏrng sùan
in parti uguali	เท่าเทียมกัน	thâo thiam gan
metà (f), mezzo (m)	ครึ่ง	khrêung
volta (f)	ครั้ง	khráng

10. I verbi più importanti. Parte 1

accorgersi (vr)	สังเกต	săng-gàyt
afferrare (vt)	จับ	jàp
affittare (dare in affitto)	เช่า	châo
aiutare (vt)	ช่วย	chûay
amare (qn)	รัก	rák
andare (camminare)	ไป	bpai
annotare (vt)	จด	jòt
appartenere (vi)	เป็นของของ...	bpen khŏrng khŏrng...
aprire (vt)	เปิด	bpèrt
arrivare (vi)	มา	maa
aspettare (vt)	รอ	ror
avere (vt)	มี	mee
avere fame	หิว	hĭw
avere fretta	รีบ	rêep
avere paura	กลัว	glua
avere sete	กระหายน้ำ	grà-hăai náam
avvertire (vt)	เตือน	dteuan
cacciare (vt)	ล่า	lâa
cadere (vi)	ตก	dtòk

cambiare (vt)	เปลี่ยน	bplìan
capire (vt)	เข้าใจ	khâo jai
cenare (vi)	ทานอาหารเย็น	thaan aa-hăan yen
cercare (vt)	หา	hăa
cessare (vt)	หยุด	yùt
chiedere (~ aiuto)	เรียก	rîak
chiedere (domandare)	ถาม	thăam
cominciare (vt)	เริ่ม	rêrm
comparare (vt)	เปรียบเทียบ	bprìap thîap
confondere (vt)	สับสน	sàp sŏn
conoscere (qn)	รู้จัก	róo jàk
conservare (vt)	รักษา	rák-săa
consigliare (vt)	แนะนำ	náe nam
contare (calcolare)	นับ	náp
contare su ...	พึ่งพา	phêung phaa
continuare (vt)	ทำต่อไป	tham dtòr bpai
controllare (vt)	ควบคุม	khûap khum
correre (vi)	วิ่ง	wîng
costare (vt)	ราคา	raa-khaa
creare (vt)	สร้าง	sâang
cucinare (vi)	ทำอาหาร	tham aa-hăan

11. I verbi più importanti. Parte 2

dare (vt)	ให้	hâi
dare un suggerimento	บอกใบ้	bòrk bâi
decorare (adornare)	ประดับ	bprà-dàp
difendere (~ un paese)	ปกป้อง	bpòk bpôrng
dimenticare (vt)	ลืม	leum
dire (~ la verità)	บอก	bòrk
dirigere (compagnia, ecc.)	บริหาร	bor-rí-hăan
discutere (vt)	หารือ	hăa-reu
domandare (vt)	ขอ	khŏr
dubitare (vi)	สงสัย	sŏng-săi
entrare (vi)	เข้า	khâo
esigere (vt)	เรียกร้อง	rîak rórng
esistere (vi)	มีอยู่	mee yòo
essere (vi)	เป็น	bpen
essere d'accordo	เห็นด้วย	hĕn dûay
fare (vt)	ทำ	tham
fare colazione	ทานอาหารเช้า	thaan aa-hăan cháo
fare il bagno	ไปว่ายน้ำ	bpai wâai náam
fermarsi (vr)	หยุด	yùt
fidarsi (vr)	เชื่อ	chêua
finire (vt)	จบ	jòp
firmare (~ un documento)	ลงนาม	long naam
giocare (vi)	เล่น	lên

girare (~ a destra)	เลี้ยว	líeow
gridare (vi)	ตะโกน	dtà-gohn
indovinare (vt)	คาดเดา	khâat dao
informare (vt)	แจ้ง	jâeng
ingannare (vt)	หลอก	lòrk
insistere (vi)	ยืนยัน	yeun yan
insultare (vt)	ดูถูก	doo thòok
interessarsi di ...	สนใจใน	sŏn jai nai
invitare (vt)	เชิญ	chern
lamentarsi (vr)	บ่น	bòn
lasciar cadere	ทิ้งให้ตก	thíng hâi dtòk
lavorare (vi)	ทำงาน	tham ngaan
leggere (vi, vt)	อ่าน	àan
liberare (vt)	ปลดปล่อย	bplòt bplòi

12. I verbi più importanti. Parte 3

mancare le lezioni	พลาด	phlâat
mandare (vt)	ส่ง	sòng
menzionare (vt)	กล่าวถึง	glàao thĕung
minacciare (vt)	ขู่	khòo
mostrare (vt)	แสดง	sà-daeng
nascondere (vt)	ซ่อน	sôrn
nuotare (vi)	ว่ายน้ำ	wâai náam
obiettare (vt)	คัดค้าน	kháan
occorrere (vimp)	ต้องการ	dtôrng gaan
ordinare (~ il pranzo)	สั่ง	sàng
ordinare (mil.)	สั่งการ	sàng gaan
osservare (vt)	สังเกตการณ์	săng-gàyt gaan
pagare (vi, vt)	จ่าย	jàai
parlare (vi, vt)	พูด	phôot
partecipare (vi)	มีส่วนร่วม	mee sùan rûam
pensare (vi, vt)	คิด	khít
perdonare (vt)	ให้อภัย	hâi a-phai
permettere (vt)	อนุญาต	a-nú-yâat
piacere (vi)	ชอบ	chôrp
piangere (vi)	ร้องไห้	rórng hâi
pianificare (vt)	วางแผน	waang phăen
possedere (vt)	เป็นเจ้าของ	bpen jâo khŏrng
potere (v aus)	สามารถ	săa-mâat
pranzare (vi)	ทานอาหารเที่ยง	thaan aa-hăan thîang
preferire (vt)	ชอบ	chôrp
pregare (vi, vt)	ภาวนา	phaa-wá-naa
prendere (vt)	เอา	ao
prevedere (vt)	คาดหวัง	khâat wăng
promettere (vt)	สัญญา	săn-yaa
pronunciare (vt)	ออกเสียง	òrk sĭang

proporre (vt)	เสนอ	sà-nĕr
punire (vt)	ลงโทษ	long thôht
raccomandare (vt)	แนะนำ	náe nam
ridere (vi)	หัวเราะ	hŭa rór
rifiutarsi (vr)	ปฏิเสธ	bpà-dtì-sàyt
rincrescere (vi)	เสียใจ	sĭa jai
ripetere (ridire)	ซ้ำ	sám
riservare (vt)	จอง	jorng
rispondere (vi, vt)	ตอบ	dtòrp
rompere (spaccare)	แตก	dtàek
rubare (~ i soldi)	ขโมย	khà-moi

13. I verbi più importanti. Parte 4

salvare (~ la vita a qn)	กู้	gôo
sapere (vt)	รู้	róo
sbagliare (vi)	ทำผิด	tham phìt
scavare (vt)	ขุด	khùt
scegliere (vt)	เลือก	lêuak
scendere (vi)	ลง	long
scherzare (vi)	ล้อเล่น	lór lên
scrivere (vt)	เขียน	khĭan
scusare (vt)	ให้อภัย	hâi a-phai
scusarsi (vr)	ขอโทษ	khŏr thôht
sedersi (vr)	นั่ง	nâng
seguire (vt)	ไปตาม...	bpai dtaam...
sgridare (vt)	ดุด่า	dù dàa
significare (vt)	หมาย	măai
sorridere (vi)	ยิ้ม	yím
sottovalutare (vt)	ดูถูก	doo thòok
sparare (vi)	ยิง	ying
sperare (vi, vt)	หวัง	wăng
spiegare (vt)	อธิบาย	à-thí-baai
studiare (vt)	เรียน	rian
stupirsi (vr)	ประหลาดใจ	bprà-làat jai
tacere (vi)	นิ่งเงียบ	nîng ngîap
tentare (vt)	พยายาม	phá-yaa-yaam
toccare (~ con le mani)	แตะต้อง	dtàe dtôrng
tradurre (vt)	แปล	bplae
trovare (vt)	พบ	phóp
uccidere (vt)	ฆ่า	khâa
udire (percepire suoni)	ได้ยิน	dâai yin
unire (vt)	สมาน	sà-măan
uscire (vi)	ออกไป	òrk bpai
vantarsi (vr)	โอ้อวด	ôh ùat
vedere (vt)	เห็น	hĕn
vendere (vt)	ขาย	khăai

volare (vi)	บิน	bin
volere (desiderare)	ต้องการ	dtôrng gaan

14. Colori

colore (m)	สี	sěe
sfumatura (f)	สีอ่อน	sěe òrn
tono (m)	สีสัน	sěe sǎn
arcobaleno (m)	สายรุ้ง	sǎai rúng
bianco (agg)	สีขาว	sěe khǎao
nero (agg)	สีดำ	sěe dam
grigio (agg)	สีเทา	sěe thao
verde (agg)	สีเขียว	sěe khǐeow
giallo (agg)	สีเหลือง	sěe lěuang
rosso (agg)	สีแดง	sěe daeng
blu (agg)	สีน้ำเงิน	sěe nám ngern
azzurro (agg)	สีฟ้า	sěe fáa
rosa (agg)	สีชมพู	sěe chom-poo
arancione (agg)	สีส้ม	sěe sôm
violetto (agg)	สีม่วง	sěe mûang
marrone (agg)	สีน้ำตาล	sěe nám dtaan
d'oro (agg)	สีทอง	sěe thorng
argenteo (agg)	สีเงิน	sěe ngern
beige (agg)	สีน้ำตาลอ่อน	sěe nám dtaan òrn
color crema (agg)	สีครีม	sěe khreem
turchese (agg)	สีเขียวแกมน้ำเงิน	sěe khǐeow gaem náam ngern
rosso ciliegia (agg)	สีแดงเชอร์รี่	sěe daeng cher-rêe
lilla (agg)	สีม่วงอ่อน	sěe mûang-òrn
rosso lampone (agg)	สีแดงเข้ม	sěe daeng khâym
chiaro (agg)	อ่อน	òrn
scuro (agg)	แก่	gàe
vivo, vivido (agg)	สด	sòt
colorato (agg)	สี	sěe
a colori	สี	sěe
bianco e nero (agg)	ขาวดำ	khǎao-dam
in tinta unita	สีเดียว	sěe dieow
multicolore (agg)	หลากสี	làak sěe

15. Domande

Chi?	ใคร?	khrai
Che cosa?	อะไร?	a-rai
Dove? (in che luogo?)	ที่ไหน?	thêe nǎi
Dove? (~ vai?)	ที่ไหน?	thêe nǎi

Di dove?, Da dove?	จากที่ไหน?	jàak thêe nǎi
Quando?	เมื่อไหร่?	mêua rài
Perché? (per quale scopo?)	ทำไม?	tham-mai
Perché? (per quale ragione?)	ทำไม?	tham-mai
Per che cosa?	เพื่ออะไร?	phêua a-rai
Come?	อย่างไร?	yàang rai
Che? (~ colore è?)	อะไร?	a-rai
Quale?	ไหน?	nǎi
A chi?	สำหรับใคร?	sǎm-ràp khrai
Di chi?	เกี่ยวกับใคร?	gìeow gàp khrai
Di che cosa?	เกี่ยวกับอะไร?	gìeow gàp a-rai
Con chi?	กับใคร?	gàp khrai
Quanti?	กี่...?	gèe...?
Quanto?	เท่าไหร่?	thâo rài
Di chi?	ของใคร?	khǒrng khrai

16. Preposizioni

con (tè ~ il latte)	กับ	gàp
senza	ปราศจาก	bpràat-sà-jàak
a (andare ~ ...)	ไปที่	bpai thêe
di (parlare ~ ...)	เกี่ยวกับ	gìeow gàp
prima di ...	ก่อน	gòrn
di fronte a ...	หน้า	nâa
sotto (avv)	ใต้	dtâi
sopra (al di ~)	เหนือ	něua
su (sul tavolo, ecc.)	บน	bon
da, di (via da ..., fuori di ...)	จาก	jàak
di (fatto ~ cartone)	ทำใช้	tham chái
fra (~ dieci minuti)	ใน	nai
attraverso (dall'altra parte)	ข้าม	khâam

17. Parole grammaticali. Avverbi. Parte 1

Dove?	ที่ไหน?	thêe nǎi
qui (in questo luogo)	ที่นี่	thêe nêe
lì (in quel luogo)	ที่นั่น	thêe nân
da qualche parte (essere ~)	ที่ใดที่หนึ่ง	thêe dai thêe nèung
da nessuna parte	ไม่มีที่ไหน	mâi mee thêe nǎi
vicino a ...	ข้าง	khâang
vicino alla finestra	ข้างหน้าต่าง	khâang nâa dtàang
Dove?	ที่ไหน?	thêe nǎi
qui (vieni ~)	ที่นี่	thêe nêe
ci (~ vado stasera)	ที่นั่น	thêe nân

da qui	จากที่นี่	jàak thêe nêe
da lì	จากที่นั่น	jàak thêe nân
vicino, accanto (avv)	ใกล้	glâi
lontano (avv)	ไกล	glai
vicino (~ a Parigi)	ใกล้	glâi
vicino (qui ~)	ใกล้ๆ	glâi glâi
non lontano	ไม่ไกล	mâi glai
sinistro (agg)	ซ้าย	sáai
a sinistra (rimanere ~)	ข้างซ้าย	khâang sáai
a sinistra (girare ~)	ซ้าย	sáai
destro (agg)	ขวา	khwǎa
a destra (rimanere ~)	ข้างขวา	khâang kwǎa
a destra (girare ~)	ขวา	khwǎa
davanti	ข้างหน้า	khâang nâa
anteriore (agg)	หน้า	nâa
avanti	หน้า	nâa
dietro (avv)	ข้างหลัง	khâang lǎng
da dietro	จากข้างหลัง	jàak khâang lǎng
indietro	หลัง	lǎng
mezzo (m), centro (m)	กลาง	glaang
in mezzo, al centro	ตรงกลาง	dtrorng glaang
di fianco	ข้าง	khâang
dappertutto	ทุกที่	thúk thêe
attorno	รอบ	rôrp
da dentro	จากข้างใน	jàak khâang nai
da qualche parte (andare ~)	ที่ไหน	thêe nǎi
dritto (direttamente)	ตรงไป	dtrorng bpai
indietro	กลับ	glàp
da qualsiasi parte	จากที่ใด	jàak thêe dai
da qualche posto (veniamo ~)	จากที่ใด	jàak thêe dai
in primo luogo	ข้อที่หนึ่ง	khôr thêe nèung
in secondo luogo	ข้อที่สอง	khôr thêe sǒrng
in terzo luogo	ข้อที่สาม	khôr thêe sǎam
all'improvviso	ในทันที	nai than thee
all'inizio	ตอนแรก	dtorn-râek
per la prima volta	เป็นครั้งแรก	bpen khráng râek
molto tempo prima di...	นานก่อน	naan gòrn
di nuovo	ใหม่	mài
per sempre	ให้จบสิ้น	hâi jòp sîn
mai	ไม่เคย	mâi khoie
ancora	อีกครั้งหนึ่ง	èek khráng nèung
adesso	ตอนนี้	dtorn-née

spesso (avv)	บ่อย	bòi
allora	เวลานั้น	way-laa nán
urgentemente	อย่างเร่งด่วน	yàang râyng dùan
di solito	มักจะ	mák jà
a proposito, ...	อนึ่ง	à-nèung
è possibile	เป็นไปได้	bpen bpai dâai
probabilmente	อาจจะ	àat jà
forse	อาจจะ	àat jà
inoltre ...	นอกจากนั้น...	nôrk jàak nán...
ecco perché ...	นั่นเป็นเหตุผลที่...	nân bpen hàyt phŏn thêe...
nonostante (~ tutto)	แม้ว่า...	máe wâa...
grazie a ...	เนื่องจาก...	nêuang jàak...
che cosa (pron)	อะไร	a-rai
che (cong)	ที่	thêe
qualcosa (qualsiasi cosa)	อะไร	a-rai
qualcosa (le serve ~?)	อะไรก็ตาม	a-rai gôr dtaam
niente	ไม่มีอะไร	mâi mee a-rai
chi (pron)	ใคร	khrai
qualcuno (annuire a ~)	บางคน	baang khon
qualcuno (dipendere da ~)	บางคน	baang khon
nessuno	ไม่มีใคร	mâi mee khrai
da nessuna parte	ไม่ไปไหน	mâi bpai năi
di nessuno	ไม่เป็นของ ของใคร	mâi bpen khŏrng khŏrng khrai
di qualcuno	ของคนหนึ่ง	khŏrng khon nèung
così (era ~ arrabbiato)	มาก	mâak
anche (penso ~ a ...)	ด้วย	dûay
anche, pure	ด้วย	dûay

18. Parole grammaticali. Avverbi. Parte 2

Perché?	ทำไม?	tham-mai
per qualche ragione	เพราะเหตุผลอะไร	phrór hàyt phŏn à-rai
perché ...	เพราะว่า...	phrór wâa
per qualche motivo	ด้วยจุดประสงค์อะไร	dûay jùt bprà-sŏng a-rai
e (cong)	และ	láe
o (sì ~ no?)	หรือ	rĕu
ma (però)	แต่	dtàe
per (~ me)	สำหรับ	săm-ràp
troppo	เกินไป	gern bpai
solo (avv)	เท่านั้น	thâo nán
esattamente	ตรง	dtrorng
circa (~ 10 dollari)	ประมาณ	bprà-maan
approssimativamente	ประมาณ	bprà-maan
approssimativo (agg)	ประมาณ	bprà-maan
quasi	เกือบ	gèuap

resto	ที่เหลือ	thêe lĕua
l'altro (~ libro)	อีก	èek
altro (differente)	อื่น	èun
ogni (agg)	ทุก	thúk
qualsiasi (agg)	ใดๆ	dai dai
molti	หลาย	lăai
molto (avv)	มาก	mâak
molta gente	หลายคน	lăai khon
tutto, tutti	ทุกๆ	thúk thúk
in cambio di …	ที่จะเปลี่ยนเป็น	thêe jà bplìan bpen
in cambio	แทน	thaen
a mano (fatto ~)	ใช้มือ	chái meu
poco probabile	แทบจะไม่	thâep jà mâi
probabilmente	อาจจะ	àat jà
apposta	โดยเจตนา	doi jàyt-dtà-naa
per caso	บังเอิญ	bang-ern
molto (avv)	มาก	mâak
per esempio	ยกตัวอย่าง	yók dtua yàang
fra (~ due)	ระหว่าง	rá-wàang
fra (~ più di due)	ท่ามกลาง	tâam-glaang
tanto (quantità)	มากมาย	mâak maai
soprattutto	โดยเฉพาะ	doi chà-phór

Concetti di base. Parte 2

19. Contrari

ricco (agg)	รวย	ruay
povero (agg)	จน	jon
malato (agg)	เจ็บป่วย	jèp bpùay
sano (agg)	สบายดี	sà-baai dee
grande (agg)	ใหญ่	yài
piccolo (agg)	เล็ก	lék
rapidamente	อย่างเร็ว	yàang reo
lentamente	อย่างช้า	yàang cháa
veloce (agg)	เร็ว	reo
lento (agg)	ช้า	cháa
allegro (agg)	ยินดี	yin dee
triste (agg)	เสียใจ	sĭa jai
insieme	ด้วยกัน	dûay gan
separatamente	ต่างหาก	dtàang hàak
ad alta voce (leggere ~)	ออกเสียง	òrk sĭang
in silenzio	อย่างเงียบๆ	yàang ngîap ngîap
alto (agg)	สูง	sŏong
basso (agg)	ต่ำ	dtàm
profondo (agg)	ลึก	léuk
basso (agg)	ตื้น	dtêun
sì	ใช่	châi
no	ไม่ใช่	mâi châi
lontano (agg)	ไกล	glai
vicino (agg)	ใกล้	glâi
lontano (avv)	ไกล	glai
vicino (avv)	ใกล้ๆ	glâi glâi
lungo (agg)	ยาว	yaao
corto (agg)	สั้น	sân
buono (agg)	ใจดี	jai dee
cattivo (agg)	เลวร้าย	leo ráai

sposato (agg)	แต่งงานแล้ว	dtàeng ngaan láew
celibe (agg)	เป็นโสด	bpen sòht
vietare (vt)	ห้าม	hâam
permettere (vt)	อนุญาต	a-nú-yâat
fine (f)	จบ	jòp
inizio (m)	จุดเริ่มต้น	jùt rêrm-dtôn
sinistro (agg)	ซ้าย	sáai
destro (agg)	ขวา	khwăa
primo (agg)	แรก	râek
ultimo (agg)	สุดท้าย	sùt tháai
delitto (m)	อาชญากรรม	àat-yaa-gam
punizione (f)	การลงโทษ	gaan long thôht
ordinare (vt)	สั่ง	sàng
obbedire (vi)	เชื่อฟัง	chêua fang
dritto (agg)	ตรง	dtrorng
curvo (agg)	โค้ง	khóhng
paradiso (m)	สวรรค์	sà-wăn
inferno (m)	นรก	ná-rók
nascere (vi)	เกิด	gèrt
morire (vi)	ตาย	dtaai
forte (agg)	แข็งแรง	khăeng raeng
debole (agg)	อ่อนแอ	òrn ae
vecchio (agg)	แก่	gàe
giovane (agg)	หนุ่ม	nùm
vecchio (agg)	เก่าแก่	gào gàe
nuovo (agg)	ใหม่	mài
duro (agg)	แข็ง	khăeng
morbido (agg)	อ่อน	òrn
caldo (agg)	อุ่น	ùn
freddo (agg)	หนาว	năao
grasso (agg)	อ้วน	ûan
magro (agg)	ผอม	phŏrm
stretto (agg)	แคบ	khâep
largo (agg)	กว้าง	gwâang
buono (agg)	ดี	dee
cattivo (agg)	ไม่ดี	mâi dee
valoroso (agg)	กล้าหาญ	glâa hăan
codardo (agg)	ขี้ขลาด	khêe khlàat

20. Giorni della settimana

lunedì (m)	วันจันทร์	wan jan
martedì (m)	วันอังคาร	wan ang-khaan
mercoledì (m)	วันพุธ	wan phút
giovedì (m)	วันพฤหัสบดี	wan phá-réu-hàt-sà-bor-dee
venerdì (m)	วันศุกร์	wan sùk
sabato (m)	วันเสาร์	wan sǎo
domenica (f)	วันอาทิตย์	wan aa-thít
oggi (avv)	วันนี้	wan née
domani	พรุ่งนี้	phrûng-née
dopodomani	วันมะรืนนี้	wan má-reun née
ieri (avv)	เมื่อวานนี้	mêua waan née
l'altro ieri	เมื่อวานซืนนี้	mêua waan-seun née
giorno (m)	วัน	wan
giorno (m) lavorativo	วันทำงาน	wan tham ngaan
giorno (m) festivo	วันนักขัตฤกษ์	wan nák-khàt-rêrk
giorno (m) di riposo	วันหยุด	wan yùt
fine (m) settimana	วันสุดสัปดาห์	wan sùt sàp-daa
tutto il giorno	ทั้งวัน	tháng wan
l'indomani	วันรุ่งขึ้น	wan rûng khêun
due giorni fa	สองวันก่อน	sǒrng wan gòrn
il giorno prima	วันก่อนหน้านี้	wan gòrn nâa née
quotidiano (agg)	รายวัน	raai wan
ogni giorno	ทุกวัน	thúk wan
settimana (f)	สัปดาห์	sàp-daa
la settimana scorsa	สัปดาห์ก่อน	sàp-daa gòrn
la settimana prossima	สัปดาห์หน้า	sàp-daa nâa
settimanale (agg)	รายสัปดาห์	raai sàp-daa
ogni settimana	ทุกสัปดาห์	thúk sàp-daa
due volte alla settimana	สัปดาห์ละสองครั้ง	sàp-daa lá sǒrng khráng
ogni martedì	ทุกวันอังคาร	túk wan ang-khaan

21. Ore. Giorno e notte

mattina (f)	เช้า	cháo
di mattina	ตอนเช้า	dtorn cháo
mezzogiorno (m)	เที่ยงวัน	thîang wan
nel pomeriggio	ตอนบ่าย	dtorn bàai
sera (f)	เย็น	yen
di sera	ตอนเย็น	dtorn yen
notte (f)	คืน	kheun
di notte	กลางคืน	glaang kheun
mezzanotte (f)	เที่ยงคืน	thîang kheun
secondo (m)	วินาที	wí-naa-thee
minuto (m)	นาที	naa-thee
ora (f)	ชั่วโมง	chûa mohng

mezzora (f)	ครึ่งชั่วโมง	khrêung chûa mohng
un quarto d'ora	สิบห้านาที	sìp hâa naa-thee
quindici minuti	สิบห้านาที	sìp hâa naa-thee
ventiquattro ore	24 ชั่วโมง	yêe sìp sèe · chûa mohng
levata (f) del sole	พระอาทิตย์ขึ้น	phrá aa-thít khêun
alba (f)	ใกล้รุ่ง	glâi rûng
mattutino (m)	เช้า	cháo
tramonto (m)	พระอาทิตย์ตก	phrá aa-thít dtòk
di buon mattino	ตอนเช้า	dtorn cháo
stamattina	เช้านี้	cháo née
domattina	พรุ่งนี้เช้า	phrûng-née cháo
oggi pomeriggio	บ่ายนี้	bàai née
nel pomeriggio	ตอนบ่าย	dtorn bàai
domani pomeriggio	พรุ่งนี้บ่าย	phrûng-née bàai
stasera	คืนนี้	kheun née
domani sera	คืนพรุ่งนี้	kheun phrûng-née
alle tre precise	3 โมงตรง	săam mohng dtrorng
verso le quattro	ประมาณ 4 โมง	bprà-maan sèe mohng
per le dodici	ภายใน 12 โมง	phaai nai sìp sŏng mohng
fra venti minuti	อีก 20 นาที	èek yêe sìp naa-thee
fra un'ora	อีกหนึ่งชั่วโมง	èek nèung chûa mohng
puntualmente	ทันเวลา	than way-laa
un quarto di ...	อีกสิบห้านาที	èek sìp hâa naa-thee
entro un'ora	ภายในหนึ่งชั่วโมง	phaai nai nèung chûa mohng
ogni quindici minuti	ทุก 15 นาที	thúk sìp hâa naa-thee
giorno e notte	ทั้งวัน	tháng wan

22. Mesi. Stagioni

gennaio (m)	มกราคม	mók-gà-raa khom
febbraio (m)	กุมภาพันธ์	gum-phaa phan
marzo (m)	มีนาคม	mee-naa khom
aprile (m)	เมษายน	may-săa-yon
maggio (m)	พฤษภาคม	phréut-sà-phaa khom
giugno (m)	มิถุนายน	mí-thù-naa-yon
luglio (m)	กรกฎาคม	gà-rá-gà-daa-khom
agosto (m)	สิงหาคม	sĭng hăa khom
settembre (m)	กันยายน	gan-yaa-yon
ottobre (m)	ตุลาคม	dtù-laa khom
novembre (m)	พฤศจิกายน	phréut-sà-jì-gaa-yon
dicembre (m)	ธันวาคม	than-waa khom
primavera (f)	ฤดูใบไม้ผลิ	réu-doo bai máai phlì
in primavera	ฤดูใบไม้ผลิ	réu-doo bai máai phlì
primaverile (agg)	ฤดูใบไม้ผลิ	réu-doo bai máai phlì
estate (f)	ฤดูร้อน	réu-doo rórn

in estate	ฤดูร้อน	réu-doo rórn
estivo (agg)	ฤดูร้อน	réu-doo rórn
autunno (m)	ฤดูใบไม้ร่วง	réu-doo bai máai rûang
in autunno	ฤดูใบไม้ร่วง	réu-doo bai máai rûang
autunnale (agg)	ฤดูใบไม้ร่วง	réu-doo bai máai rûang
inverno (m)	ฤดูหนาว	réu-doo năao
in inverno	ฤดูหนาว	réu-doo năao
invernale (agg)	ฤดูหนาว	réu-doo năao
mese (m)	เดือน	deuan
questo mese	เดือนนี้	deuan née
il mese prossimo	เดือนหน้า	deuan nâa
il mese scorso	เดือนที่แล้ว	deuan thêe láew
un mese fa	หนึ่งเดือนก่อนหน้านี้	nèung deuan gòrn nâa née
fra un mese	อีกหนึ่งเดือน	èek nèung deuan
fra due mesi	อีกสองเดือน	èek sŏrng deuan
un mese intero	ทั้งเดือน	tháng deuan
per tutto il mese	ตลอดทั้งเดือน	dtà-lòrt tháng deuan
mensile (rivista ~)	รายเดือน	raai deuan
mensilmente	ทุกเดือน	thúk deuan
ogni mese	ทุกเดือน	thúk deuan
due volte al mese	เดือนละสองครั้ง	deuan lá sŏrng kráng
anno (m)	ปี	bpee
quest'anno	ปีนี้	bpee née
l'anno prossimo	ปีหน้า	bpee nâa
l'anno scorso	ปีที่แล้ว	bpee thêe láew
un anno fa	หนึ่งปีก่อน	nèung bpee gòrn
fra un anno	อีกหนึ่งปี	èek nèung bpee
fra due anni	อีกสองปี	èek sŏng bpee
un anno intero	ทั้งปี	tháng bpee
per tutto l'anno	ตลอดทั้งปี	dtà-lòrt tháng bpee
ogni anno	ทุกปี	thúk bpee
annuale (agg)	รายปี	raai bpee
annualmente	ทุกปี	thúk bpee
quattro volte all'anno	ปีละสี่ครั้ง	bpee lá sèe khráng
data (f) (~ di oggi)	วันที่	wan thêe
data (f) (~ di nascita)	วันเดือนปี	wan deuan bpee
calendario (m)	ปฏิทิน	bpà-dtì-thin
mezz'anno (m)	ครึ่งปี	khrêung bpee
semestre (m)	หกเดือน	hòk deuan
stagione (f) (estate, ecc.)	ฤดูกาล	réu-doo gaan
secolo (m)	ศตวรรษ	sà-dtà-wát

23. Orario. Varie

tempo (m)	เวลา	way-laa
istante (m)	ครู่หนึ่ง	khrôo nèung

momento (m)	ครู่เดียว	khrôo dieow
istantaneo (agg)	เพียงครู่เดียว	phiang khrôo dieow
periodo (m)	ช่วงเวลา	chûang way-laa
vita (f)	ชีวิต	chee-wít
eternità (f)	ตลอดกาล	dtà-lòrt gaan
epoca (f)	สมัย	sà-mǎi
era (f)	ยุค	yúk
ciclo (m)	วัฏจักร	wát-dtà-jàk
periodo (m)	ช่วง	chûang
scadenza (f)	ระยะเวลา	rá-yá way-laa
futuro (m)	อนาคต	a-naa-khót
futuro (agg)	อนาคต	a-naa-khót
la prossima volta	ครั้งหน้า	khráng nâa
passato (m)	อดีต	a-dèet
scorso (agg)	ที่ผ่านมา	thêe phàan maa
la volta scorsa	ครั้งที่แล้ว	khráng thêe láew
più tardi	ภายหลัง	phaai lǎng
dopo	หลังจาก	lǎng jàak
oggigiorno	เวลานี้	way-laa née
adesso, ora	ตอนนี้	dtorn-née
immediatamente	ทันที	than thee
fra poco, presto	อีกไม่นาน	èek mâi naan
in anticipo	ล่วงหน้า	lûang nâa
tanto tempo fa	นานมาแล้ว	naan maa láew
di recente	เมื่อเร็ว ๆ นี้	mêua reo reo née
destino (m)	ชะตากรรม	chá-dtaa gam
ricordi (m pl)	ความทรงจำ	khwaam song jam
archivio (m)	จดหมายเหตุ	jòt mǎai hàyt
durante ...	ระหว่าง...	rá-wàang...
a lungo	นาน	naan
per poco tempo	ไม่นาน	mâi naan
presto (al mattino ~)	ล่วงหน้า	lûang nâa
tardi (non presto)	ช้า	cháa
per sempre	ตลอดกาล	dtà-lòrt gaan
cominciare (vt)	เริ่ม	rêrm
posticipare (vt)	เลื่อน	lêuan
simultaneamente	ในเวลาเดียวกัน	nai way-laa dieow gan
tutto il tempo	อย่างถาวร	yàang thǎa-won
costante (agg)	ต่อเนื่อง	dtòr nêuang
temporaneo (agg)	ชั่วคราว	chûa khraao
a volte	บางครั้ง	baang khráng
raramente	ไม่บ่อย	mâi bòi
spesso (avv)	บ่อย	bòi

24. Linee e forme

quadrato (m)	สี่เหลี่ยมจัตุรัส	sèe lìam jàt-dtù-ràt
quadrato (agg)	สี่เหลี่ยมจัตุรัส	sèe lìam jàt-dtù-ràt

cerchio (m)	วงกลม	wong glom
rotondo (agg)	กลม	glom
triangolo (m)	รูปสามเหลี่ยม	rôop sǎam lìam
triangolare (agg)	สามเหลี่ยม	sǎam lìam
ovale (m)	รูปกลมรี	rôop glom ree
ovale (agg)	กลมรี	glom ree
rettangolo (m)	สี่เหลี่ยมมุมฉาก	sèe lìam mum chàak
rettangolare (agg)	สี่เหลี่ยมมุมฉาก	sèe lìam mum chàak
piramide (f)	พีระมิด	phee-rá-mít
rombo (m)	รูปสี่เหลี่ยม ขนมเปียกปูน	rôop sèe lìam khà-nǒm bpìak bpoon
trapezio (m)	รูปสี่เหลี่ยมคางหมู	rôop sèe lìam khaang mǒo
cubo (m)	ลูกบาศก์	lôok bàat
prisma (m)	ปริซึม	bprì seum
circonferenza (f)	เส้นรอบวง	sên rôrp wong
sfera (f)	ทรงกลม	song glom
palla (f)	ลูกกลม	lôok glom
diametro (m)	เส้นผ่านศูนย์กลาง	sên phàan sǒon-glaang
raggio (m)	เส้นรัศมี	sên rát-sà-měe
perimetro (m)	เส้นรอบวง	sên rôrp wong
centro (m)	กลาง	glaang
orizzontale (agg)	แนวนอน	naew norn
verticale (agg)	แนวตั้ง	naew dtâng
parallela (f)	เส้นขนาน	sên khà-nǎan
parallelo (agg)	ขนาน	khà-nǎan
linea (f)	เส้น	sên
tratto (m)	เส้น	sên
linea (f) retta	เส้นตรง	sên dtrorng
linea (f) curva	เส้นโค้ง	sên khóhng
sottile (uno strato ~)	บาง	baang
contorno (m)	เส้นขอบ	sâyn khòrp
intersezione (f)	เส้นตัด	sên dtàt
angolo (m) retto	มุมฉาก	mum chàak
segmento	เซกเมนต์	sâyk-mayn
settore (m)	เซกเตอร์	sâyk-dtêr
lato (m)	ข้าง	khâang
angolo (m)	มุม	mum

25. Unità di misura

peso (m)	น้ำหนัก	nám nàk
lunghezza (f)	ความยาว	khwaam yaao
larghezza (f)	ความกว้าง	khwaam gwâang
altezza (f)	ความสูง	khwaam sǒong
profondità (f)	ความลึก	khwaam léuk
volume (m)	ปริมาณ	bpà-rí-maan
area (f)	บริเวณ	bor-rí-wayn
grammo (m)	กรัม	gram

milligrammo (m)	มิลลิกรัม	min-lí gram
chilogrammo (m)	กิโลกรัม	gì-loh gram
tonnellata (f)	ตัน	dtan
libbra (f)	ปอนด์	bporn
oncia (f)	ออนซ์	orn
metro (m)	เมตร	máyt
millimetro (m)	มิลลิเมตร	min-lí mâyt
centimetro (m)	เซ็นติเมตร	sen dtì mâyt
chilometro (m)	กิโลเมตร	gì-loh máyt
miglio (m)	ไมล์	mai
pollice (m)	นิ้ว	níw
piede (f)	ฟุต	fút
iarda (f)	หลา	lăa
metro (m) quadro	ตารางเมตร	dtaa-raang máyt
ettaro (m)	เฮกตาร์	hêek dtaa
litro (m)	ลิตร	lít
grado (m)	องศา	ong-săa
volt (m)	โวลต์	wohn
ampere (m)	แอมแปร์	aem-bpae
cavallo vapore (m)	แรงม้า	raeng máa
quantità (f)	จำนวน	jam-nuan
un po' di ...	นิดหน่อย	nít nói
metà (f)	ครึ่ง	khrêung
dozzina (f)	โหล	lŏh
pezzo (m)	ส่วน	sùan
dimensione (f)	ขนาด	khà-nàat
scala (f) (modello in ~)	มาตราส่วน	mâat-dtraa sùan
minimo (agg)	น้อยที่สุด	nói thêe sùt
minore (agg)	เล็กที่สุด	lék thêe sùt
medio (agg)	กลาง	glaang
massimo (agg)	สูงสุด	sŏong sùt
maggiore (agg)	ใหญ่ที่สุด	yài têe sùt

26. Contenitori

barattolo (m) di vetro	ขวดโหล	khùat lŏh
latta, lattina (f)	กระป๋อง	grà-bpŏrng
secchio (m)	ถัง	thăng
barile (m), botte (f)	ถัง	thăng
catino (m)	กะทะ	gà-thá
serbatoio (m) (per liquidi)	ถังเก็บน้ำ	thăng gèp nám
fiaschetta (f)	กระติกน้ำ	grà-dtìk nám
tanica (f)	ภาชนะ	phaa-chá-ná
cisterna (f)	ถังบรรจุ	thăng ban-jù
tazza (f)	แก้ว	gâew
tazzina (f) (~ di caffé)	ถ้วย	thûay

piattino (m)	จานรอง	jaan rorng
bicchiere (m) (senza stelo)	แก้ว	gâew
calice (m)	แก้วไวน์	gâew wai
casseruola (f)	หม้อ	môr
bottiglia (f)	ขวด	khùat
collo (m) (~ della bottiglia)	ปาก	bpàak
caraffa (f)	คนโท	khon-thoh
brocca (f)	เหยือก	yèuak
recipiente (m)	ภาชนะ	phaa-chá-ná
vaso (m) di coccio	หม้อ	môr
vaso (m) di fiori	แจกัน	jae-gan
boccetta (f) (~ di profumo)	กระติก	grà-dtìk
fiala (f)	ขวดเล็ก	khùat lék
tubetto (m)	หลอด	lòrt
sacco (m) (~ di patate)	ถุง	thŭng
sacchetto (m) (~ di plastica)	ถุง	thŭng
pacchetto (m) (~ di sigarette, ecc.)	ซอง	sorng
scatola (f) (~ per scarpe)	กล่อง	glòrng
cassa (f) (~ di vino, ecc.)	ลัง	lang
cesta (f)	ตะกร้า	dtà-grâa

27. Materiali

materiale (m)	วัสดุ	wát-sà-dù
legno (m)	ไม้	máai
di legno	ไม้	máai
vetro (m)	แก้ว	gâew
di vetro	แกว	gâew
pietra (f)	หิน	hĭn
di pietra	หิน	hĭn
plastica (f)	พลาสติก	pláat-dtìk
di plastica	พลาสติก	pláat-dtìk
gomma (f)	ยาง	yaang
di gomma	ยาง	yaang
stoffa (f)	ผ้า	phâa
di stoffa	ผา	phâa
carta (f)	กระดาษ	grà-dàat
di carta	กระดาษ	grà-dàat
cartone (m)	กระดาษแข็ง	grà-dàat khăeng
di cartone	กระดาษแข็ง	grà-dàat khăeng
polietilene (m)	โพลีเอทิลีน	phoh-lee-ay-thí-leen

cellofan (m)	เซลโลเฟน	sayn loh-fayn
linoleum (m)	เสื่อน้ำมัน	sèua náam man
legno (m) compensato	ไมอัด	máai àt
porcellana (f)	เครื่องเคลือบดินเผา	khrêuang khlêuap din phăo
di porcellana	เครื่องเคลือบดินเผา	khrêuang khlêuap din phăo
argilla (f)	ดินเหนียว	din nĭeow
d'argilla	ดินเหนียว	din nĭeow
ceramica (f)	เซรามิก	say-raa mík
ceramico	เซรามิก	say-raa mík

28. Metalli

metallo (m)	โลหะ	loh-hà
metallico	โลหะ	loh-hà
lega (f)	โลหะสัมฤทธิ์	loh-hà săm-rít
oro (m)	ทอง	thorng
d'oro	ทอง	thorng
argento (m)	เงิน	ngern
d'argento	เงิน	ngern
ferro (m)	เหล็ก	lèk
di ferro	เหล็ก	lèk
acciaio (m)	เหล็กกล้า	lèk glâa
d'acciaio	เหล็กกลา	lèk glâa
rame (m)	ทองแดง	thorng daeng
di rame	ทองแดง	thorng daeng
alluminio (m)	อะลูมิเนียม	a-loo-mí-niam
di alluminio, alluminico	อะลูมิเนียม	a-loo-mí-niam
bronzo (m)	ทองบรอนซ์	thorng-bron
di bronzo	ทองบรอนซ์	thorng-bron
ottone (m)	ทองเหลือง	thorng lĕuang
nichel (m)	นิกเกิล	ník-gêrn
platino (m)	ทองคำขาว	thorng kham khăao
mercurio (m)	ปรอท	bpa -ròrt
stagno (m)	ดีบุก	dee-bùk
piombo (m)	ตะกั่ว	dtà-gùa
zinco (m)	สังกะสี	săng-gà-sĕe

ESSERE UMANO

Essere umano. Il corpo umano

29. L'uomo. Concetti di base

uomo (m) (essere umano)	มนุษย์	má-nút
uomo (m) (adulto maschio)	ผู้ชาย	phôo chaai
donna (f)	ผู้หญิง	phôo yĭng
bambino (m) (figlio)	เด็ก, ลูก	dèk, lôok
bambina (f)	เด็กผู้หญิง	dèk phôo yĭng
bambino (m)	เด็กผู้ชาย	dèk phôo chaai
adolescente (m, f)	วัยรุ่น	wai rûn
vecchio (m)	ชายชรา	chaai chá-raa
vecchia (f)	หญิงชรา	yĭng chá-raa

30. Anatomia umana

organismo (m)	ร่างกาย	râang gaai
cuore (m)	หัวใจ	hŭa jai
sangue (m)	เลือด	lêuat
arteria (f)	เส้นเลือดแดง	sâyn lêuat daeng
vena (f)	เส้นเลือดดำ	sâyn lêuat dam
cervello (m)	สมอง	sà-mŏrng
nervo (m)	เส้นประสาท	sên bprà-sàat
nervi (m pl)	เส้นประสาท	sên bprà-sàat
vertebra (f)	กระดูกสันหลัง	grà-dòok săn-lăng
colonna (f) vertebrale	สันหลัง	săn lăng
stomaco (m)	กระเพาะอาหาร	grà phór aa-hăan
intestini (m pl)	ลำไส้	lam sâi
intestino (m)	ลำไส้	lam sâi
fegato (m)	ตับ	dtàp
rene (m)	ไต	dtai
osso (m)	กระดูก	grà-dòok
scheletro (m)	โครงกระดูก	khrohng grà-dòok
costola (f)	ซี่โครง	sêe khrohng
cranio (m)	กะโหลก	gà-lòhk
muscolo (m)	กล้ามเนื้อ	glâam néua
bicipite (m)	กล้ามเนื้อไบเซ็ปส์	glâam néua bai-sép
tricipite (m)	กล้ามเนื้อไทรเซปส์	gglâam néua thrai-sâyp
tendine (m)	เส้นเอ็น	sâyn en
articolazione (f)	ข้อต่อ	khôr dtòr

polmoni (m pl)	ปอด	bpòrt
genitali (m pl)	อวัยวะเพศ	a-wai-wá phâyt
pelle (f)	ผิวหนัง	phǐw năng

31. Testa

testa (f)	หัว	hŭa
viso (m)	หน้า	nâa
naso (m)	จมูก	jà-mòok
bocca (f)	ปาก	bpàak
occhio (m)	ตา	dtaa
occhi (m pl)	ตาๆ	dtaa
pupilla (f)	รูม่านตา	roo mâan dtaa
sopracciglio (m)	คิ้ว	khíw
ciglio (m)	ขนตา	khŏn dtaa
palpebra (f)	เปลือกตา	bplèuak dtaa
lingua (f)	ลิ้น	lín
dente (m)	ฟัน	fan
labbra (f pl)	ริมฝีปาก	rim fĕe bpàak
zigomi (m pl)	โหนกแก้ม	nòhk gâem
gengiva (f)	เหงือก	ngèuak
palato (m)	เพดานปาก	phay-daan bpàak
narici (f pl)	รูจมูก	roo jà-mòok
mento (m)	คาง	khaang
mascella (f)	ขากรรไกร	khăa gan-grai
guancia (f)	แก้ม	gâem
fronte (f)	หน้าผาก	nâa phàak
tempia (f)	ขมับ	khà-màp
orecchio (m)	หู	hŏo
nuca (f)	หลังศีรษะ	lăng sěe-sà
collo (m)	คอ	khor
gola (f)	ลำคอ	lam khor
capelli (m pl)	ผม	phŏm
pettinatura (f)	ทรงผม	song phŏm
taglio (m)	ทรงผม	song phŏm
parrucca (f)	ผมปลอม	phŏm bplorm
baffi (m pl)	หนวด	nùat
barba (f)	เครา	krao
portare (~ la barba, ecc.)	ลองไว้	lorng wái
treccia (f)	ผมเปีย	phŏm bpia
basette (f pl)	จอน	jorn
rosso (agg)	ผมแดง	phŏm daeng
brizzolato (agg)	ผมหงอก	phŏm ngòrk
calvo (agg)	หัวล้าน	hŭa láan
calvizie (f)	หัวล้าน	hŭa láan
coda (f) di cavallo	ผมทรงหางม้า	phŏm song hăang máa
frangetta (f)	ผมม้า	phŏm máa

32. Corpo umano

mano (f)	มือ	meu
braccio (m)	แขน	khăen
dito (m)	นิ้ว	níw
dito (m) del piede	นิ้วเท้า	níw tháo
pollice (m)	นิ้วโป้ง	níw bpôhng
mignolo (m)	นิ้วก้อย	níw gôi
unghia (f)	เล็บ	lép
pugno (m)	กำปั้น	gam bpân
palmo (m)	ฝ่ามือ	fàa meu
polso (m)	ข้อมือ	khôr meu
avambraccio (m)	แขนช่วงล่าง	khăen chûang lâang
gomito (m)	ข้อศอก	khôr sòrk
spalla (f)	ไหล่	lài
gamba (f)	ขา	khăa
pianta (f) del piede	เท้า	tháo
ginocchio (m)	หัวเข่า	hŭa khào
polpaccio (m)	น่อง	nôrng
anca (f)	สะโพก	sà-phôhk
tallone (m)	ส้นเท้า	sôn tháo
corpo (m)	ร่างกาย	râang gaai
pancia (f)	ท้อง	thórng
petto (m)	อก	òk
seno (m)	หน้าอก	nâa òk
fianco (m)	ข้าง	khâang
schiena (f)	หลัง	lăng
zona (f) lombare	หลังส่วนล่าง	lăng sùan lâang
vita (f)	เอว	eo
ombelico (m)	สะดือ	sà-deu
natiche (f pl)	ก้น	gôn
sedere (m)	ก้น	gôn
neo (m)	ไฝเสน่ห์	făi sà-này
voglia (f) (~ di fragola)	ปาน	bpaan
tatuaggio (m)	รอยสัก	roi sàk
cicatrice (f)	แผลเป็น	phlăe bpen

Abbigliamento e Accessori

33. Indumenti. Soprabiti

vestiti (m pl)	เสื้อผ้า	sêua phâa
soprabito (m)	เสื้อนอก	sêua nôk
abiti (m pl) invernali	เสื้อกันหนาว	sêua gan năao
cappotto (m)	เสื้อโค้ท	sêua khóht
pelliccia (f)	เสื้อโคทขนสัตว์	sêua khóht khŏn sàt
pellicciotto (m)	แจคเก็ตขนสัตว์	jáek-gèt khŏn sàt
piumino (m)	แจ็คเก็ตกันหนาว	jàek-gèt gan năao
giubbotto (m), giaccha (f)	แจ๊คเก็ต	jáek-gèt
impermeabile (m)	เสื้อกันฝน	sêua gan fŏn
impermeabile (agg)	ซึ่งกันน้ำได้	sêung gan náam dâai

34. Abbigliamento uomo e donna

camicia (f)	เสื้อ	sêua
pantaloni (m pl)	กางเกง	gaang-gayng
jeans (m pl)	กางเกงยีนส์	gaang-gayng yeen
giacca (f) (~ di tweed)	แจ็คเก็ตสูท	jàek-gèt sòot
abito (m) da uomo	ชุดสูท	chút sòot
abito (m)	ชุดเดรส	chút draet
gonna (f)	กระโปรง	grà bprohng
camicetta (f)	เสื้อ	sêua
giacca (f) a maglia	แจ็คเก็ตถัก	jáek-gèt thàk
giacca (f) tailleur	แจคเก็ต	jáek-gèt
maglietta (f)	เสื้อยืด	sêua yêut
pantaloni (m pl) corti	กางเกงขาสั้น	gaang-gayng khăa sân
tuta (f) sportiva	ชุดวอร์ม	chút wom
accappatoio (m)	เสื้อคลุมอาบน้ำ	sêua khlum àap náam
pigiama (m)	ชุดนอน	chút norn
maglione (m)	เสื้อไหมพรม	sêua măi phrom
pullover (m)	เสื้อกันหนาวแบบสวม	sêua gan năao bàep sŭam
gilè (m)	เสื้อกั๊ก	sêua gák
frac (m)	เสื้อเทลโค้ต	sêua thayn-khóht
smoking (m)	ชุดทักซิโด้	chút thák sí dôh
uniforme (f)	เครื่องแบบ	khrêuang bàep
tuta (f) da lavoro	ชุดทำงาน	chút tam ngaan
salopette (f)	ชุดเอี๊ยม	chút íam
camice (m) (~ del dottore)	เสื้อคลุม	sêua khlum

35. Abbigliamento. Biancheria intima

biancheria (f) intima	ชุดชั้นใน	chút chán nai
boxer (m pl)	กางเกงในชาย	gaang-gayng nai chaai
mutandina (f)	กางเกงในสตรี	gaang-gayng nai sàt-dtree
maglietta (f) intima	เสื้อชั้นใน	sêua chán nai
calzini (m pl)	ถุงเทา	thŭng tháo
camicia (f) da notte	ชุดนอนสตรี	chút norn sàt-dtree
reggiseno (m)	ยกทรง	yók song
calzini (m pl) alti	ถุงเท้ายาว	thŭng tháo yaao
collant (m)	ถุงน่องเต็มตัว	thŭng nôrng dtem dtua
calze (f pl)	ถุงน่อง	thŭng nôrng
costume (m) da bagno	ชุดว่ายน้ำ	chút wâai náam

36. Copricapo

cappello (m)	หมวก	mùak
cappello (m) di feltro	หมวก	mùak
cappello (m) da baseball	หมวกเบสบอล	mùak bàyt-bon
coppola (f)	หมวกติงลี่	mùak dting lêe
basco (m)	หมวกเบเร่ต์	mùak bay-rây
cappuccio (m)	ฮูด	hóot
panama (m)	หมวกปานามา	mùak bpaa-naa-maa
berretto (m) a maglia	หมวกไหมพรม	mùak mǎi phrom
fazzoletto (m) da capo	ผ้าโพกศีรษะ	phâa phôhk sěe-sà
cappellino (m) donna	หมวกสตรี	mùak sàt-dtree
casco (m) (~ di sicurezza)	หมวกนิรภัย	mùak ní-rá-phai
bustina (f)	หมวกหนีบ	mùak nèep
casco (m) (~ moto)	หมวกกันน็อค	mùak ní-rá-phai
bombetta (f)	หมวกกลมทรงสูง	mùak glom song sǒong
cilindro (m)	หมวกทรงสูง	mùak song sǒong

37. Calzature

calzature (f pl)	รองเท้า	rorng tháo
stivaletti (m pl)	รองเท้า	rorng tháo
scarpe (f pl)	รองเท้า	rorng tháo
stivali (m pl)	รองเท้าบูท	rorng tháo bòot
pantofole (f pl)	รองเท้าแตะในบ้าน	rorng tháo dtàe nai bâan
scarpe (f pl) da tennis	รองเท้ากีฬา	rorng tháo gee-laa
scarpe (f pl) da ginnastica	รองเท้าผ้าใบ	rorng tháo phâa bai
sandali (m pl)	รองเทาแตะ	rorng tháo dtàe
calzolaio (m)	คนซ่อมรองเท้า	khon sôrm rorng tháo
tacco (m)	สนรองเทา	sôn rorng tháo

paio (m)	คู่	khôo
laccio (m)	เชือกรองเท้า	chêuak rorng tháo
allacciare (vt)	ผูกเชือกรองเท้า	phòok chêuak rorng tháo
calzascarpe (m)	ที่ชอนรองเท้า	thêe chón rorng tháo
lucido (m) per le scarpe	ยาขัดรองเท้า	yaa khàt rorng tháo

38. Tessuti. Stoffe

cotone (m)	ฝ้าย	fâai
di cotone	ฝ้าย	fâai
lino (m)	แฟลกซ์	fláek
di lino	แฟลกซ์	fláek
seta (f)	ไหม	măi
di seta	ไหม	măi
lana (f)	ขนสัตว์	khŏn sàt
di lana	ขนสัตว์	khŏn sàt
velluto (m)	กำมะหยี่	gam-má-yèe
camoscio (m)	หนังกลับ	năng glàp
velluto (m) a coste	ผ้าลูกฟูก	phâa lôok fôok
nylon (m)	ไนลอน	nai-lorn
di nylon	ไนลอน	nai-lorn
poliestere (m)	โพลีเอสเตอร์	poh-lee-àyt-dtêr
di poliestere	โพลีเอสเตอร์	poh-lee-àyt-dtêr
pelle (f)	หนัง	năng
di pelle	หนัง	năng
pelliccia (f)	ขนสัตว์	khŏn sàt
di pelliccia	ขนสัตว์	khŏn sàt

39. Accessori personali

guanti (m pl)	ถุงมือ	thŭng meu
manopole (f pl)	ถุงมือ	thŭng meu
sciarpa (f)	ผ้าพันคอ	phâa phan khor
occhiali (m pl)	แว่นตา	wâen dtaa
montatura (f)	กรอบแว่น	gròrp wâen
ombrello (m)	ร่ม	rôm
bastone (m)	ไม้เท้า	máai tháo
spazzola (f) per capelli	แปรงหวีผม	bpraeng wěe phŏm
ventaglio (m)	พัด	phát
cravatta (f)	เนคไท	nâyk-thai
cravatta (f) a farfalla	โบว์หูกระต่าย	boh hŏo grà-dtàai
bretelle (f pl)	สายเอี๊ยม	săai íam
fazzoletto (m)	ผ้าเช็ดหน้า	phâa chét-nâa
pettine (m)	หวี	wěe
fermaglio (m)	ที่หนีบผม	têe nèep phŏm

forcina (f)	กิ๊บ	gíp
fibbia (f)	หัวเข็มขัด	hǔa khěm khàt
cintura (f)	เข็มขัด	khěm khàt
spallina (f)	สายกระเป๋า	sǎai grà-bpǎo
borsa (f)	กระเป๋า	grà-bpǎo
borsetta (f)	กระเป๋าถือ	grà-bpǎo thěu
zaino (m)	กระเป๋าสะพายหลัง	grà-bpǎo sà-phaai lǎng

40. Abbigliamento. Varie

moda (f)	แฟชั่น	fae-chân
di moda	คานิยม	khâa ní-yom
stilista (m)	นักออกแบบแฟชั่น	nák òrk bàep fae-chân
collo (m)	คอปกเสื้อ	khor bpòk sêua
tasca (f)	กระเป๋า	grà-bpǎo
tascabile (agg)	กระเป๋า	grà-bpǎo
manica (f)	แขนเสื้อ	khǎen sêua
asola (f) per appendere	ที่แขวนเสื้อ	thêe khwǎen sêua
patta (f) (~ dei pantaloni)	ซิปกางเกง	síp gaang-gayng
cerniera (f) lampo	ซิป	síp
chiusura (f)	ซิป	síp
bottone (m)	กระดุม	grà dum
occhiello (m)	รูกระดุม	roo grà dum
staccarsi (un bottone)	หลุดออก	lùt òrk
cucire (vi, vt)	เย็บ	yép
ricamare (vi, vt)	ปัก	bpàk
ricamo (m)	ลายปัก	laai bpàk
ago (m)	เข็มเย็บผ้า	khěm yép phâa
filo (m)	เสนดาย	sây-dâai
cucitura (f)	รอยเย็บ	roi yép
sporcarsi (vr)	สกปรก	sòk-gà-bpròk
macchia (f)	รอยเปื้อน	roi bpêuan
sgualcirsi (vr)	พับเป็นรอยย่น	pháp bpen roi yôn
strappare (vt)	ฉีก	chèek
tarma (f)	แมลงกินผ้า	má-laeng gin phâa

41. Cura della persona. Cosmetici

dentifricio (m)	ยาสีฟัน	yaa sěe fan
spazzolino (m) da denti	แปรงสีฟัน	bpraeng sěe fan
lavarsi i denti	แปรงฟัน	bpraeng fan
rasoio (m)	มีดโกน	mêet gohn
crema (f) da barba	ครีมโกนหนวด	khreem gohn nùat
rasarsi (vr)	โกน	gohn
sapone (m)	สบู่	sà-bòo

shampoo (m)	แชมพู	chaem-phoo
forbici (f pl)	กรรไกร	gan-grai
limetta (f)	ตะไบเล็บ	dtà-bai lép
tagliaunghie (m)	กรรไกรตัดเล็บ	gan-grai dtàt lép
pinzette (f pl)	แหนบ	nàep
cosmetica (f)	เครื่องสำอาง	khrêuang săm-aang
maschera (f) di bellezza	มาสกหน้า	mâak nâa
manicure (m)	การแต่งเล็บ	gaan dtàeng lép
fare la manicure	แต่งเล็บ	dtàeng lép
pedicure (m)	การแต่งเล็บเท้า	gaan dtàeng lép táo
borsa (f) del trucco	กระเป๋าเครื่องสำอาง	grà-bpăo khrêuang săm-aang
cipria (f)	แป้งฝุ่น	bpâeng-fùn
portacipria (m)	ตลับแป้ง	dtà-làp bpâeng
fard (m)	แป้งทาแก้ม	bpâeng thaa gâem
profumo (m)	น้ำหอม	nám hŏrm
acqua (f) da toeletta	น้ำหอมอ่อนๆ	náam hŏrm òn òn
lozione (f)	โลชั่น	loh-chân
acqua (f) di Colonia	โคโลญจ์	khoh-lohn
ombretto (m)	อายแชโดว์	aai-chae-doh
eyeliner (m)	อายไลเนอร์	aai lai-ner
mascara (m)	มาสคารา	mâat-khaa-râa
rossetto (m)	ลิปสติก	líp-sà-dtìk
smalto (m)	น้ำยาทาเล็บ	nám yaa-thaa lép
lacca (f) per capelli	สเปรย์ฉีดผม	sà-bpray chèet phŏm
deodorante (m)	ยาดับกลิ่น	yaa dàp glìn
crema (f)	ครีม	khreem
crema (f) per il viso	ครีมทาหน้า	khreem thaa nâa
crema (f) per le mani	ครีมทามือ	khreem thaa meu
crema (f) antirughe	ครีมลดริ้วรอย	khreem lót ríw roi
crema (f) da giorno	ครีมกลางวัน	khreem klaang wan
crema (f) da notte	ครีมกลางคืน	khreem klaang kheun
da giorno	กลางวัน	glaang wan
da notte	กลางคืน	glaang kheun
tampone (m)	ผ้าอนามัยแบบสอด	phâa a-naa-mai bàep sòrt
carta (f) igienica	กระดาษชำระ	grà-dàat cham-rá
fon (m)	เครื่องเป่าผม	khrêuang bpào phŏm

42. Gioielli

gioielli (m pl)	เครื่องเพชรพลอย	khrêuang phét phloi
prezioso (agg)	เพชรพลอย	phét phloi
marchio (m)	ตราฮอลมาร์ค	dtraa hon-mâak
anello (m)	แหวน	wăen
anello (m) nuziale	แหวนแต่งงาน	wăen dtàeng ngaan
braccialetto (m)	กำไลข้อมือ	gam-lai khôr meu
orecchini (m pl)	ตุ้มหู	dtûm hŏo

collana (f)	สร้อยคอ	sôi khor
corona (f)	มงกุฎ	mong-gùt
perline (f pl)	สรอยคอลูกปัด	sôi khor lôok bpàt
diamante (m)	เพชร	phét
smeraldo (m)	มรกต	mor-rá-gòt
rubino (m)	พลอยสีทับทิม	phloi sěe tháp-thim
zaffiro (m)	ไพลิน	phai-lin
perle (f pl)	ไขมุก	khài múk
ambra (f)	อำพัน	am phan

43. Orologi da polso. Orologio

orologio (m) (~ da polso)	นาฬิกา	naa-lí-gaa
quadrante (m)	หนาปัด	nâa bpàt
lancetta (f)	เข็ม	khěm
braccialetto (m)	สายนาฬิกาข้อมือ	sǎai naa-lí-gaa khôr meu
cinturino (m)	สายรัดขอมือ	sǎai rát khôr meu
pila (f)	แบตเตอรี่	bàet-dter-rêe
essere scarico	หมด	mòt
cambiare la pila	เปลี่ยนแบตเตอรี่	bplìan bàet-dter-rêe
andare avanti	เดินเร็วเกินไป	dern reo gern bpai
andare indietro	เดินชา	dern cháa
orologio (m) da muro	นาฬิกาแขวนผนัง	naa-lí-gaa khwǎen phà-nǎng
clessidra (f)	นาฬิกาทราย	naa-lí-gaa saai
orologio (m) solare	นาฬิกาแดด	naa-lí-gaa dàet
sveglia (f)	นาฬิกาปลุก	naa-lí-gaa bplùk
orologiaio (m)	ชางซอมนาฬิกา	châang sôrm naa-lí-gaa
riparare (vt)	ซอม	sôrm

Cibo. Alimentazione

44. Cibo

carne (f)	เนื้อ	néua
pollo (m)	ไก่	gài
pollo (m) novello	เนื้อลูกไก่	néua lôok gài
anatra (f)	เป็ด	bpèt
oca (f)	หาน	hàan
cacciagione (f)	สัตว์ที่ล่า	sàt thêe lâa
tacchino (m)	ไก่งวง	gài nguang
maiale (m)	เนื้อหมู	néua mŏo
vitello (m)	เนื้อลูกวัว	néua lôok wua
agnello (m)	เนื้อแกะ	néua gàe
manzo (m)	เนื้อวัว	néua wua
coniglio (m)	เนื้อกระต่าย	néua grà-dtàai
salame (m)	ไส้กรอก	sâi gròrk
w?rstel (m)	ไส้กรอกเวียนนา	sâi gròrk wian-naa
pancetta (f)	หมูเบคอน	mŏo bay-khorn
prosciutto (m)	แฮม	haem
prosciutto (m) affumicato	แฮมแกมมอน	haem gaem-morn
pâté (m)	ปาเต	bpaa dtay
fegato (m)	ตับ	dtàp
carne (f) trita	เนื้อสับ	néua sàp
lingua (f)	ลิ้น	lín
uovo (m)	ไข่	khài
uova (f pl)	ไข่	khài
albume (m)	ไข่ขาว	khài khăao
tuorlo (m)	ไข่แดง	khài daeng
pesce (m)	ปลา	bplaa
frutti (m pl) di mare	อาหารทะเล	aa hăan thá-lay
crostacei (m pl)	สัตว์พวกกุ้งกั้งปู	sàt phûak gûng gâng bpoo
caviale (m)	ไข่ปลา	khài-bplaa
granchio (m)	ปู	bpoo
gamberetto (m)	กุ้ง	gûng
ostrica (f)	หอยนางรม	hŏi naang rom
aragosta (f)	กุ้งมังกร	gûng mang-gon
polpo (m)	ปลาหมึก	bplaa mèuk
calamaro (m)	ปลาหมึกกล้วย	bplaa mèuk-glûay
storione (m)	ปลาสเตอร์เจียน	bpláa sà-dtêr jian
salmone (m)	ปลาแซลมอน	bplaa saen-morn
ippoglosso (m)	ปลาตาเดียว	bplaa dtaa-dieow
merluzzo (m)	ปลาค็อด	bplaa khót

scombro (m)	ปลาแม็คเคอเร็ล	bplaa máek-kay-a-rĕn
tonno (m)	ปลาทูนา	bplaa thoo-nâa
anguilla (f)	ปลาไหล	bplaa lăi
trota (f)	ปลาเทราท์	bplaa thrau
sardina (f)	ปลาซาร์ดีน	bplaa saa-deen
luccio (m)	ปลาไพค์	bplaa phai
aringa (f)	ปลาเฮอร์ริง	bplaa her-ring
pane (m)	ขนมปัง	khà-nŏm bpang
formaggio (m)	เนยแข็ง	noie khăeng
zucchero (m)	น้ำตาล	nám dtaan
sale (m)	เกลือ	gleua
riso (m)	ข้าว	khâao
pasta (f)	พาสต้า	phâat-dtâa
tagliatelle (f pl)	ก๋วยเตี๋ยว	gŭay-dtĭeow
burro (m)	เนย	noie
olio (m) vegetale	น้ำมันพืช	nám man phêut
olio (m) di girasole	น้ำมันดอกทานตะวัน	nám man dòrk thaan dtà-wan
margarina (f)	เนยเทียม	noie thiam
olive (f pl)	มะกอก	má-gòrk
olio (m) d'oliva	น้ำมันมะกอก	nám man má-gòrk
latte (m)	นม	nom
latte (m) condensato	นมข้น	nom khôn
yogurt (m)	โยเกิร์ต	yoh-gèrt
panna (f) acida	ซาวร์ครีม	saao khreem
panna (f)	ครีม	khreem
maionese (m)	มายองเนส	maa-yorng-nâyt
crema (f)	ส่วนผสมของเนย และน้ำตาล	sùan phà-sŏm khŏrng noie láe nám dtaan
cereali (m pl)	เมล็ดธัญพืช	má-lét than-yá-phêut
farina (f)	แป้ง	bpâeng
cibi (m pl) in scatola	อาหารกระป๋อง	aa-hăan grà-bpŏrng
fiocchi (m pl) di mais	คอร์นเฟลค	khorn-flâyk
miele (m)	น้ำผึ้ง	nám phêung
marmellata (f)	แยม	yaem
gomma (f) da masticare	หมากฝรั่ง	màak fà-ràng

45. Bevande

acqua (f)	น้ำ	nám
acqua (f) potabile	น้ำดื่ม	nám dèum
acqua (f) minerale	น้ำแร่	nám râe
liscia (non gassata)	ไม่มีฟอง	mâi mee forng
gassata (agg)	น้ำอัดลม	nám àt lom
frizzante (agg)	มีฟอง	mee forng

ghiaccio (m)	น้ำแข็ง	nám khăeng
con ghiaccio	ใส่น้ำแข็ง	sài nám khăeng
analcolico (agg)	ไม่มีแอลกอฮอล์	mâi mee aen-gor-hor
bevanda (f) analcolica	เครื่องดื่มที่ไม่มีแอลกอฮอล	krêuang dèum têe mâi mee aen-gor-hor
bibita (f)	เครื่องดื่มให้ความสดชื่น	khrêuang dèum hâi khwaam sòt chêun
limonata (f)	น้ำเลมอนเนด	nám lay-morn-nâyt
bevande (f pl) alcoliche	เหล้า	lău
vino (m)	ไวน์	wai
vino (m) bianco	ไวน์ขาว	wai khăao
vino (m) rosso	ไวน์แดง	wai daeng
liquore (m)	สุรา	sù-raa
champagne (m)	แชมเปญ	chaem-bpayn
vermouth (m)	เหล้าองุ่นขาวซึ่งมีกลิ่นหอม	lâo a-ngùn khăao sêung mee glìn hŏrm
whisky	เหล้าวิสกี้	lău wít-sa -gêe
vodka (f)	เหล้าวอดก้า	lău wórt-gâa
gin (m)	เหล้ายิน	lău yin
cognac (m)	เหล้าคอนยัก	lău khorn yák
rum (m)	เหล้ารัม	lău ram
caffè (m)	กาแฟ	gaa-fae
caffè (m) nero	กาแฟดำ	gaa-fae dam
caffè latte (m)	กาแฟใส่นม	gaa-fae sài nom
cappuccino (m)	กาแฟคาปูชิโน	gaa-fae khaa bpoo chí noh
caffè (m) solubile	กาแฟสำเร็จรูป	gaa-fae săm-rèt rôop
latte (m)	นม	nom
cocktail (m)	ค็อกเทล	khók-tayn
frullato (m)	มิลค์เชค	min-châyk
succo (m)	น้ำผลไม้	nám phŏn-lá-máai
succo (m) di pomodoro	น้ำมะเขือเทศ	nám má-khĕua thâyt
succo (m) d'arancia	น้ำส้ม	nám sôm
spremuta (f)	น้ำผลไม้คั้นสด	nám phŏn-lá-máai khán sòt
birra (f)	เบียร์	bia
birra (f) chiara	เบียร์ไลท์	bia lai
birra (f) scura	เบียร์ดาร์ค	bia dàak
tè (m)	ชา	chaa
tè (m) nero	ชาดำ	chaa dam
tè (m) verde	ชาเขียว	chaa khĭeow

46. Verdure

ortaggi (m pl)	ผัก	phàk
verdura (f)	ผักใบเขียว	phàk bai khĭeow
pomodoro (m)	มะเขือเทศ	má-khĕua thâyt

cetriolo (m)	แตงกวา	dtaeng-gwaa
carota (f)	แครอท	khae-rót
patata (f)	มันฝรั่ง	man fà-ràng
cipolla (f)	หัวหอม	hǔa hǒrm
aglio (m)	กระเทียม	grà-thiam
cavolo (m)	กะหล่ำปลี	gà-làm bplee
cavolfiore (m)	ดอกกะหล่ำ	dòrk gà-làm
cavoletti (m pl) di Bruxelles	กะหล่ำดาว	gà-làm-daao
broccolo (m)	บร็อคโคลี่	bròrk-khoh-lêe
barbabietola (f)	บีทรูท	bee-trôot
melanzana (f)	มะเขือยาว	má-khěua-yaao
zucchina (f)	แตงซูคินี	dtaeng soo-khí-nee
zucca (f)	ฟักทอง	fák-thorng
rapa (f)	หัวผักกาด	hǔa-phàk-gàat
prezzemolo (m)	ผักชีฝรั่ง	phàk chee fà-ràng
aneto (m)	ผักชีลาว	phàk-chee-laao
lattuga (f)	ผักกาดหอม	phàk gàat hǒrm
sedano (m)	คึ่นฉ่าย	khêun-châai
asparago (m)	หน่อไม้ฝรั่ง	nòr máai fà-ràng
spinaci (m pl)	ผักขม	phàk khǒm
pisello (m)	ถั่วลันเตา	thùa-lan-dtao
fave (f pl)	ถั่ว	thùa
mais (m)	ข้าวโพด	khâao-phôht
fagiolo (m)	ถั่วรูปไต	thùa rôop dtai
peperone (m)	พริกหยวก	phrík-yùak
ravanello (m)	หัวไชเท้า	hǔa chai tháo
carciofo (m)	อาร์ติโชค	aa dtì chôhk

47. Frutta. Noci

frutto (m)	ผลไม้	phǒn-lá-máai
mela (f)	แอปเปิ้ล	àep-bpêrn
pera (f)	แพร์	phae
limone (m)	มะนาว	má-naao
arancia (f)	ส้ม	sôm
fragola (f)	สตรอว์เบอร์รี่	sà-dtror-ber-rêe
mandarino (m)	ส้มแมนดาริน	sôm maen daa rin
prugna (f)	พลัม	phlam
pesca (f)	ลูกท้อ	lôok thór
albicocca (f)	แอปริคอท	ae-bprì-khôrt
lampone (m)	ราสเบอร์รี่	râat-ber-rêe
ananas (m)	สับปะรด	sàp-bpà-rót
banana (f)	กล้วย	glûay
anguria (f)	แตงโม	dtaeng moh
uva (f)	องุ่น	a-ngùn
amarena (f)	เชอร์รี่	cher-rêe
ciliegia (f)	เชอร์รี่ป่า	cher-rêe bpàa

melone (m)	เมลอน	may-lorn
pompelmo (m)	ส้มโอ	sôm oh
avocado (m)	อะโวคาโด	a-who-khaa-doh
papaia (f)	มะละกอ	má-lá-gor
mango (m)	มะม่วง	má-mûang
melagrana (f)	ทับทิม	tháp-thim
ribes (m) rosso	เรดเคอร์แรนท์	râyt-khêr-raen
ribes (m) nero	แบล็คเคอร์แรนท์	blàek khêr-raen
uva (f) spina	กูสเบอร์รี่	gòot-ber-rêe
mirtillo (m)	บิลเบอร์รี่	bil-ber-rêe
mora (f)	แบล็คเบอร์รี่	blàek ber-rêe
uvetta (f)	ลูกเกด	lôok gàyt
fico (m)	มะเดื่อฝรั่ง	má dèua fà-ràng
dattero (m)	ลูกอินทผลัม	lôok in-thá-plăm
arachide (f)	ถั่วลิสง	thùa-lí-sŏng
mandorla (f)	อัลมอนด์	an-morn
noce (f)	วอลนัต	wor-lá-nát
nocciola (f)	เฮเซลนัท	hay sayn nát
noce (f) di cocco	มะพร้าว	má-phráao
pistacchi (m pl)	ถั่วพิสตาชิโอ	thùa phít dtaa chí oh

48. Pane. Dolci

pasticceria (f)	ขนม	khà-nŏm
pane (m)	ขนมปัง	khà-nŏm bpang
biscotti (m pl)	คุกกี้	khúk-gêe
cioccolato (m)	ช็อกโกแลต	chók-goh-láet
al cioccolato (agg)	ช็อกโกแลต	chók-goh-láet
caramella (f)	ลูกกวาด	lôok gwàat
tortina (f)	ขนมเค้ก	khà-nŏm kháyk
torta (f)	ขนมเค้ก	khà-nŏm kháyk
crostata (f)	ขนมพาย	khà-nŏm phaai
ripieno (m)	ไส้ในขนม	sâi nai khà-nŏm
marmellata (f)	แยม	yaem
marmellata (f) di agrumi	แยมผิวส้ม	yaem phĭw sôm
wafer (m)	วาฟเฟิล	waaf-fern
gelato (m)	ไอศกรีม	ai-sà-greem
budino (m)	พุดดิ้ง	phút-dîng

49. Pietanze cucinate

piatto (m) (~ principale)	มื้ออาหาร	méu aa-hăan
cucina (f)	อาหาร	aa-hăan
ricetta (f)	ตำราอาหาร	dtam-raa aa-hăan
porzione (f)	ส่วน	sùan
insalata (f)	สลัด	sà-làt

minestra (f)	ซุป	súp
brodo (m)	ซุปน้ำใส	súp nám-săi
panino (m)	แซนด์วิช	saen-wít
uova (f pl) al tegamino	ไขทอด	khài thôrt
hamburger (m)	แฮมเบอร์เกอร์	haem-ber-gêr
bistecca (f)	สเต็กเนื้อ	sà-dtèk néua
contorno (m)	เครื่องเคียง	khrêuang khiang
spaghetti (m pl)	สปาเก็ตตี้	sà-bpaa-gèt-dtêe
purè (m) di patate	มันฝรั่งบด	man fà-ràng bòt
pizza (f)	พิซซ่า	phít-sâa
porridge (m)	ขาวตม	khâao-dtôm
frittata (f)	ไขเจียว	khài jieow
bollito (agg)	ต้ม	dtôm
affumicato (agg)	รมควัน	rom khwan
fritto (agg)	ทอด	thôrt
secco (agg)	ตากแห้ง	dtàak hâeng
congelato (agg)	แชแข็ง	châe khăeng
sottoaceto (agg)	ดอง	dorng
dolce (gusto)	หวาน	wăan
salato (agg)	เค็ม	khem
freddo (agg)	เย็น	yen
caldo (agg)	รอน	rórn
amaro (agg)	ขม	khŏm
buono, gustoso (agg)	อรอย	à-ròi
cuocere, preparare (vt)	ต้ม	dtôm
cucinare (vi)	ทำอาหาร	tham aa-hăan
friggere (vt)	ทอด	thôrt
riscaldare (vt)	อุน	ùn
salare (vt)	ใส่เกลือ	sài gleua
pepare (vt)	ใสพริกไทย	sài phrík thai
grattugiare (vt)	ขูด	khòot
buccia (f)	เปลือก	bplèuak
sbucciare (vt)	ปอกเปลือก	bpòrk bplêuak

50. Spezie

sale (m)	เกลือ	gleua
salato (agg)	เค็ม	khem
salare (vt)	ใสเกลือ	sài gleua
pepe (m) nero	พริกไทย	phrík thai
peperoncino (m)	พริกแดง	phrík daeng
senape (f)	มัสตาร์ด	mát-dtàat
cren (m)	ฮอสแรดิช	hórt rae dìt
condimento (m)	เครื่องปรุงรส	khrêuang bprung rót
spezie (f pl)	เครื่องเทศ	khrêuang thâyt
salsa (f)	ซอส	sós

aceto (m)	น้ำส้มสายชู	nám sôm săai choo
anice (m)	เทียนสัตตบุษย์	thian-sàt-dtà-bùt
basilico (m)	ใบโหระพา	bai hŏh rá phaa
chiodi (m pl) di garofano	กานพลู	gaan-phloo
zenzero (m)	ขิง	khĭng
coriandolo (m)	ผักชีลา	pàk-chee-laa
cannella (f)	อบเชย	òp-choie
sesamo (m)	งา	ngaa
alloro (m)	ใบกระวาน	bai grà-waan
paprica (f)	พริกป่น	phrík bpòn
cumino (m)	เทียนตากบ	thian dtaa gòp
zafferano (m)	หญ้าฝรั่น	yâa fà-ràn

51. Pasti

cibo (m)	อาหาร	aa-hăan
mangiare (vi, vt)	กิน	gin
colazione (f)	อาหารเช้า	aa-hăan cháo
fare colazione	ทานอาหารเช้า	thaan aa-hăan cháo
pranzo (m)	ข้าวเที่ยง	khâao thîang
pranzare (vi)	ทานอาหารเที่ยง	thaan aa-hăan thîang
cena (f)	อาหารเย็น	aa-hăan yen
cenare (vi)	ทานอาหารเย็น	thaan aa-hăan yen
appetito (m)	ความอยากอาหาร	kwaam yàak aa hăan
Buon appetito!	กินให้อร่อย!	gin hâi a-ròi
aprire (vt)	เปิด	bpèrt
rovesciare (~ il vino, ecc.)	ทำหก	tham hòk
rovesciarsi (vr)	ทำหกออกมา	tham hòk òrk maa
bollire (vi)	ต้ม	dtôm
far bollire	ต้ม	dtôm
bollito (agg)	ต้ม	dtôm
raffreddare (vt)	แช่เย็น	châe yen
raffreddarsi (vr)	แช่เย็น	châe yen
gusto (m)	รสชาติ	rót châat
retrogusto (m)	รส	rót
essere a dieta	ลดน้ำหนัก	lót nám nàk
dieta (f)	อาหารพิเศษ	aa-hăan phí-sàyt
vitamina (f)	วิตามิน	wí-dtaa-min
caloria (f)	แคลอรี่	khae-lor-rêe
vegetariano (m)	คนกินเจ	khon gin jay
vegetariano (agg)	มังสวิรัติ	mang-sà-wí-rát
grassi (m pl)	ไขมัน	khăi man
proteine (f pl)	โปรตีน	bproh-dteen
carboidrati (m pl)	คาร์โบไฮเดรต	kaa-boh-hai-dràyt
fetta (f), fettina (f)	แผ่น	phàen
pezzo (m) (~ di torta)	ชิ้น	chín
briciola (f) (~ di pane)	เศษ	sàyt

52. Preparazione della tavola

cucchiaio (m)	ช้อน	chórn
coltello (m)	มีด	mêet
forchetta (f)	สอม	sôrm
tazza (f)	แก้ว	gâew
piatto (m)	จาน	jaan
piattino (m)	จานรอง	jaan rorng
tovagliolo (m)	ผ้าเช็ดปาก	phâa chét bpàak
stuzzicadenti (m)	ไม้จิ้มฟัน	máai jîm fan

53. Ristorante

ristorante (m)	ร้านอาหาร	ráan aa-hăan
caffè (m)	ร้านกาแฟ	ráan gaa-fae
pub (m), bar (m)	ร้านเหล้า	ráan lâo
sala (f) da tè	ร้านน้ำชา	ráan nám chaa
cameriere (m)	คนเสิร์ฟชาย	khon sèrf chaai
cameriera (f)	คนเสิร์ฟหญิง	khon sèrf yĭng
barista (m)	บาร์เทนเดอร์	baa-thayn-dêr
menù (m)	เมนู	may-noo
lista (f) dei vini	รายการไวน์	raai gaan wai
prenotare un tavolo	จองโตะ	jorng dtó
piatto (m)	มื้ออาหาร	méu aa-hăan
ordinare (~ il pranzo)	สั่ง	sàng
fare un'ordinazione	สั่งอาหาร	sàng aa-hăan
aperitivo (m)	เครื่องดื่มเหล้าก่อนอาหาร	khrêuang dèum lâo gòrn aa-hăan
antipasto (m)	ของกินเล่น	khŏrng gin lâyn
dolce (m)	ของหวาน	khŏrng wăan
conto (m)	คิดเงิน	khít ngern
pagare il conto	จ่ายคาอาหาร	jàai khâa aa hăan
dare il resto	ใหเงินทอน	hâi ngern thorn
mancia (f)	เงินทิป	ngern thíp

Famiglia, parenti e amici

54. Informazioni personali. Moduli

nome (m)	ชื่อ	chêu
cognome (m)	นามสกุล	naam sà-gun
data (f) di nascita	วันเกิด	wan gèrt
luogo (m) di nascita	สถานที่เกิด	sà-thăan thêe gèrt
nazionalità (f)	สัญชาติ	săn-châat
domicilio (m)	ที่อยู่อาศัย	thêe yòo aa-săi
paese (m)	ประเทศ	bprà-thâyt
professione (f)	อาชีพ	aa-chêep
sesso (m)	เพศ	phâyt
statura (f)	ความสูง	khwaam sŏong
peso (m)	น้ำหนัก	nám nàk

55. Membri della famiglia. Parenti

madre (f)	มารดา	maan-daa
padre (m)	บิดา	bì-daa
figlio (m)	ลูกชาย	lôok chaai
figlia (f)	ลูกสาว	lôok săao
figlia (f) minore	ลูกสาวคนเล็ก	lôok săao khon lék
figlio (m) minore	ลูกชายคนเล็ก	lôok chaai khon lék
figlia (f) maggiore	ลูกสาวคนโต	lôok săao khon dtoh
figlio (m) maggiore	ลูกชายคนโต	lôok chaai khon dtoh
fratello (m) maggiore	พี่ชาย	phêe chaai
fratello (m) minore	น้องชาย	nórng chaai
sorella (f) maggiore	พี่สาว	phêe săao
sorella (f) minore	น้องสาว	nórng săao
cugino (m)	ลูกพี่ลูกน้อง	lôok phêe lôok nórng
cugina (f)	ลูกพี่ลูกน้อง	lôok phêe lôok nórng
mamma (f)	แม่	mâe
papà (m)	พ่อ	phôr
genitori (m pl)	พ่อแม่	phôr mâe
bambino (m)	เด็ก, ลูก	dèk, lôok
bambini (m pl)	เด็กๆ	dèk dèk
nonna (f)	ย่า, ยาย	yâa, yaai
nonno (m)	ปู่, ตา	bpòo, dtaa
nipote (m) (figlio di un figlio)	หลานชาย	lăan chaai
nipote (f)	หลานสาว	lăan săao

nipoti (pl)	หลานๆ	lǎan
zio (m)	ลุง	lung
zia (f)	ป้า	bpâa
nipote (m) (figlio di un fratello)	หลานชาย	lǎan chaai
nipote (f)	หลานสาว	lǎan sǎao
suocera (f)	แม่ยาย	mâe yaai
suocero (m)	พ่อสามี	phôr sǎa-mee
genero (m)	ลูกเขย	lôok khǒie
matrigna (f)	แม่เลี้ยง	mâe líang
patrigno (m)	พ่อเลี้ยง	phôr líang
neonato (m)	ทารก	thaa-rók
infante (m)	เด็กเล็ก	dèk lék
bimbo (m), ragazzino (m)	เด็ก	dèk
moglie (f)	ภรรยา	phan-rá-yaa
marito (m)	สามี	sǎa-mee
coniuge (m)	สามี	sǎa-mee
coniuge (f)	ภรรยา	phan-rá-yaa
sposato (agg)	แต่งงานแล้ว	dtàeng ngaan láew
sposata (agg)	แต่งงานแล้ว	dtàeng ngaan láew
celibe (agg)	เป็นโสด	bpen sòht
scapolo (m)	ชายโสด	chaai sòht
divorziato (agg)	หย่าแล้ว	yàa láew
vedova (f)	แม่หม้าย	mâe mâai
vedovo (m)	พ่อหม้าย	phôr mâai
parente (m)	ญาติ	yâat
parente (m) stretto	ญาติใกล้ชิด	yâat glâi chít
parente (m) lontano	ญาติห่างๆ	yâat hàang hàang
parenti (m pl)	ญาติๆ	yâat
orfano (m)	เด็กชายกำพร้า	dèk chaai gam phráa
orfana (f)	เด็กหญิงกำพร้า	dèk yǐng gam phráa
tutore (m)	ผู้ปกครอง	phôo bpòk khrorng
adottare (~ un bambino)	บุญธรรม	bun tham
adottare (~ una bambina)	บุญธรรม	bun tham

56. Amici. Colleghi

amico (m)	เพื่อน	phêuan
amica (f)	เพื่อน	phêuan
amicizia (f)	มิตรภาพ	mít-dtrà-phâap
essere amici	เป็นเพื่อน	bpen phêuan
amico (m) (inform.)	เพื่อนสนิท	phêuan sà-nìt
amica (f) (inform.)	เพื่อนสนิท	phêuan sà-nìt
partner (m)	หุ้นส่วน	hûn sùan
capo (m)	หัวหน้า	hǔa-nâa
capo (m), superiore (m)	ผู้บังคับบัญชา	phôo bang-kháp ban-chaa
proprietario (m)	เจ้าของ	jâo khǒrng

subordinato (m)	ลูกน้อง	lôok nórng
collega (m)	เพื่อนร่วมงาน	phêuan rûam ngaan
conoscente (m)	ผู้คุ้นเคย	phôo khún khoie
compagno (m) di viaggio	เพื่อนร่วมทาง	pêuan rûam thaang
compagno (m) di classe	เพื่อนรุ่น	phêuan rûn
vicino (m)	เพื่อนบ้านผู้ชาย	phêuan bâan pôo chaai
vicina (f)	เพื่อนบ้านผู้หญิง	phêuan bâan phôo yǐng
vicini (m pl)	เพื่อนบ้าน	phêuan bâan

57. Uomo. Donna

donna (f)	ผู้หญิง	phôo yǐng
ragazza (f)	หญิงสาว	yǐng sǎao
sposa (f)	เจ้าสาว	jâo sǎao
bella (agg)	สวย	sǔay
alta (agg)	สูง	sǒong
snella (agg)	ผอม	phǒrm
bassa (agg)	เตี้ย	dtîa
bionda (f)	ผมสีทอง	phǒm sěe thorng
bruna (f)	ผมสีคล้ำ	phǒm sěe khlám
da donna (agg)	สตรี	sàt-dtree
vergine (f)	บริสุทธิ์	bor-rí-sùt
incinta (agg)	ตั้งครรภ์	dtâng khan
uomo (m) (adulto maschio)	ผู้ชาย	phôo chaai
biondo (m)	ผมสีทอง	phǒm sěe thorng
bruno (m)	ผมสีคล้ำ	phǒm sěe khlám
alto (agg)	สูง	sǒong
basso (agg)	เตี้ย	dtîa
sgarbato (agg)	หยาบคาย	yàap kaai
tozzo (agg)	แข็งแรง	khǎeng raeng
robusto (agg)	กำยำ	gam-yam
forte (agg)	แข็งแรง	khǎeng raeng
forza (f)	ความแข็งแรง	khwaam khǎeng raeng
grasso (agg)	ท้วม	thúam
bruno (agg)	ผิวดำ	phǐw dam
snello (agg)	ผอม	phǒrm
elegante (agg)	สง่า	sà-ngàa

58. Età

età (f)	อายุ	aa-yú
giovinezza (f)	วัยเยาว์	wai yao
giovane (agg)	หนุ่ม	nùm
più giovane (agg)	อายุน้อยกว่า	aa-yú nói gwàa

più vecchio (agg)	อายุสูงกว่า	aa-yú sŏong gwàa
giovane (m)	ชายหนุ่ม	chaai nùm
adolescente (m, f)	วัยรุ่น	wai rûn
ragazzo (m)	คนหนุ่ม	khon nùm
vecchio (m)	ชายชรา	chaai chá-raa
vecchia (f)	หญิงชรา	yĭng chá-raa
adulto (m)	ผู้ใหญ่	phôo yài
di mezza età	วัยกลาง	wai glaang
anziano (agg)	วัยชรา	wai chá-raa
vecchio (agg)	แก	gàe
pensionamento (m)	การเกษียณอายุ	gaan gà-sĭan aa-yú
andare in pensione	เกษียณ	gà-sĭan
pensionato (m)	ผู้เกษียณอายุ	phôo gà-sĭan aa-yú

59. Bambini

bambino (m), bambina (f)	เด็ก, ลูก	dèk, lôok
bambini (m pl)	เด็กๆ	dèk dèk
gemelli (m pl)	แฝด	fàet
culla (f)	เปล	bplay
sonaglio (m)	ของเล่นกุ๊งกิ๊ง	khŏrng lên gúng-gîng
pannolino (m)	ผ้าอ้อม	phâa ôrm
tettarella (f)	จุกนม	jùk-nom
carrozzina (f)	รถเข็นเด็ก	rót khĕn dèk
scuola (f) materna	โรงเรียนอนุบาล	rohng rian a-nú-baan
baby-sitter (f)	คนเฝ้าเด็ก	khon fâo dèk
infanzia (f)	วัยเด็ก	wai dèk
bambola (f)	ตุ๊กตา	dtúk-dtaa
giocattolo (m)	ของเล่น	khŏrng lên
gioco (m) di costruzione	ชุดของเล่นก่อสร้าง	chút khŏrng lên gòr sâang
educato (agg)	มีกิริยา มารยาทดี	mee gì-rí-yaa maa-rá-yâat dee
maleducato (agg)	ไม่มีมารยาท	mâi mee maa-rá-yâat
viziato (agg)	เสียคน	sĭa khon
essere disubbidiente	ซน	son
birichino (agg)	ซน	son
birichinata (f)	ความเกเร	kwaam gay-ray
bambino (m) birichino	เด็กเกเร	dèk gay-ray
ubbidiente (agg)	ที่เชื่อฟัง	thêe chêua fang
disubbidiente (agg)	ที่ไม่เชื่อฟัง	thêe mâi chêua fang
docile (agg)	ที่เชื่อฟังผู้ใหญ่	thée chêua fang phôo yài
intelligente (agg)	ฉลาด	chà-làat
bambino (m) prodigio	เด็กมีพรสวรรค์	dèk mee phon sà-wăn

60. Coppie sposate. Vita di famiglia

baciare (vt)	จูบ	jòop
baciarsi (vr)	จูบ	jòop
famiglia (f)	ครอบครัว	khrôrp khrua
familiare (agg)	ครอบครัว	khrôrp khrua
coppia (f)	ผัวเมีย	phŭa mia
matrimonio (m)	การแต่งงาน	gaan dtàeng ngaan
focolare (m) domestico	บ้าน	bâan
dinastia (f)	วงศ์ตระกูล	wong dtrà-goon
appuntamento (m)	การออกเดท	gaan òrk dàyt
bacio (m)	การจูบ	gaan jòop
amore (m)	ความรัก	khwaam rák
amare (qn)	รัก	rák
amato (agg)	ที่รัก	thêe rák
tenerezza (f)	ความละเมียดละไม	khwaam lá-mîat lá-mai
dolce, tenero (agg)	ละเมียดละไม	lá-mîat lá-mai
fedeltà (f)	ความซื่อ	khwaam sêu
fedele (agg)	ซื่อ	sêu
premura (f)	การดูแล	gaan doo lae
premuroso (agg)	ชอบดูแล	chôrp doo lae
sposi (m pl) novelli	คู่แต่งงานใหม่	khôo dtàeng ngaan mài
luna (f) di miele	ฮันนีมูน	han-nee-moon
sposarsi (per una donna)	แต่งงาน	dtàeng ngaan
sposarsi (per un uomo)	แต่งงาน	dtàeng ngaan
nozze (f pl)	การสมรส	gaan sŏm rót
nozze (f pl) d'oro	การสมรส ครบรอบ50ปี	gaan sŏm rót khróp rôrp hâa-sìp bpee
anniversario (m)	วันครบรอบ	wan khróp rôrp
amante (m)	คู่รัก	khôo rák
amante (f)	เมียน้อย	mia nói
adulterio (m)	การคบชู้	gaan khóp chóo
tradire (commettere adulterio)	คบชู้	khóp chóo
geloso (agg)	หึงหวง	hĕung hŭang
essere geloso	หึง	hĕung
divorzio (m)	การหย่าร้าง	gaan yàa ráang
divorziare (vi)	หย่า	yàa
litigare (vi)	ทะเลาะ	thá-lór
fare pace	ประนีประนอม	bprà-nee-bprà-nom
insieme	ด้วยกัน	dûay gan
sesso (m)	เพศสัมพันธ์	phâyt săm-phan
felicità (f)	ความสุข	khwaam sùk
felice (agg)	มีความสุข	mee khwaam sùk
disgrazia (f)	เหตุร้าย	hàyt ráai
infelice (agg)	ไม่มีความสุข	mâi mee khwaam sùk

Personalità. Sentimenti. Emozioni

61. Sentimenti. Emozioni

sentimento (m)	ความรู้สึก	khwaam róo sèuk
sentimenti (m pl)	ความรู้สึก	khwaam róo sèuk
sentire (vt)	รู้สึก	róo sèuk
fame (f)	ความหิว	khwaam hǐw
avere fame	หิว	hǐw
sete (f)	ความกระหาย	khwaam grà-hǎai
avere sete	กระหาย	grà-hǎai
sonnolenza (f)	ความง่วง	khwaam ngûang
avere sonno	ง่วง	ngûang
stanchezza (f)	ความเหนื่อย	khwaam nèuay
stanco (agg)	เหนื่อย	nèuay
stancarsi (vr)	เหนื่อย	nèuay
umore (m) (buon ~)	อารมณ์	aa-rom
noia (f)	ความเบื่อ	khwaam bèua
annoiarsi (vr)	เบื่อ	bèua
isolamento (f)	ความเหงา	khwaam ngǎo
isolarsi (vr)	ปลีกวิเวก	bplèek wí-wâyk
preoccupare (vt)	ทำให้...เป็นห่วง	tham hâi...bpen hùang
essere preoccupato	กังวล	gang-won
agitazione (f)	ความเป็นห่วง	khwaam bpen hùang
preoccupazione (f)	ความวิตกกังวล	khwaam wí-dtòk gang-won
preoccupato (agg)	เป็นห่วงใหญ่	bpen hùang yài
essere nervoso	กระวนกระวาย	grà won grà waai
andare in panico	ตื่นตระหนก	dtèun dtrà-nòk
speranza (f)	ความหวัง	khwaam wǎng
sperare (vi, vt)	หวัง	wǎng
certezza (f)	ความแน่ใจ	khwaam nâe jai
sicuro (agg)	แน่ใจ	nâe jai
incertezza (f)	ความไม่มั่นใจ	khwaam mâi mân jai
incerto (agg)	ไม่มั่นใจ	mâi mân jai
ubriaco (agg)	เมา	mao
sobrio (agg)	ไม่เมา	mâi mao
debole (agg)	ออนแอ	òrn ae
fortunato (agg)	มีความสุข	mee khwaam sùk
spaventare (vt)	ทำให้...กลัว	tham hâi...glua
furia (f)	ความโกรธเคือง	khwaam gròht kheuang
rabbia (f)	ความเดือดดาล	khwaam dèuat daan
depressione (f)	ความหดหู	khwaam hòt-hòo
disagio (m)	อึดอัด	èut àt

conforto (m)	สบาย	sà-baai
rincrescere (vi)	เสียดาย	sĭa daai
rincrescimento (m)	ความเสียดาย	khwaam sĭa daai
sfortuna (f)	โชคร้าย	chôhk ráai
tristezza (f)	ความเศร้า	khwaam sâo
vergogna (f)	ความละอายใจ	khwaam lá-aai jai
allegria (f)	ความปีติ	khwaam bpì-dtì
entusiasmo (m)	ความกระตือรือร้น	khwaam grà-dteu-reu-rón
entusiasta (m)	คนที่กระตือรือร้น	khon thêe grà-dteu-reu-rón
mostrare entusiasmo	แสดงความกระตือรือร้น	sà-daeng khwaam grà-dteu-reu-rón

62. Personalità. Carattere

carattere (m)	นิสัย	ní-săi
difetto (m)	ข้อเสีย	khôr sĭa
mente (f)	สติ	sà-dtì
intelletto (m)	สติ	sà-dtì
coscienza (f)	มโนธรรม	má-noh tham
abitudine (f)	นิสัย	ní-săi
capacità (f)	ความสามารถ	khwaam săa-mâat
sapere (~ nuotare)	สามารถ	săa-mâat
paziente (agg)	อดทน	òt thon
impaziente (agg)	ใจร้อนใจเร็ว	jai rórn jai reo
curioso (agg)	อยากรู้อยากเห็น	yàak róo yàak hĕn
curiosità (f)	ความอยากรู้อยากเห็น	khwaam yàak róo yàak hĕn
modestia (f)	ความถ่อมตน	khwaam thòrm dton
modesto (agg)	ถ่อมตน	thòrm dton
immodesto (agg)	หยาบโลน	yàap lohn
pigrizia (f)	ความขี้เกียจ	khwaam khêe gìat
pigro (agg)	ขี้เกียจ	khêe gìat
poltrone (m)	คนขี้เกียจ	khon khêe gìat
furberia (f)	ความเจ้าเล่ห์	khwaam jâo lây
furbo (agg)	เจ้าเล่ห์	jâo lây
diffidenza (f)	ความหวาดระแวง	khwaam wàat rá-waeng
diffidente (agg)	เคลือบแคลง	khlêuap-khlaeng
generosità (f)	ความเอื้อเฟื้อ	khwaam êua féua
generoso (agg)	มีน้ำใจ	mee nám jai
di talento	มีพรสวรรค์	mee phon sà-wăn
talento (m)	พรสวรรค์	phon sà-wăn
coraggioso (agg)	กล้าหาญ	glâa hăan
coraggio (m)	ความกล้าหาญ	khwaam glâa hăan
onesto (agg)	ซื่อสัตย์	sêu sàt
onestà (f)	ความซื่อสัตย์	khwaam sêu sàt
prudente (agg)	ระมัดระวัง	rá mát rá-wang
valoroso (agg)	กล้า	glâa

serio (agg)	เอาจริงเอาจัง	ao jing ao jang
severo (agg)	เขมงวด	khêm ngûat
deciso (agg)	เด็ดเดี่ยว	dèt dìeow
indeciso (agg)	ไม่เด็ดขาด	mâi dèt khàat
timido (agg)	อาย	aai
timidezza (f)	ความขวยอาย	khwaam khǔay aai
fiducia (f)	ความไว้ใจ	khwaam wái jai
fidarsi (vr)	ไว้เนื้อเชื่อใจ	wái néua chêua jai
fiducioso (agg)	เชื่อใจ	chêua jai
sinceramente	อย่างจริงใจ	yàang jing jai
sincero (agg)	จริงใจ	jing jai
sincerità (f)	ความจริงใจ	khwaam jing jai
aperto (agg)	เปิดเผย	bpèrt phǒie
tranquillo (agg)	ใจเย็น	jai yen
sincero (agg)	จริงใจ	jing jai
ingenuo (agg)	หลงเชื่อ	lǒng chêua
distratto (agg)	ใจลอย	jai loi
buffo (agg)	ตลก	dtà-lòk
avidità (f)	ความโลภ	khwaam lôhp
avido (agg)	โลภ	lôhp
avaro (agg)	ขี้เหนียว	khêe nǐeow
cattivo (agg)	เลว	leo
testardo (agg)	ดื้อ	dêu
antipatico (agg)	ไม่น่าพึงพอใจ	mâi nâa pheung phor jai
egoista (m)	คนที่เห็นแก่ตัว	khon thêe hěn gàe dtua
egoistico (agg)	เห็นแก่ตัว	hěn gàe dtua
codardo (m)	คนขี้ขลาด	khon khêe khlàat
codardo (agg)	ขี้ขลาด	khêe khlàat

63. Dormire. Sogni

dormire (vi)	นอน	norn
sonno (m) (stato di sonno)	ความนอน	khwaam norn
sogno (m)	ความฝัน	khwaam fǎn
sognare (fare sogni)	ฝัน	fǎn
sonnolento (agg)	ง่วง	ngûang
letto (m)	เตียง	dtiang
materasso (m)	ฟูกนอน	fôok norn
coperta (f)	ผ้าห่ม	phâa hòm
cuscino (m)	หมอน	mǒrn
lenzuolo (m)	ผ้าปูที่นอน	phâa bpoo thêe norn
insonnia (f)	อาการนอนไม่หลับ	aa-gaan norn mâi làp
insonne (agg)	นอนไม่หลับ	norn mâi làp
sonnifero (m)	ยานอนหลับ	yaa-norn-làp
prendere il sonnifero	กินยานอนหลับ	gin yaa-norn-làp
avere sonno	ง่วง	ngûang

sbadigliare (vi)	หาว	hăao
andare a letto	ไปนอน	bpai norn
fare il letto	ปูที่นอน	bpoo thêe norn
addormentarsi (vr)	หลับ	làp
incubo (m)	ฝันร้าย	făn ráai
russare (m)	การกรน	gaan-kron
russare (vi)	กรน	gron
sveglia (f)	นาฬิกาปลุก	naa-lí-gaa bplùk
svegliare (vt)	ปลุก	bplùk
svegliarsi (vr)	ตื่น	dtèun
alzarsi (vr)	ลุกขึ้น	lúk khêun
lavarsi (vr)	ล้างหน้าล้างตา	láang nâa láang dtaa

64. Umorismo. Risata. Felicità

umorismo (m)	อารมณ์ขัน	aa-rom khăn
senso (m) dello humour	อารมณ์	aa-rom
divertirsi (vr)	เริงรื่น	rerng rêun
allegro (agg)	เริงรื่น	rerng rêun
allegria (f)	ความรื่นเริง	khwaam rêun-rerng
sorriso (m)	รอยยิ้ม	roi yím
sorridere (vi)	ยิ้ม	yím
mettersi a ridere	เริ่มหัวเราะ	rêrm hŭa rór
ridere (vi)	หัวเราะ	hŭa rór
riso (m)	การหัวเราะ	gaan hŭa rór
aneddoto (m)	เรื่องขำขัน	rêuang khăm khăn
divertente (agg)	ตลก	dtà-lòk
ridicolo (agg)	ขบขัน	khòp khăn
scherzare (vi)	ล้อเล่น	lór lên
scherzo (m)	ตลก	dtà-lòk
gioia (f) (fare salti di ~)	ความสุขสันต์	khwaam sùk-săn
rallegrarsi (vr)	โมทนา	moh-thá-naa
allegro (agg)	ยินดี	yin dee

65. Discussione. Conversazione. Parte 1

comunicazione (f)	การสื่อสาร	gaan sèu săan
comunicare (vi)	สื่อสาร	sèu săan
conversazione (f)	การสนทนา	gaan sŏn-thá-naa
dialogo (m)	บทสนทนา	bòt sŏn-thá-naa
discussione (f)	การหารือ	gaan hăa-reu
dibattito (m)	การโต้แย้ง	gaan dtôh yáeng
discutere (vi)	โต้แย้ง	dtôh yáeng
interlocutore (m)	คู่สนทนา	khôo sŏn-tá-naa
tema (m)	หัวข้อ	hŭa khôr

punto (m) di vista	แง่คิด	ngâe khít
opinione (f)	ความคิดเห็น	khwaam khít hěn
discorso (m)	สุนทรพจน์	sǔn tha ra phót
discussione (f)	การหารือ	gaan hǎa-reu
discutere (~ una proposta)	หารือ	hǎa-reu
conversazione (f)	การสนทนา	gaan sǒn-thá-naa
conversare (vi)	คุยกัน	khui gan
incontro (m)	การพบกัน	gaan phóp gan
incontrarsi (vr)	พบ	phóp
proverbio (m)	สุภาษิต	sù-phaa-sìt
detto (m)	คำกลาว	kham glàao
indovinello (m)	ปริศนา	bprìt-sà-nǎa
fare un indovinello	ถามปริศนา	thǎam bprìt-sà-nǎa
parola (f) d'ordine	รหัสผาน	rá-hàt phàan
segreto (m)	ความลับ	khwaam láp
giuramento (m)	คำสาบาน	kham sǎa-baan
giurare (prestare giuramento)	สาบาน	sǎa baan
promessa (f)	คำสัญญา	kham sǎn-yaa
promettere (vt)	สัญญา	sǎn-yaa
consiglio (m)	คำแนะนำ	kham náe nam
consigliare (vt)	แนะนำ	náe nam
seguire il consiglio	ทำตามคำแนะนำ	tham dtaam kham náe nam
ubbidire (ai genitori)	เชื่อฟัง	chêua fang
notizia (f)	ข่าว	khàao
sensazione (f)	ขาวดัง	khàao dang
informazioni (f pl)	ขอมูล	khôr moon
conclusione (f)	ขอสรุป	khôr sà-rùp
voce (f)	เสียง	sǐang
complimento (m)	คำชมเชย	kham chom choie
gentile (agg)	ใจดี	jai dee
parola (f)	คำ	kham
frase (f)	วลี	wá-lee
risposta (f)	คำตอบ	kham dtòrp
verità (f)	ความจริง	khwaam jing
menzogna (f)	การโกหก	gaan goh-hòk
pensiero (m)	ความคิด	khwaam khít
idea (f)	ความคิด	khwaam khít
fantasia (f)	จินตนาการ	jin-dtà-naa gaan

66. Discussione. Conversazione. Parte 2

rispettato (agg)	ที่นับถือ	thêe náp thěu
rispettare (vt)	นับถือ	náp thěu
rispetto (m)	ความนับถือ	khwaam náp thěu
Egregio ...	ทาน	thâan
presentare (~ qn)	แนะนำ	náe nam

fare la conoscenza di ...	รู้จัก	róo jàk
intenzione (f)	ความตั้งใจ	khwaam dtâng jai
avere intenzione	ตั้งใจ	dtâng jai
augurio (m)	การขอพร	gaan khŏr phon
augurare (vt)	ขอ	khŏr
sorpresa (f)	ความประหลาดใจ	khwaam bprà-làat jai
sorprendere (stupire)	ทำให้...ประหลาดใจ	tham hâi...bprà-làat jai
stupirsi (vr)	ประหลาดใจ	bprà-làat jai
dare (vt)	ให้	hâi
prendere (vt)	รับ	ráp
rendere (vt)	ให้คืน	hâi kheun
restituire (vt)	เอาคืน	ao kheun
scusarsi (vr)	ขอโทษ	khŏr thôht
scusa (f)	คำขอโทษ	kham khŏr thôht
perdonare (vt)	ให้อภัย	hâi a-phai
parlare (vi, vt)	คุยกัน	khui gan
ascoltare (vi)	ฟัง	fang
ascoltare fino in fondo	ฟังจนจบ	fang jon jòp
capire (vt)	เข้าใจ	khâo jai
mostrare (vt)	แสดง	sà-daeng
guardare (vt)	ดู	doo
chiamare (rivolgersi a)	เรียก	rîak
dare fastidio	รบกวน	róp guan
disturbare (vt)	รบกวน	róp guan
consegnare (vt)	ส่ง	sòng
richiesta (f)	ข้อร้องขอ	khôr rórng khŏr
chiedere (vt)	ร้องขอ	rórng khŏr
esigenza (f)	ข้อเรียกร้อง	khôr rîak rórng
esigere (vt)	เรียกร้อง	rîak rórng
stuzzicare (vt)	แซว	saew
canzonare (vt)	ล้อเลียน	lór lian
burla (f), beffa (f)	ข้อล้อเลียน	khôr lór lian
soprannome (m)	ชื่อเล่น	chêu lên
allusione (f)	การพูดเป็นนัย	gaan phôot bpen nai
alludere (vi)	พูดเป็นนัย	phôot bpen nai
intendere (cosa intendi dire?)	หมายความว่า	măai khwaam wâa
descrizione (f)	คำพรรณนา	kham phan-ná-naa
descrivere (vt)	พรรณนา	phan-ná-naa
lode (f)	คำชม	kham chom
lodare (vt)	ชม	chom
delusione (f)	ความผิดหวัง	khwaam phìt wăng
deludere (vt)	ทำให้...ผิดหวัง	tham hâi...phìt wăng
rimanere deluso	ผิดหวัง	phìt wăng
supposizione (f)	ข้อสมมุติ	khôr sŏm mút
supporre (vt)	สมมุติ	sŏm mút

avvertimento (m)	คำเตือน	kham dteuan
avvertire (vt)	เตือน	dteuan

67. Discussione. Conversazione. Parte 3

persuadere (vt)	เกลี้ยกล่อม	glîak-glôrm
tranquillizzare (vt)	ทำให้...สงบ	tham hâi...sà-ngòp
silenzio (m) (il ~ è d'oro)	ความเงียบ	khwaam ngîap
tacere (vi)	เงียบ	ngîap
sussurrare (vt)	กระซิบ	grà síp
sussurro (m)	เสียงกระซิบ	sĭang grà síp
francamente	พูดตรงๆ	phôot dtrorng dtrorng
secondo me ...	ในสายตาของผม/ฉัน...	nai săai dtaa-kŏrng phŏm/chăn...
dettaglio (m)	รายละเอียด	raai lá-ìat
dettagliato (agg)	โดยละเอียด	doi lá-ìat
dettagliatamente	อย่างละเอียด	yàang lá-ìat
suggerimento (m)	คำบอกใบ้	kham bòrk bâi
suggerire (vt)	บอกใบ้	bòrk bâi
sguardo (m)	การมอง	gaan morng
gettare uno sguardo	มอง	morng
fisso (agg)	จ้อง	jôrng
battere le palpebre	กระพริบตา	grà phríp dtaa
ammiccare (vi)	ขยิบตา	khà-yìp dtaa
accennare col capo	พยักหน้า	phá-yák nâa
sospiro (m)	การถอนหายใจ	gaan thŏrn hăai jai
sospirare (vi)	ถอนหายใจ	thŏrn hăai-jai
sussultare (vi)	สั่น	sàn
gesto (m)	อิริยาบถ	i-rí-yaa-bòt
toccare (~ il braccio)	สัมผัส	săm-phàt
afferrare (~ per il braccio)	จับ	jàp
picchiettare (~ la spalla)	แตะ	dtàe
Attenzione!	ระวัง!	rá-wang
Davvero?	จริงหรือ?	jing rĕu
Sei sicuro?	คุณแน่ใจหรือ?	khun nâe jai rĕu
Buona fortuna!	ขอให้โชคดี!	khŏr hâi chôhk dee
Capito!	ฉันเข้าใจ!	chăn khâo jai
Peccato!	น่าเสียดาย!	nâa sĭa-daai

68. Accordo. Rifiuto

accordo (m)	การยินยอม	gaan yin yorm
essere d'accordo	ยินยอม	yin yorm
approvazione (f)	คำอนุมัติ	kham a-nú-mát
approvare (vt)	อนุมัติ	a-nú-mát

rifiuto (m)	คำปฏิเสธ	kham bpà-dtì-sàyt
rifiutarsi (vr)	ปฏิเสธ	bpà-dtì-sàyt
Perfetto!	เยี่ยม!	yîam
Va bene!	ดีเลย!	dee loie
D'accordo!	โอเค!	oh-khay
vietato, proibito (agg)	ไม่ได้รับอนุญาต	mâi dâai ráp a-nú-yâat
è proibito	ห้าม	hâam
è impossibile	มันเป็นไปไม่ได้	man bpen bpai mâi dâai
sbagliato (agg)	ไม่ถูกต้อง	mâi thòok dtôrng
respingere (~ una richiesta)	ปฏิเสธ	bpà-dtì-sàyt
sostenere (~ un'idea)	สนับสนุน	sà-nàp-sà-nǔn
accettare (vt)	ยอมรับ	yorm ráp
confermare (vt)	ยืนยัน	yeun yan
conferma (f)	คำยืนยัน	kham yeun yan
permesso (m)	คำอนุญาต	kham a-nú-yâat
permettere (vt)	อนุญาต	a-nú-yâat
decisione (f)	การตัดสินใจ	gaan dtàt sǐn jai
non dire niente	ไม่พูดอะไร	mâi phôot a-rai
condizione (f)	เงื่อนไข	ngêuan khǎi
pretesto (m)	ข้ออ้าง	khôr âang
lode (f)	คำชม	kham chom
lodare (vt)	ชม	chom

69. Successo. Fortuna. Fiasco

successo (m)	ความสำเร็จ	khwaam sǎm-rèt
con successo	ให้เป็นผลสำเร็จ	hâi bpen phǒn sǎm-rèt
ben riuscito (agg)	ที่สำเร็จ	thêe sǎm-rèt
fortuna (f)	โชค	chôhk
Buona fortuna!	ขอให้โชคดี!	khǒr hâi chôhk dee
fortunato (giorno ~)	มีโชค	mee chôhk
fortunato (persona ~a)	มีโชคดี	mee chôhk dee
fiasco (m)	ความล้มเหลว	khwaam lóm lěo
disdetta (f)	โชคร้าย	chôhk ráai
sfortuna (f)	โชคร้าย	chôhk ráai
fallito (agg)	ไม่ประสบความสำเร็จ	mâi bprà-sòp khwaam sǎm-rèt
disastro (m)	ความล้มเหลว	khwaam lóm lěo
orgoglio (m)	ความภาคภูมิใจ	khwaam phâak phoom jai
orgoglioso (agg)	ภูมิใจ	phoom jai
essere fiero di ...	ภูมิใจ	phoom jai
vincitore (m)	ผู้ชนะ	phôo chá-ná
vincere (vi)	ชนะ	chá-ná
perdere (subire una sconfitta)	แพ้	pháe
tentativo (m)	ความพยายาม	khwaam phá-yaa-yaam

tentare (vi)	พยายาม	phá-yaa-yaam
chance (f)	โอกาส	oh-gàat

70. Dispute. Sentimenti negativi

grido (m)	เสียงตะโกน	sĭang dtà-gohn
gridare (vi)	ตะโกน	dtà-gohn
mettersi a gridare	เริ่มตะโกน	rêrm dtà-gohn
litigio (m)	การทะเลาะ	gaan thá-lór
litigare (vi)	ทะเลาะ	thá-lór
lite (f)	ความทะเลาะ	khwaam thá-lór
dare scandalo (litigare)	ตีโพยตีพาย	dtee phoi dtee phaai
conflitto (m)	ความขัดแย้ง	khwaam khàt yáeng
fraintendimento (m)	การเข้าใจผิด	gaan khâo jai phìt
insulto (m)	คำดูถูก	kham doo thòok
insultare (vt)	ดูถูก	doo thòok
offeso (agg)	โดนดูถูก	dohn doo thòok
offesa (f)	ความเคียดแค้น	khwaam khîat-kháen
offendere (qn)	ล่วงเกิน	lûang gern
offendersi (vr)	ถือสา	thĕu săa
indignazione (f)	ความโกรธแค้น	khwaam gròht kháen
indignarsi (vr)	ขุ่นเคือง	khùn kheuang
lamentela (f)	คำร้อง	kham rórng
lamentarsi (vr)	บ่น	bòn
scusa (f)	คำขอโทษ	kham khŏr thôht
scusarsi (vr)	ขอโทษ	khŏr thôht
chiedere scusa	ขออภัย	khŏr a-phai
critica (f)	คำวิจารณ์	kham wí-jaan
criticare (vt)	วิจารณ์	wí-jaan
accusa (f)	การกล่าวหา	gaan glàao hăa
accusare (vt)	กล่าวหา	glàao hăa
vendetta (f)	การแก้แค้น	gaan gâe kháen
vendicare (vt)	แก้แค้น	gâe kháen
vendicarsi (vr)	แก้แค้น	gâe kháen
disprezzo (m)	ความดูหมิ่น	khwaam doo mìn
disprezzare (vt)	ดูหมิ่น	doo mìn
odio (m)	ความเกลียดชัง	khwaam glìat chang
odiare (vt)	เกลียด	glìat
nervoso (agg)	กระวนกระวาย	grà won grà waai
essere nervoso	กระวนกระวาย	grà won grà waai
arrabbiato (agg)	โกรธ	gròht
fare arrabbiare	ทำให้...โกรธ	tham hâi...gròht
umiliazione (f)	ความเสียดเย้ย	khwaam sìat yóie
umiliare (vt)	ฉีกหน้า	chèek nâa
umiliarsi (vr)	ฉีกหน้าตนเอง	chèek nâa dton ayng

shock (m)	ความตกตะลึง	khwaam dtòk dtà-leung
scandalizzare (vt)	ทำให้...ตกตะลึง	tham hâi...dtòk dtà-leung
problema (m) (avere ~i)	ปัญหา	bpan-hăa
spiacevole (agg)	ไม่น่าพึงพอใจ	mâi nâa pheung phor jai
spavento (m), paura (f)	ความกลัว	khwaam glua
terribile (una tempesta ~)	แย่	yâe
spaventoso (un racconto ~)	น่ากลัว	nâa glua
orrore (m)	ความกลัว	khwaam glua
orrendo (un crimine ~)	แย่มาก	yâe mâak
cominciare a tremare	เริ่มตัวสั่น	rêrm dtua sàn
piangere (vi)	ร้องไห้	rórng hâi
mettersi a piangere	เริ่มร้องไห้	rêrm rórng hâi
lacrima (f)	น้ำตา	nám dtaa
colpa (f)	ความผิด	khwaam phìt
senso (m) di colpa	ผิด	phìt
vergogna (f)	เสียเกียรติ	sĭa gìat
protesta (f)	การประท้วง	gaan bprà-thúang
stress (m)	ความว้าวุ่นใจ	khwaam wáa-wûn-jai
disturbare (vt)	รบกวน	róp guan
essere arrabbiato	โกรธจัด	gròht jàt
arrabbiato (agg)	โกรธ	gròht
porre fine a ... (~ una relazione)	ยุติ	yút-dtì
rimproverare (vt)	ดุด่า	dù dàa
spaventarsi (vr)	ตกใจ	dtòk jai
colpire (vt)	ตี	dtee
picchiarsi (vr)	สู้	sôo
regolare (~ un conflitto)	ยุติ	yút-dtì
scontento (agg)	ไม่พอใจ	mâi phor jai
furioso (agg)	โกรธจัด	gròht jàt
Non sta bene!	มันไม่ค่อยดี	man mâi khôi dee
Fa male!	มันไม่ดีเลย	man mâi dee loie

Medicinali

71. Malattie

malattia (f)	โรค	rôhk
essere malato	ป่วย	bpùay
salute (f)	สุขภาพ	sùk-khà-phâap
raffreddore (m)	น้ำมูกไหล	nám môok lăi
tonsillite (f)	ต่อมทอนซิลอักเสบ	dtòm thorn-sin àk-sàyp
raffreddore (m)	หวัด	wàt
raffreddarsi (vr)	เป็นหวัด	bpen wàt
bronchite (f)	โรคหลอดลมอักเสบ	rôhk lòrt lom àk-sàyp
polmonite (f)	โรคปอดบวม	rôhk bpòrt-buam
influenza (f)	ไข้หวัดใหญ่	khâi wàt yài
miope (agg)	สายตาสั้น	săai dtaa sân
presbite (agg)	สายตายาว	săai dtaa yaao
strabismo (m)	ตาเหล	dtaa lày
strabico (agg)	เป็นตาเหล่	bpen dtaa kăy rĕu lày
cateratta (f)	ต้อกระจก	dtôr grà-jòk
glaucoma (m)	ต้อหิน	dtôr hĭn
ictus (m) cerebrale	โรคหลอดเลือดสมอง	rôhk lòrt lêuat sà-mŏrng
attacco (m) di cuore	อาการหัวใจวาย	aa-gaan hŭa jai waai
infarto (m) miocardico	กล้ามเนื้อหัวใจตายเหตุขาดเลือด	glâam néua hŭa jai dtaai hàyt khàat lêuat
paralisi (f)	อัมพาต	am-má-phâat
paralizzare (vt)	ทำให้เป็นอัมพาต	tham hâi bpen am-má-phâat
allergia (f)	ภูมิแพ้	phoom pháe
asma (f)	โรคหืด	rôhk hèut
diabete (m)	โรคเบาหวาน	rôhk bao wăan
mal (m) di denti	อาการปวดฟัน	aa-gaan bpùat fan
carie (f)	ฟันผุ	fan phù
diarrea (f)	อาการท้องเสีย	aa-gaan thórng sĭa
stitichezza (f)	อาการท้องผูก	aa-gaan thórng phòok
disturbo (m) gastrico	อาการปวดท้อง	aa-gaan bpùat thórng
intossicazione (f) alimentare	ภาวะอาหารเป็นพิษ	phaa-wá aa hăan bpen pít
intossicarsi (vr)	กินอาหารเป็นพิษ	gin aa hăan bpen phít
artrite (f)	โรคข้ออักเสบ	rôhk khôr àk-sàyp
rachitide (f)	โรคกระดูกอ่อน	rôhk grà-dòok òrn
reumatismo (m)	โรครูมาติก	rôhk roo-maa-dtìk
aterosclerosi (f)	ภาวะหลอดเลือดแข็ง	phaa-wá lòrt lêuat khăeng
gastrite (f)	โรคกระเพาะอาหาร	rôhk grà-phór aa-hăan
appendicite (f)	ไส้ติ่งอักเสบ	sâi dtìng àk-sàyp

colecistite (f)	โรคถุงน้ำดีอักเสบ	rôhk thǔng nám dee àk-sàyp
ulcera (f)	แผลเปื่อย	phlǎe bpèuay
morbillo (m)	โรคหัด	rôhk hàt
rosolia (f)	โรคหัดเยอรมัน	rôhk hàt yer-rá-man
itterizia (f)	โรคดีซ่าน	rôhk dee sâan
epatite (f)	โรคตับอักเสบ	rôhk dtàp àk-sàyp
schizofrenia (f)	โรคจิตเภท	rôhk jìt-dtà-phâyt
rabbia (f)	โรคพิษสุนัขบ้า	rôhk phít sù-nák bâa
nevrosi (f)	โรคประสาท	rôhk bprà-sàat
commozione (f) cerebrale	สมองกระทบกระเทือน	sà-mŏrng grà-thóp grà-theuan
cancro (m)	มะเร็ง	má-reng
sclerosi (f)	การแข็งตัวของเนื้อเยื่อร่างกาย	gaan kǎeng dtua kǒng néua yêua râang gaai
sclerosi (f) multipla	โรคปลอกประสาทเสื่อมแข็ง	rôhk bplòk bprà-sàat sèuam kǎeng
alcolismo (m)	โรคพิษสุราเรื้อรัง	rôhk phít sù-raa réua rang
alcolizzato (m)	คนขี้เหล้า	khon khêe lâo
sifilide (f)	โรคซิฟิลิส	rôhk sí-fí-lít
AIDS (m)	โรคเอดส์	rôhk àyt
tumore (m)	เนื้องอก	néua ngôk
maligno (agg)	ร้าย	ráai
benigno (agg)	ไม่ร้าย	mâi ráai
febbre (f)	ไข้	khâi
malaria (f)	ไข้มาลาเรีย	kâi maa-laa-ria
cancrena (f)	เนื้อตายเน่า	néua dtaai nâo
mal (m) di mare	ภาวะเมาคลื่น	phaa-wá mao khlêun
epilessia (f)	โรคลมบ้าหมู	rôhk lom bâa-mŏo
epidemia (f)	โรคระบาด	rôhk rá-bàat
tifo (m)	โรครากสาดใหญ่	rôhk râak-sàat yài
tubercolosi (f)	วัณโรค	wan-ná-rôhk
colera (m)	อหิวาตกโรค	a-hì-wâat-gà-rôhk
peste (f)	กาฬโรค	gaan-lá-rôhk

72. Sintomi. Cure. Parte 1

sintomo (m)	อาการ	aa-gaan
temperatura (f)	อุณหภูมิ	un-hà-phoom
febbre (f) alta	อุณหภูมิสูง	un-hà-phoom sǒong
polso (m)	ชีพจร	chêep-phá-jon
capogiro (m)	อาการเวียนหัว	aa-gaan wian hǔa
caldo (agg)	ร้อน	rórn
brivido (m)	หนาวสั่น	nǎao sàn
pallido (un viso ~)	หน้าเซียว	nâa sieow
tosse (f)	การไอ	gaan ai
tossire (vi)	ไอ	ai

starnutire (vi)	จาม	jaam
svenimento (m)	การเป็นลม	gaan bpen lom
svenire (vi)	เป็นลม	bpen lom
livido (m)	ฟกช้ำ	fók chám
bernoccolo (m)	บวม	buam
farsi un livido	ชน	chon
contusione (f)	รอยฟกช้ำ	roi fók chám
farsi male	ได้รอยช้ำ	dâai roi chám
zoppicare (vi)	กะโผลกกะเผลก	gà-phlòhk-gà-phlàyk
slogatura (f)	ขอหลุด	khôr lùt
slogarsi (vr)	ทำขอหลุด	tham khôr lùt
frattura (f)	กระดูกหัก	grà-dòok hàk
fratturarsi (vr)	หักกระดูก	hàk grà-dòok
taglio (m)	รอยบาด	roi bàat
tagliarsi (vr)	ทำบาด	tham bàat
emorragia (f)	การเลือดไหล	gaan lêuat lăi
scottatura (f)	แผลไฟไหม้	phlăe fai mâi
scottarsi (vr)	ได้รับแผลไฟไหม้	dâai ráp phlăe fai mâi
pungere (vt)	ตำ	dtam
pungersi (vr)	ตำตัวเอง	dtam dtua ayng
ferire (vt)	ทำให้บาดเจ็บ	tham hâi bàat jèp
ferita (f)	การบาดเจ็บ	gaan bàat jèp
lesione (f)	แผล	phlăe
trauma (m)	แผลบาดเจ็บ	phlăe bàat jèp
delirare (vi)	คลุ้มคลั่ง	khlúm khlâng
tartagliare (vi)	พูดตะกุกตะกัก	phôot dtà-gùk-dtà-gàk
colpo (m) di sole	โรคลมแดด	rôhk lom dàet

73. Sintomi. Cure. Parte 2

dolore (m), male (m)	ความเจ็บปวด	khwaam jèp bpùat
scheggia (f)	เสี้ยน	sîan
sudore (m)	เหงื่อ	ngèua
sudare (vi)	เหงื่อออก	ngèua òrk
vomito (m)	การอาเจียน	gaan aa-jian
convulsioni (f pl)	การชัก	gaan chák
incinta (agg)	ตั้งครรภ์	dtâng khan
nascere (vi)	เกิด	gèrt
parto (m)	การคลอด	gaan khlôrt
essere in travaglio di parto	คลอดบุตร	khlôrt bùt
aborto (m)	การแท้งบุตร	gaan tháeng bùt
respirazione (f)	การหายใจ	gaan hăai-jai
inspirazione (f)	การหายใจเข้า	gaan hăai-jai khâo
espirazione (f)	การหายใจออก	gaan hăai-jai òrk
espirare (vi)	หายใจออก	hăai-jai òrk

inspirare (vi)	หายใจเข้า	hăai-jai khâo
invalido (m)	คนพิการ	khon phí-gaan
storpio (m)	พิการ	phí-gaan
drogato (m)	ผู้ติดยาเสพติด	phôo dtìt yaa-sàyp-dtìt
sordo (agg)	หูหนวก	hŏo nùak
muto (agg)	เป็นใบ้	bpen bâi
sordomuto (agg)	หูหนวกเป็นใบ้	hŏo nùak bpen bâi
matto (agg)	บ้า	bâa
matto (m)	คนบ้า	khon bâa
matta (f)	คนบ้า	khon bâa
impazzire (vi)	เสียสติ	sĭa sà-dtì
gene (m)	ยีน	yeun
immunità (f)	ภูมิคุ้มกัน	phoom khúm gan
ereditario (agg)	เป็นกรรมพันธุ์	bpen gam-má-phan
innato (agg)	แต่กำเนิด	dtàe gam-nèrt
virus (m)	เชื้อไวรัส	chéua wai-rát
microbo (m)	จุลินทรีย์	jù-lin-see
batterio (m)	แบคทีเรีย	bàek-tee-ria
infezione (f)	การติดเชื้อ	gaan dtìt chéua

74. Sintomi. Cure. Parte 3

ospedale (m)	โรงพยาบาล	rohng phá-yaa-baan
paziente (m)	ผู้ป่วย	phôo bpùay
diagnosi (f)	การวินิจฉัยโรค	gaan wí-nít-chăi rôhk
cura (f)	การรักษา	gaan rák-săa
trattamento (m)	การรักษาทางการแพทย์	gaan rák-săa thaang gaan phâet
curarsi (vr)	รับการรักษา	ráp gaan rák-săa
curare (vt)	รักษา	rák-săa
accudire (un malato)	รักษา	rák-săa
assistenza (f)	การดูแลรักษา	gaan doo lae rák-săa
operazione (f)	การผ่าตัด	gaan phàa dtàt
bendare (vt)	พันแผล	phan phlăe
fasciatura (f)	การพันแผล	gaan phan phlăe
vaccinazione (f)	การฉีดวัคซีน	gaan chèet wák-seen
vaccinare (vt)	ฉีดวัคซีน	chèet wák-seen
iniezione (f)	การฉีดยา	gaan chèet yaa
fare una puntura	ฉีดยา	chèet yaa
attacco (m) (~ epilettico)	มีอาการเฉียบพลัน	mee aa-gaan chìap phlan
amputazione (f)	การตัดอวัยวะออก	gaan dtàt a-wai-wá òrk
amputare (vt)	ตัด	dtàt
coma (m)	อาการโคม่า	aa-gaan khoh-mâa
essere in coma	อยู่ในอาการโคม่า	yòo nai aa-gaan khoh-mâa
rianimazione (f)	หน่วยอภิบาล	nùay à-phí-baan
guarire (vi)	ฟื้นตัว	féun dtua

stato (f) (del paziente)	อาการ	aa-gaan
conoscenza (f)	สติสัมปชัญญะ	sà-dtì săm-bpà-chan-yá
memoria (f)	ความทรงจำ	khwaam song jam
estrarre (~ un dente)	ถอน	thŏrn
otturazione (f)	การอุด	gaan ùt
otturare (vt)	อุด	ùt
ipnosi (f)	การสะกดจิต	gaan sà-gòt jìt
ipnotizzare (vt)	สะกดจิต	sà-gòt jìt

75. Medici

medico (m)	แพทย์	phâet
infermiera (f)	พยาบาล	phá-yaa-baan
medico (m) personale	แพทย์ส่วนตัว	phâet sùan dtua
dentista (m)	ทันตแพทย์	than-dtà phâet
oculista (m)	จักษุแพทย์	jàk-sù phâet
internista (m)	อายุรแพทย์	aa-yú-rá-phâet
chirurgo (m)	ศัลยแพทย์	săn-yá-phâet
psichiatra (m)	จิตแพทย์	jìt-dtà-phâet
pediatra (m)	กุมารแพทย์	gù-maan phâet
psicologo (m)	นักจิตวิทยา	nák jìt wít-thá-yaa
ginecologo (m)	นรีแพทย์	ná-ree phâet
cardiologo (m)	หทัยแพทย์	hà-thai phâet

76. Medicinali. Farmaci. Accessori

medicina (f)	ยา	yaa
rimedio (m)	ยา	yaa
prescrivere (vt)	จ่ายยา	jàai yaa
prescrizione (f)	ใบสั่งยา	bai sàng yaa
compressa (f)	ยาเม็ด	yaa mét
unguento (m)	ยาทา	yaa thaa
fiala (f)	หลอดยา	lòrt yaa
pozione (f)	ยาส่วนผสม	yaa sùan phà-sŏm
sciroppo (m)	น้ำเชื่อม	nám chêuam
pillola (f)	ยาเม็ด	yaa mét
polverina (f)	ยาผง	yaa phŏng
benda (f)	ผ้าพันแผล	phâa phan phlăe
ovatta (f)	สำลี	săm-lee
iodio (m)	ไอโอดีน	ai oh-deen
cerotto (m)	พลาสเตอร์	phláat-dtêr
contagocce (m)	ที่หยอดตา	thêe yòrt dtaa
termometro (m)	ปรอท	bpa -ròrt
siringa (f)	เข็มฉีดยา	khĕm chèet-yaa
sedia (f) a rotelle	รถเข็นคนพิการ	rót khĕn khon phí-gaan

stampelle (f pl)	ไม้ค้ำยัน	máai khám yan
analgesico (m)	ยาแก้ปวด	yaa gâe bpùat
lassativo (m)	ยาระบาย	yaa rá-baai
alcol (m)	เอธานอล	ay-thaa-norn
erba (f) officinale	สมุนไพรทางการแพทย์	sà-mŭn phrai thaang gaan phâet
d'erbe (infuso ~)	สมุนไพร	sà-mŭn phrai

77. Fumo. Prodotti di tabaccheria

tabacco (m)	ยาสูบ	yaa sòop
sigaretta (f)	บุหรี่	bù rèe
sigaro (m)	ซิการ์	sí-gâa
pipa (f)	ไปป์	bpai
pacchetto (m) (di sigarette)	ซอง	sorng
fiammiferi (m pl)	ไม้ขีด	máai khèet
scatola (f) di fiammiferi	กล่องไม้ขีด	glòrng máai khèet
accendino (m)	ไฟแช็ก	fai cháek
portacenere (m)	ที่เขี่ยบุหรี่	thêe khìa bù rèe
portasigarette (m)	กล่องใส่บุหรี่	glòrng sài bù rèe
bocchino (m)	ที่ต่อบุหรี่	thêe dtòr bù rèe
filtro (m)	ตัวกรองบุหรี่	dtua grorng bù rèe
fumare (vi, vt)	สูบ	sòop
accendere una sigaretta	จุดบุหรี่	jùt bù rèe
fumo (m)	การสูบบุหรี่	gaan sòop bù rèe
fumatore (m)	ผู้สูบบุหรี่	pôo sòop bù rèe
cicca (f), mozzicone (m)	ก้นบุหรี่	gôn bù rèe
fumo (m)	ควันบุหรี่	khwan bù rèe
cenere (f)	ขี้บุหรี่	khêe bù rèe

HABITAT UMANO

Città

78. Città. Vita di città

città (f)	เมือง	meuang
capitale (f)	เมืองหลวง	meuang lŭang
villaggio (m)	หมู่บ้าน	mòo bâan
mappa (f) della città	แผนที่เมือง	phăen thêe meuang
centro (m) della città	ใจกลางเมือง	jai glaang-meuang
sobborgo (m)	ชานเมือง	chaan meuang
suburbano (agg)	ชานเมือง	chaan meuang
periferia (f)	รอบนอกเมือง	rôrp nôrk meuang
dintorni (m pl)	เขตรอบเมือง	khàyt rôrp-meuang
isolato (m)	บล็อกผังเมือง	blòrk phăng meuang
quartiere residenziale	บล็อกที่อยู่อาศัย	blòrk thêe yòo aa-săi
traffico (m)	การจราจร	gaan jà-raa-jon
semaforo (m)	ไฟจราจร	fai jà-raa-jon
trasporti (m pl) urbani	ขนส่งมวลชน	khŏn sòng muan chon
incrocio (m)	สี่แยก	sèe yâek
passaggio (m) pedonale	ทางม้าลาย	thaang máa laai
sottopassaggio (m)	อุโมงค์คนเดิน	u-mohng kon dern
attraversare (vt)	ข้าม	khâam
pedone (m)	คนเดินเท้า	khon dern tháo
marciapiede (m)	ทางเท้า	thaang tháo
ponte (m)	สะพาน	sà-phaan
banchina (f)	ทางเลียบแม่น้ำ	thaang lîap mâe náam
fontana (f)	น้ำพุ	nám phú
vialetto (m)	ทางเลียบสวน	thaang lîap sŭan
parco (m)	สวน	sŭan
boulevard (m)	ถนนกว้าง	thà-nŏn gwâang
piazza (f)	จัตุรัส	jàt-dtù-ràt
viale (m), corso (m)	ถนนใหญ่	thà-nŏn yài
via (f), strada (f)	ถนน	thà-nŏn
vicolo (m)	ซอย	soi
vicolo (m) cieco	ทางตัน	thaang dtan
casa (f)	บ้าน	bâan
edificio (m)	อาคาร	aa-khaan
grattacielo (m)	ตึกระฟ้า	dtèuk rá-fáa
facciata (f)	ด้านหน้าอาคาร	dâan-nâa aa-khaan
tetto (m)	หลังคา	lăng khaa

finestra (f)	หน้าต่าง	nâa dtàang
arco (m)	ซุ้มประตู	súm bprà-dtoo
colonna (f)	เสา	sǎo
angolo (m)	มุม	mum
vetrina (f)	หน้าต่างร้านค้า	nâa dtàang ráan kháa
insegna (f) (di negozi, ecc.)	ป้ายร้าน	bpâai ráan
cartellone (m)	โปสเตอร์	bpòht-dtêr
cartellone (m) pubblicitario	ป้ายโฆษณา	bpâai khôht-sà-naa
tabellone (m) pubblicitario	กระดานปิดประกาศโฆษณา	grà-daan bpìt bprà-gàat khôht-sà-naa
pattume (m), spazzatura (f)	ขยะ	khà-yà
pattumiera (f)	ถังขยะ	thǎng khà-yà
sporcare (vi)	ทิ้งขยะ	thíng khà-yà
discarica (f) di rifiuti	ที่ทิ้งขยะ	thêe thíng khà-yà
cabina (f) telefonica	ตู้โทรศัพท์	dtôo thoh-rá-sàp
lampione (m)	เสาโคม	sǎo khohm
panchina (f)	ม้านั่ง	máa nâng
poliziotto (m)	เจ้าหน้าที่ตำรวจ	jâo nâa-thêe dtam-rùat
polizia (f)	ตำรวจ	dtam-rùat
mendicante (m)	ขอทาน	khǒr thaan
barbone (m)	คนไร้บ้าน	khon rái bâan

79. Servizi cittadini

negozio (m)	ร้านค้า	ráan kháa
farmacia (f)	ร้านขายยา	ráan khǎai yaa
ottica (f)	ร้านตัดแว่น	ráan dtàt wâen
centro (m) commerciale	ศูนย์การค้า	sǒon gaan kháa
supermercato (m)	ซูเปอร์มาร์เก็ต	soo-bper-maa-gèt
panetteria (f)	ร้านขนมปัง	ráan khà-nǒm bpang
fornaio (m)	คนอบขนมปัง	khon òp khà-nǒm bpang
pasticceria (f)	ร้านขนม	ráan khà-nǒm
drogheria (f)	ร้านขายของชำ	ráan khǎai khǒrng cham
macelleria (f)	ร้านขายเนื้อ	ráan khǎai néua
fruttivendolo (m)	ร้านขายผัก	ráan khǎai phàk
mercato (m)	ตลาด	dtà-làat
caffè (m)	ร้านกาแฟ	ráan gaa-fae
ristorante (m)	ร้านอาหาร	ráan aa-hǎan
birreria (f), pub (m)	บาร์	baa
pizzeria (f)	ร้านพิซซ่า	ráan phís-sâa
salone (m) di parrucchiere	ร้านทำผม	ráan tham phǒm
ufficio (m) postale	โรงไปรษณีย์	rohng bprai-sà-nee
lavanderia (f) a secco	ร้านซักแห้ง	ráan sák hâeng
studio (m) fotografico	ห้องถ่ายภาพ	hôrng thàai phâap
negozio (m) di scarpe	ร้านขายรองเท้า	ráan khǎai rorng táo
libreria (f)	ร้านขายหนังสือ	ráan khǎai nǎng-sěu

negozio (m) sportivo	ร้านขายอุปกรณ์กีฬา	ráan khǎai u-bpà-gon gee-laa
riparazione (f) di abiti	ร้านซ่อมเสื้อผ้า	ráan sôrm sêua phâa
noleggio (m) di abiti	ร้านเช่าเสื้อออกงาน	ráan châo sêua òrk ngaan
noleggio (m) di film	ร้านเช่าวิดีโอ	ráan châo wí-dee-oh
circo (m)	โรงละครสัตว์	rohng lá-khon sàt
zoo (m)	สวนสัตว์	sǔan sàt
cinema (m)	โรงภาพยนตร์	rohng phâap-phá-yon
museo (m)	พิพิธภัณฑ์	phí-phítha phan
biblioteca (f)	ห้องสมุด	hôrng sà-mùt
teatro (m)	โรงละคร	rohng lá-khon
teatro (m) dell'opera	โรงอุปรากร	rohng ù-bpà-raa-gon
locale notturno (m)	ไนท์คลับ	nai-khláp
casinò (m)	คาสิโน	khaa-sì-noh
moschea (f)	สุเหร่า	sù-rào
sinagoga (f)	โบสถ์ยิว	bòht yiw
cattedrale (f)	อาสนวิหาร	aa sǒn wí-hǎan
tempio (m)	วิหาร	wí-hǎan
chiesa (f)	โบสถ์	bòht
istituto (m)	วิทยาลัย	wít-thá-yaa-lai
università (f)	มหาวิทยาลัย	má-hǎa wít-thá-yaa-lai
scuola (f)	โรงเรียน	rohng rian
prefettura (f)	ศาลากลางจังหวัด	sǎa-laa glaang jang-wàt
municipio (m)	ศาลาเทศบาล	sǎa-laa thâyt-sà-baan
albergo, hotel (m)	โรงแรม	rohng raem
banca (f)	ธนาคาร	thá-naa-khaan
ambasciata (f)	สถานทูต	sà-thǎan thôot
agenzia (f) di viaggi	บริษัททัวร์	bor-rí-sàt thua
ufficio (m) informazioni	สำนักงาน ศูนย์ข้อมูล	sǎm-nák ngaan sǒon khôr moon
ufficio (m) dei cambi	ร้านแลกเงิน	ráan lâek ngern
metropolitana (f)	รถไฟใต้ดิน	rót fai dtâi din
ospedale (m)	โรงพยาบาล	rohng phá-yaa-baan
distributore (m) di benzina	ปั๊มน้ำมัน	bpám náam man
parcheggio (m)	ลานจอดรถ	laan jòrt rót

80. Cartelli

insegna (f) (di negozi, ecc.)	ป้ายร้าน	bpâai ráan
iscrizione (f)	ป้ายเตือน	bpâai dteuan
cartellone (m)	โปสเตอร์	bpòht-dtêr
segnale (m) di direzione	ป้ายบอกทาง	bpâai bòrk thaang
freccia (f)	ลูกศร	lôok sǒn
avvertimento (m)	คำเตือน	kham dteuan
avviso (m)	ป้ายเตือน	bpâai dteuan
avvertire, avvisare (vt)	เตือน	dteuan

giorno (m) di riposo	วันหยุด	wan yùt
orario (m)	ตารางเวลา	dtaa-raang way-laa
orario (m) di apertura	เวลาทำการ	way-laa tham gaan
BENVENUTI!	ยินดีต้อนรับ!	yin dee dtôrn ráp
ENTRATA	ทางเขา	thaang khâo
USCITA	ทางออก	thaang òrk
SPINGERE	ผลัก	phlàk
TIRARE	ดึง	deung
APERTO	เปิด	bpèrt
CHIUSO	ปิด	bpìt
DONNE	หญิง	yǐng
UOMINI	ชาย	chaai
SCONTI	ลดราคา	lót raa-khaa
SALDI	ขายของลดราคา	khǎai khǒrng lót raa-khaa
NOVITÀ!	ใหม!	mài
GRATIS	ฟรี	free
ATTENZIONE!	โปรดทราบ!	bpròht sâap
COMPLETO	ไมมีหองวาง	mâi mee hôrng wâang
RISERVATO	จองแลว	jorng láew
AMMINISTRAZIONE	สำนักงาน	sǎm-nák ngaan
RISERVATO AL PERSONALE	เฉพาะพนักงาน	chà-phór phá-nák ngaan
ATTENTI AL CANE	ระวังสุนัข!	rá-wang sù-nák
VIETATO FUMARE!	หามสูบบุหรี่	hâam sòop bù rèe
NON TOCCARE	หามแตะ!	hâam dtàe
PERICOLOSO	อันตราย	an-dtà-raai
PERICOLO	อันตราย	an-dtà-raai
ALTA TENSIONE	ไฟฟาแรงสูง	fai fáa raeng sǒong
DIVIETO DI BALNEAZIONE	หามวายน้ำ!	hâam wâai náam
GUASTO	เสีย	sǐa
INFIAMMABILE	อันตรายติดไฟ	an-dtà-raai dtìt fai
VIETATO	หาม	hâam
VIETATO L'INGRESSO	หามผาน!	hâam phàan
VERNICE FRESCA	สีพื้นเปียก	sěe phéun bpìak

81. Mezzi pubblici in città

autobus (m)	รถเมล์	rót may
tram (m)	รถราง	rót raang
filobus (m)	รถโดยสารประจำทางไฟฟา	rót doi sǎan bprà-jam thaang fai fáa
itinerario (m)	เสนทาง	sên thaang
numero (m)	หมายเลข	mǎai lâyk
andare in ...	ไปดวย	bpai dûay
salire (~ sull'autobus)	ขึ้น	khêun

scendere da ...	ลง	long
fermata (f) (~ dell'autobus)	ป้าย	bpâai
prossima fermata (f)	ป้ายถัดไป	bpâai thàt bpai
capolinea (m)	ป้ายสุดท้าย	bpâai sùt tháai
orario (m)	ตารางเวลา	dtaa-raang way-laa
aspettare (vt)	รอ	ror
biglietto (m)	ตั๋ว	dtŭa
prezzo (m) del biglietto	ค่าตั๋ว	khâa dtŭa
cassiere (m)	คนขายตั๋ว	khon khăai dtŭa
controllo (m) dei biglietti	การตรวจตั๋ว	gaan dtrùat dtŭa
bigliettaio (m)	พนักงานตรวจตั๋ว	phá-nák ngaan dtrùat dtŭa
essere in ritardo	ไปสาย	bpai săai
perdere (~ il treno)	พลาด	phlâat
avere fretta	รีบเร่ง	rêep râyng
taxi (m)	แท็กซี่	tháek-sêe
taxista (m)	คนขับแท็กซี่	khon khàp tháek-sêe
in taxi	โดยแท็กซี่	doi tháek-sêe
parcheggio (m) di taxi	ป้ายจอดแท็กซี่	bpâai jòrt tháek sêe
chiamare un taxi	เรียกแท็กซี่	rîak tháek sêe
prendere un taxi	ขึ้นรถแท็กซี่	khêun rót tháek-sêe
traffico (m)	การจราจร	gaan jà-raa-jon
ingorgo (m)	การจราจรติดขัด	gaan jà-raa-jon dtìt khàt
ore (f pl) di punta	ชั่วโมงเร่งด่วน	chûa mohng râyng dùan
parcheggiarsi (vr)	จอด	jòrt
parcheggiare (vt)	จอด	jòrt
parcheggio (m)	ลานจอดรถ	laan jòrt rót
metropolitana (f)	รถไฟใต้ดิน	rót fai dtâi din
stazione (f)	สถานี	sà-thăa-nee
prendere la metropolitana	ขึ้นรถไฟใต้ดิน	khêun rót fai dtâi din
treno (m)	รถไฟ	rót fai
stazione (f) ferroviaria	สถานีรถไฟ	sà-thăa-nee rót fai

82. Visita turistica

monumento (m)	อนุสาวรีย์	a-nú-săa-wá-ree
fortezza (f)	ป้อม	bpôrm
palazzo (m)	วัง	wang
castello (m)	ปราสาท	bpraa-sàat
torre (f)	หอ	hŏr
mausoleo (m)	สุสาน	sù-săan
architettura (f)	สถาปัตยกรรม	sà-thăa-bpàt-dtà-yá-gam
medievale (agg)	ยุคกลาง	yúk glaang
antico (agg)	โบราณ	boh-raan
nazionale (agg)	แห่งชาติ	hàeng châat
famoso (agg)	ที่มีชื่อเสียง	thêe mee chêu-sĭang
turista (m)	นักท่องเที่ยว	nák thôrng thîeow
guida (f)	มัคคุเทศก์	mák-khú-thâyt

escursione (f)	ทัศนศึกษา	thát-sà-ná-sèuk-săa
fare vedere	แสดง	sà-daeng
raccontare (vt)	เล่า	lâo
trovare (vt)	หาพบ	hăa phóp
perdersi (vr)	หลงทาง	lŏng thaang
mappa (f) (~ della metropolitana)	แผนที่	phăen thêe
piantina (f) (~ della città)	แผนที่	phăen thêe
souvenir (m)	ของที่ระลึก	khŏrng thêe rá-léuk
negozio (m) di articoli da regalo	ร้านขายของที่ระลึก	ráan khăai khŏrng thêe rá-léuk
fare foto	ถ่ายภาพ	thàai phâap
fotografarsi	ได้รับการถ่ายภาพให้	dâai ráp gaan thàai phâap hâi

83. Acquisti

comprare (vt)	ซื้อ	séu
acquisto (m)	ของซื้อ	khŏrng séu
fare acquisti	ไปซื้อของ	bpai séu khŏrng
shopping (m)	การชอปปิง	gaan chôp bping
essere aperto (negozio)	เปิด	bpèrt
essere chiuso	ปิด	bpìt
calzature (f pl)	รองเท้า	rorng tháo
abbigliamento (m)	เสื้อผ้า	sêua phâa
cosmetica (f)	เครื่องสำอาง	khrêuang săm-aang
alimentari (m pl)	อาหาร	aa-hăan
regalo (m)	ของขวัญ	khŏrng khwăn
commesso (m)	พนักงานขาย	phá-nák ngaan khăai
commessa (f)	พนักงานขาย	phá-nák ngaan khăai
cassa (f)	ที่จ่ายเงิน	thêe jàai ngern
specchio (m)	กระจก	grà-jòk
banco (m)	เคาน์เตอร์	khao-dtêr
camerino (m)	ห้องลองเสื้อผ้า	hôrng lorng sêua phâa
provare (~ un vestito)	ลอง	lorng
stare bene (vestito)	เหมาะ	mò
piacere (vi)	ชอบ	chôrp
prezzo (m)	ราคา	raa-khaa
etichetta (f) del prezzo	ป้ายราคา	bpâai raa-khaa
costare (vt)	ราคา	raa-khaa
Quanto?	ราคาเท่าไหร่?	raa-khaa thâo rài
sconto (m)	ลดราคา	lót raa-khaa
no muy caro (agg)	ไม่แพง	mâi phaeng
a buon mercato	ถูก	thòok
caro (agg)	แพง	phaeng

È caro	มันราคาแพง	man raa-khaa phaeng
noleggio (m)	การเช่า	gaan châo
noleggiare (~ un abito)	เช่า	châo
credito (m)	สินเชื่อ	sĭn chêua
a credito	ซื้อเงินเชื่อ	séu ngern chêua

84. Denaro

soldi (m pl)	เงิน	ngern
cambio (m)	การแลกเปลี่ยนสกุลเงิน	gaan lâek bplìan sà-gun ngern
corso (m) di cambio	อัตราแลกเปลี่ยนสกุลเงิน	àt-dtraa lâek bplìan sà-gun ngern
bancomat (m)	เอทีเอ็ม	ay-thee-em
moneta (f)	เหรียญ	rĭan
dollaro (m)	ดอลลาร์	dorn-lâa
euro (m)	ยูโร	yoo-roh
lira (f)	ลีราอิตาลี	lee-raa ì-dtaa-lee
marco (m)	มาร์ค	mâak
franco (m)	ฟรังค์	frang
sterlina (f)	ปอนด์สเตอร์ลิง	bporn sà-dtêr-ling
yen (m)	เยน	yayn
debito (m)	หนี้	nêe
debitore (m)	ลูกหนี้	lôok nêe
prestare (~ i soldi)	ให้ยืม	hâi yeum
prendere in prestito	ขอยืม	khŏr yeum
banca (f)	ธนาคาร	thá-naa-khaan
conto (m)	บัญชี	ban-chee
versare (vt)	ฝาก	fàak
versare sul conto	ฝากเงินเข้าบัญชี	fàak ngern khâo ban-chee
prelevare dal conto	ถอน	thŏrn
carta (f) di credito	บัตรเครดิต	bàt khray-dìt
contanti (m pl)	เงินสด	ngern sòt
assegno (m)	เช็ค	chék
emettere un assegno	เขียนเช็ค	khĭan chék
libretto (m) di assegni	สมุดเช็ค	sà-mùt chék
portafoglio (m)	กระเป๋าเงิน	grà-bpăo ngern
borsellino (m)	กระเป๋าสตางค์	grà-bpăo sà-dtaang
cassaforte (f)	ตู้เซฟ	dtôo sâyf
erede (m)	ทายาท	thaa-yâat
eredità (f)	มรดก	mor-rá-dòrk
fortuna (f)	เงินจำนวนมาก	ngern jam-nuan mâak
affitto (m), locazione (f)	สัญญาเช่า	săn-yaa châo
canone (m) d'affitto	ค่าเช่า	kâa châo
affittare (dare in affitto)	เช่า	châo
prezzo (m)	ราคา	raa-khaa

costo (m)	ราคา	raa-khaa
somma (f)	จำนวนเงินรวม	jam-nuan ngern ruam
spendere (vt)	จ่าย	jàai
spese (f pl)	ค่าจ่าย	khâa jàai
economizzare (vi, vt)	ประหยัด	bprà-yàt
economico (agg)	ประหยัด	bprà-yàt
pagare (vi, vt)	จ่าย	jàai
pagamento (m)	การจ่ายเงิน	gaan jàai ngern
resto (m) (dare il ~)	เงินทอน	ngern thorn
imposta (f)	ภาษี	phaa-sěe
multa (f), ammenda (f)	ค่าปรับ	khâa bpràp
multare (vt)	ปรับ	bpràp

85. Posta. Servizio postale

ufficio (m) postale	โรงไปรษณีย์	rohng bprai-sà-nee
posta (f) (lettere, ecc.)	จดหมาย	jòt mǎai
postino (m)	บุรุษไปรษณีย์	bù-rùt bprai-sà-nee
orario (m) di apertura	เวลาทำการ	way-laa tham gaan
lettera (f)	จดหมาย	jòt mǎai
raccomandata (f)	จดหมายลงทะเบียน	jòt mǎai long thá-bian
cartolina (f)	ไปรษณียบัตร	bprai-sà-nee-yá-bàt
telegramma (m)	โทรเลข	thoh-rá-lâyk
pacco (m) postale	พัสดุ	phát-sà-dù
vaglia (m) postale	การโอนเงิน	gaan ohn ngern
ricevere (vt)	รับ	ráp
spedire (vt)	ฝาก	fàak
invio (m)	การฝาก	gaan fàak
indirizzo (m)	ที่อยู่	thêe yòo
codice (m) postale	รหัสไปรษณีย์	rá-hàt bprai-sà-nee
mittente (m)	ผู้ฝาก	phôo fàak
destinatario (m)	ผู้รับ	phôo ráp
nome (m)	ชื่อ	chêu
cognome (m)	นามสกุล	naam sà-gun
tariffa (f)	อัตราค่าส่งไปรษณีย	àt-dtraa khâa sòng bprai-sà-nee
ordinario (agg)	มาตรฐาน	mâat-dtrà-thǎan
standard (agg)	ประหยัด	bprà-yàt
peso (m)	น้ำหนัก	nám nàk
pesare (vt)	มีน้ำหนัก	mee nám nàk
busta (f)	ซอง	sorng
francobollo (m)	แสตมป์ไปรษณีย์	sà-dtaem bprai-sà-nee
affrancare (vt)	แสตมป์ตราประทับบนซอง	sà-dtaem dtraa bprà-tháp bon song

Abitazione. Casa

86. Casa. Abitazione

casa (f)	บ้าน	bâan
a casa	ที่บ้าน	thêe bâan
cortile (m)	สนาม	sà-năam
recinto (m)	รั้ว	rúa
mattone (m)	อิฐ	ìt
di mattoni	อิฐ	ìt
pietra (f)	หิน	hĭn
di pietra	หิน	hĭn
beton (m)	คอนกรีต	khorn-grèet
di beton	คอนกรีต	khorn-grèet
nuovo (agg)	ใหม่	mài
vecchio (agg)	เก่า	gào
fatiscente (edificio ~)	เสื่อมสภาพ	sèuam sà-phâap
moderno (agg)	ทันสมัย	than sà-măi
a molti piani	ที่มีหลายชั้น	thêe mee lăai chán
alto (agg)	สูง	sŏong
piano (m)	ชั้น	chán
di un piano	ชั้นเดียว	chán dieow
pianoterra (m)	ชั้นล่าง	chán lâang
ultimo piano (m)	ชั้นบนสุด	chán bon sùt
tetto (m)	หลังคา	lăng khaa
ciminiera (f)	ปล่องควัน	bplòrng khwan
tegola (f)	กระเบื้องหลังคา	grà-bêuang lăng khaa
di tegole	กระเบื้อง	grà-bêuang
soffitta (f)	ห้องใต้หลังคา	hôrng dtâi lăng-khaa
finestra (f)	หน้าต่าง	nâa dtàang
vetro (m)	แก้ว	gâew
davanzale (m)	ชั้นติดผนัง ใต้หน้าต่าง	chán dtìt phà-năng dtâi nâa dtàang
imposte (f pl)	ชัตเตอร์	chát-dtêr
muro (m)	ฝาผนัง	făa phà-năng
balcone (m)	ระเบียง	rá-biang
tubo (m) pluviale	รางน้ำ	raang náam
su, di sopra	ชั้นบน	chán bon
andare di sopra	ขึ้นไปข้างบน	khêun bpai khâang bon
scendere (vi)	ลง	long
trasferirsi (vr)	ย้ายไป	yáai bpai

87. Casa. Ingresso. Ascensore

entrata (f)	ทางเข้า	thaang khâo
scala (f)	บันได	ban-dai
gradini (m pl)	ขั้นบันได	khân ban-dai
ringhiera (f)	ราวบันได	raao ban-dai
hall (f) (atrio d'ingresso)	ห้องโถง	hôrng thŏhng
cassetta (f) della posta	ตู้จดหมาย	dtôo jòt măai
secchio (m) della spazzatura	ถังขยะ	thăng khà-yà
scivolo (m) per la spazzatura	ช่องทิ้งขยะ	chôrng thíng khà-yà
ascensore (m)	ลิฟต์	líf
montacarichi (m)	ลิฟต์ขนของ	líf khŏn khŏrng
cabina (f) di ascensore	กรงลิฟต์	grorng líf
prendere l'ascensore	ขึ้นลิฟต์	khêun líf
appartamento (m)	อพาร์ตเมนต์	a-phâat-mayn
inquilini (m pl)	ผู้อาศัย	phôo aa-săi
vicino (m)	เพื่อนบ้าน	phêuan bâan
vicina (f)	เพื่อนบ้าน	phêuan bâan
vicini (m pl)	เพื่อนบ้าน	phêuan bâan

88. Casa. Elettricità

elettricità (f)	ไฟฟ้า	fai fáa
lampadina (f)	หลอดไฟฟ้า	lòrt fai fáa
interruttore (m)	ปุ่มปิดเปิดไฟ	bpùm bpìt bpèrt fai
fusibile (m)	ฟิวส์	fiw
filo (m)	สายไฟฟ้า	săai fai fáa
impianto (m) elettrico	การเดินสายไฟ	gaan dern săai fai
contatore (m) dell'elettricità	มิเตอร์วัดไฟฟ้า	mí-dtêr wát fai fáa
lettura, indicazione (f)	ค่ามิเตอร์	khâa mí-dtêr

89. Casa. Porte. Serrature

porta (f)	ประตู	bprà-dtoo
cancello (m)	ประตูรั้ว	bprà-dtoo rúa
maniglia (f)	ลูกบิดประตู	lôok bìt bprà-dtoo
togliere il catenaccio	ไข	khăi
aprire (vt)	เปิด	bpèrt
chiudere (vt)	ปิด	bpìt
chiave (f)	ลูกกุญแจ	lôok gun-jae
mazzo (m)	พวง	phuang
cigolare (vi)	ออดแอ๊ด	órt-áet
cigolio (m)	เสียงออดแอ๊ด	sĭang órt-áet
cardine (m)	บานพับ	baan pháp
zerbino (m)	ที่เช็ดเท้า	thêe chét tháo
serratura (f)	แม่กุญแจ	mâe gun-jae

buco (m) della serratura	รูกุญแจ	roo gun-jae
chiavistello (m)	ไม้ที่วางขวาง	máai thêe waang khwǎang
catenaccio (m)	กลอนประตู	glorn bprà-dtoo
lucchetto (m)	ดอกกุญแจ	dòrk gun-jae
suonare (~ il campanello)	กดออด	gòt òrt
suono (m)	เสียงดัง	sǐang dang
campanello (m)	กระดิ่งประตู	grà-dìng bprà-dtoo
pulsante (m)	ปุ่มออดหน้าประตู	bpùm òrt nâa bprà-dtoo
bussata (f)	เสียงเคาะ	sǐang khór
bussare (vi)	เคาะ	khór
codice (m)	รหัส	rá-hàt
serratura (f) a codice	กุญแจรหัส	gun-jae rá-hàt
citofono (m)	อินเตอร์คอม	in-dtêr-khom
numero (m) (~ civico)	เลข	lâyk
targhetta (f) di porta	ป้ายหน้าประตู	bpâai nâa bprà-dtoo
spioncino (m)	ช่องตาแมว	chôrng dtaa maew

90. Casa di campagna

villaggio (m)	หมู่บ้าน	mòo bâan
orto (m)	สวนผัก	sǔan phàk
recinto (m)	รั้ว	rúa
steccato (m)	รั้วปักดิน	rúa bpàk din
cancelletto (m)	ประตูรั้วเล็กๆ	bprà-dtoo rúa lék lék
granaio (m)	ยุ้งฉาง	yúng chǎang
cantina (f), scantinato (m)	ห้องใต้ดิน	hôrng dtâi din
capanno (m)	โรงนา	rohng naa
pozzo (m)	บ่อน้ำ	bòr náam
stufa (f)	เตา	dtao
attizzare (vt)	จุดไฟ	jùt fai
legna (f) da ardere	ฟืน	feun
ciocco (m)	ท่อน	thôrn
veranda (f)	เฉลียงหน้าบ้าน	chà-lǐang nâa bâan
terrazza (f)	ระเบียง	rá-biang
scala (f) d'ingresso	บันไดทางเข้าบ้าน	ban-dai thaang khâo bâan
altalena (f)	ชิงช้า	ching cháa

91. Villa. Palazzo

casa (f) di campagna	บ้านสไตล์คันทรี่	bâan sà-dtai khan trêe
villa (f)	คฤหาสน์	khá-réu-hàat
ala (f)	ส่วน	sùan
giardino (m)	สวน	sǔan
parco (m)	สวน	sǔan
serra (f)	เรือนกระจกเขตร้อน	reuan grà-jòk khàyt rórn
prendersi cura (~ del giardino)	ดูแล	doo lae

piscina (f)	สระว่ายน้ำ	sà wâai náam
palestra (f)	โรงยิม	rohng-yim
campo (m) da tennis	สนามเทนนิส	sà-năam then-nít
home cinema (m)	ห้องฉายหนัง	hôrng chăai năng
garage (m)	โรงรถ	rohng rót
proprietà (f) privata	ทรัพย์สินส่วนบุคคล	sáp sĭn sùan bùk-khon
terreno (m) privato	ที่ดินส่วนบุคคล	thêe din sùan bùk-khon
avvertimento (m)	คำเตือน	kham dteuan
cartello (m) di avvertimento	ป้ายเตือน	bpâai dteuan
sicurezza (f)	ผู้รักษา ความปลอดภัย	phôo rák-săa khwaam bplòrt phai
guardia (f) giurata	ยาม	yaam
allarme (f) antifurto	สัญญาณกันขโมย	săn-yaan gan khà-moi

92. Castello. Reggia

castello (m)	ปราสาท	bpraa-sàat
palazzo (m)	วัง	wang
fortezza (f)	ป้อม	bpôrm
muro (m)	กำแพง	gam-phaeng
torre (f)	หอ	hŏr
torre (f) principale	หอกลาง	hŏr klaang
saracinesca (f)	ประตูชักรอก	bprà-dtoo chák rôrk
tunnel (m)	ทางใต้ดิน	taang dtâi din
fossato (m)	คูเมือง	khoo meuang
catena (f)	โซ่	sôh
feritoia (f)	ช่องยิงธนู	chôrng ying thá-noo
magnifico (agg)	ภัทร	phát
maestoso (agg)	โอโถง	òh thŏhng
inespugnabile (agg)	ที่ไม่สามารถ เจาะเข้าไปถึง	thêe mâi săa-mâat jòr khâo bpai thĕung
medievale (agg)	ยุคกลาง	yúk glaang

93. Appartamento

appartamento (m)	อพาร์ตเมนต์	a-phâat-mayn
camera (f), stanza (f)	ห้อง	hôrng
camera (f) da letto	ห้องนอน	hôrng norn
sala (f) da pranzo	ห้องรับประทาน อาหาร	hôrng ráp bprà-thaan aa-hăan
salotto (m)	ห้องนั่งเล่น	hôrng nâng lên
studio (m)	ห้องทำงาน	hôrng tham ngaan
ingresso (m)	ห้องเข้า	hôrng khâo
bagno (m)	ห้องน้ำ	hôrng náam
gabinetto (m)	ห้องส้วม	hôrng sûam

soffitto (m)	เพดาน	phay-daan
pavimento (m)	พื้น	phéun
angolo (m)	มุม	mum

94. Appartamento. Pulizie

pulire (vt)	ทำความสะอาด	tham khwaam sà-àat
mettere via	เก็บ	gèp
polvere (f)	ฝุ่น	fùn
impolverato (agg)	มีฝุ่นเยอะ	mee fùn yúh
spolverare (vt)	ปัดกวาด	bpàt gwàat
aspirapolvere (m)	เครื่องดูดฝุ่น	khrêuang dòot fùn
passare l'aspirapolvere	ดูดฝุ่น	dòot fùn
spazzare (vi, vt)	กวาด	gwàat
spazzatura (f)	ฝุ่นกวาด	fùn gwàat
ordine (m)	ความสะอาด	khwaam sà-àat
disordine (m)	ความไม่เป็นระเบียบ	khwaam mâi bpen rá-bìap
frettazzo (m)	ไม้ถูพื้น	mái thŏo phéun
strofinaccio (m)	ผ้าเช็ดพื้น	phâa chét phéun
scopa (f)	ไม้กวาดสั้น	máai gwàat sân
paletta (f)	ที่ตักผง	têe dtàk phŏng

95. Arredamento. Interno

mobili (m pl)	เครื่องเรือน	khrêuang reuan
tavolo (m)	โต๊ะ	dtó
sedia (f)	เก้าอี้	gâo-êe
letto (m)	เตียง	dtiang
divano (m)	โซฟา	soh-faa
poltrona (f)	เก้าอี้เท้าแขน	gâo-êe tháo khăen
libreria (f)	ตู้หนังสือ	dtôo năng-sĕu
ripiano (m)	ชั้นวาง	chán waang
armadio (m)	ตู้เสื้อผ้า	dtôo sêua phâa
attaccapanni (m) da parete	ที่แขวนเสื้อ	thêe khwăen sêua
appendiabiti (m) da terra	ไม้แขวนเสื้อ	mái khwăen sêua
comò (m)	ตู้ลิ้นชัก	dtôo lín chák
tavolino (m) da salotto	โต๊ะกาแฟ	dtó gaa-fae
specchio (m)	กระจก	grà-jòk
tappeto (m)	พรม	phrom
tappetino (m)	พรมเช็ดเท้า	phrom chét tháo
camino (m)	เตาผิง	dtao phĭng
candela (f)	เทียน	thian
candeliere (m)	เชิงเทียน	cherng thian
tende (f pl)	ผ้าแขวน	phâa khwăen

carta (f) da parati	วอลเปเปอร์	worn-bpay-bper
tende (f pl) alla veneziana	บานเกล็ดหน้าต่าง	baan glèt nâa dtàang
lampada (f) da tavolo	โคมไฟตั้งโต๊ะ	khohm fai dtâng dtó
lampada (f) da parete	ไฟติดผนัง	fai dtìt phà-năng
lampada (f) a stelo	โคมไฟตั้งพื้น	khohm fai dtâng phéun
lampadario (m)	โคมระยา	khohm rá-yaa
gamba (f)	ขา	khăa
bracciolo (m)	ที่พักแขน	thêe phák khăen
spalliera (f)	พนักพิง	phá-nák phing
cassetto (m)	ลิ้นชัก	lín chák

96. Biancheria da letto

biancheria (f) da letto	ชุดผ้าปูที่นอน	chút phâa bpoo thêe norn
cuscino (m)	หมอน	mŏrn
federa (f)	ปลอกหมอน	bplòk mŏrn
coperta (f)	ผ้าผวย	phâa phŭay
lenzuolo (m)	ผ้าปู	phâa bpoo
copriletto (m)	ผ้าคลุมเตียง	phâa khlum dtiang

97. Cucina

cucina (f)	ห้องครัว	hôrng khrua
gas (m)	แกส	gáet
fornello (m) a gas	เตาแก็ส	dtao gàet
fornello (m) elettrico	เตาไฟฟ้า	dtao fai-fáa
forno (m)	เตาอบ	dtao òp
forno (m) a microonde	เตาอบไมโครเวฟ	dtao òp mai-khroh-we p
frigorifero (m)	ตู้เย็น	dtôo yen
congelatore (m)	ตู้แช่แข็ง	dtôo châe khăeng
lavastoviglie (f)	เครื่องล้างจาน	khrêuang láang jaan
tritacarne (m)	เครื่องบดเนื้อ	khrêuang bòt néua
spremifrutta (m)	เครื่องคั้นน้ำผลไม้	khrêuang khán náam phŏn-lá-mái
tostapane (m)	เครื่องปิ้งขนมปัง	khrêuang bpîng khà-nŏm bpang
mixer (m)	เครื่องปั่น	khrêuang bpàn
macchina (f) da caffè	เครื่องชงกาแฟ	khrêuang chong gaa-fae
caffettiera (f)	หม้อกาแฟ	môr gaa-fae
macinacaffè (m)	เครื่องบดกาแฟ	khrêuang bòt gaa-fae
bollitore (m)	กาน้ำ	gaa náam
teiera (f)	กาน้ำชา	gaa náam chaa
coperchio (m)	ฝา	făa
colino (m) da tè	ที่กรองชา	thêe grorng chaa
cucchiaio (m)	ช้อน	chórn
cucchiaino (m) da tè	ช้อนชา	chórn chaa

cucchiaio (m)	ช้อนซุป	chórn súp
forchetta (f)	ส้อม	sôrm
coltello (m)	มีด	mêet
stoviglie (f pl)	ถ้วยชาม	thûay chaam
piatto (m)	จาน	jaan
piattino (m)	จานรอง	jaan rorng
cicchetto (m)	แก้วช็อต	gâew chórt
bicchiere (m) (~ d'acqua)	แก้ว	gâew
tazzina (f)	ถ้วย	thûay
zuccheriera (f)	โถน้ำตาล	thŏh náam dtaan
saliera (f)	กระปุกเกลือ	grà-bpùk gleua
pepiera (f)	กระปุกพริกไท	grà-bpùk phrík thai
burriera (f)	ที่ใส่เนย	thêe sài noie
pentola (f)	หม้อต้ม	môr dtôm
padella (f)	กระทะ	grà-thá
mestolo (m)	กระบวย	grà-buay
colapasta (m)	กระชอน	grà chorn
vassoio (m)	ถาด	thàat
bottiglia (f)	ขวด	khùat
barattolo (m) di vetro	ขวดโหล	khùat lŏh
latta, lattina (f)	กระป๋อง	grà-bpŏrng
apribottiglie (m)	ที่เปิดขวด	thêe bpèrt khùat
apriscatole (m)	ที่เปิดกระป๋อง	thêe bpèrt grà-bpŏrng
cavatappi (m)	ที่เปิดจุก	thêe bpèrt jùk
filtro (m)	ที่กรอง	thêe grorng
filtrare (vt)	กรอง	grorng
spazzatura (f)	ขยะ	khà-yà
pattumiera (f)	ถังขยะ	thăng khà-yà

98. Bagno

bagno (m)	ห้องน้ำ	hôrng náam
acqua (f)	น้ำ	nám
rubinetto (m)	ก๊อกน้ำ	gòk náam
acqua (f) calda	น้ำร้อน	nám rórn
acqua (f) fredda	น้ำเย็น	nám yen
dentifricio (m)	ยาสีฟัน	yaa sĕe fan
lavarsi i denti	แปรงฟัน	bpraeng fan
spazzolino (m) da denti	แปรงสีฟัน	bpraeng sĕe fan
rasarsi (vr)	โกน	gohn
schiuma (f) da barba	โฟมโกนหนวด	fohm gohn nùat
rasoio (m)	มีดโกน	mêet gohn
lavare (vt)	ล้าง	láang
fare un bagno	อาบ	àap

doccia (f)	ฝักบัว	fàk bua
fare una doccia	อาบน้ำฝักบัว	àap náam fàk bua
vasca (f) da bagno	อ่างอาบน้ำ	àang àap náam
water (m)	โถชักโครก	thŏh chák khrôhk
lavandino (m)	อ่างล้างหน้า	àang láang-nâa
sapone (m)	สบู่	sà-bòo
porta (m) sapone	ที่ใส่สบู่	thêe sài sà-bòo
spugna (f)	ฟองน้ำ	forng náam
shampoo (m)	แชมพู	chaem-phoo
asciugamano (m)	ผ้าเช็ดตัว	phâa chét dtua
accappatoio (m)	เสื้อคลุมอาบน้ำ	sêua khlum àap náam
bucato (m)	การซักผ้า	gaan sák phâa
lavatrice (f)	เครื่องซักผ้า	khrêuang sák phâa
fare il bucato	ซักผ้า	sák phâa
detersivo (m) per il bucato	ผงซักฟอก	phŏng sák-fôrk

99. Elettrodomestici

televisore (m)	ทีวี	thee-wee
registratore (m) a nastro	เครื่องบันทึกเทป	khrêuang ban-théuk thâyp
videoregistratore (m)	เครื่องบันทึกวิดีโอ	khrêuang ban-théuk wí-dee-oh
radio (f)	วิทยุ	wít-thá-yú
lettore (m)	เครื่องเล่น	khrêuang lên
videoproiettore (m)	โปรเจ็คเตอร์	bproh-jèk-dtêr
home cinema (m)	เครื่องฉายภาพยนตร์ที่บ้าน	khhrêuang chăai phâap-phá yon thêe bâan
lettore (m) DVD	เครื่องเล่น DVD	khrêuang lên dee-wee-dee
amplificatore (m)	เครื่องขยายเสียง	khrêuang khà-yăai sĭang
console (f) video giochi	เครื่องเกมคอนโซล	khrêuang gaym khorn sohn
videocamera (f)	กล้องถ่ายวิดีโอ	glôrng thàai wí-dee-oh
macchina (f) fotografica	กล้องถ่ายรูป	glôrng thàai rôop
fotocamera (f) digitale	กล้องดิจิตอล	glôrng dì-jì-dton
aspirapolvere (m)	เครื่องดูดฝุ่น	khrêuang dòot fùn
ferro (m) da stiro	เตารีด	dtao rêet
asse (f) da stiro	กระดานรองรีด	grà-daan rorng rêet
telefono (m)	โทรศัพท์	thoh-rá-sàp
telefonino (m)	มือถือ	meu thĕu
macchina (f) da scrivere	เครื่องพิมพ์ดีด	khrêuang phim dèet
macchina (f) da cucire	จักรเย็บผ้า	jàk yép phâa
microfono (m)	ไมโครโฟน	mai-khroh-fohn
cuffia (f)	หูฟัง	hŏo fang
telecomando (m)	รีโมตทีวี	ree môht thee wee
CD (m)	CD	see-dee
cassetta (f)	เทป	thâyp
disco (m) (vinile)	จานเสียง	jaan sĭang

100. Riparazioni. Restauro

lavori (m pl) di restauro	การซ่อมแซม	gaan sôrm saem
rinnovare (ridecorare)	ซ่อมแซม	sôrm saem
riparare (vt)	ซ่อมแซม	sôrm saem
mettere in ordine	สะสาง	sà-săang
rifare (vt)	ทำใหม่	tham mài
pittura (f)	สี	sěe
pitturare (~ un muro)	ทาสี	thaa sěe
imbianchino (m)	ช่างทาสีบ้าน	châang thaa sěe bâan
pennello (m)	แปรงทาสี	bpraeng thaa sěe
imbiancatura (f)	สารฟอกขาว	săan fôrk khăao
imbiancare (vt)	ฟอกขาว	fôrk khăao
carta (f) da parati	วอลเปเปอร์	worn-bpay-bper
tappezzare (vt)	ติดวอลเปเปอร์	dtìt wor lá-bpay-bper
vernice (f)	น้ำมันชักเงา	náam man chák ngao
verniciare (vt)	เคลือบ	khlêuap

101. Impianto idraulico

acqua (f)	น้ำ	nám
acqua (f) calda	น้ำร้อน	nám rórn
acqua (f) fredda	น้ำเย็น	nám yen
rubinetto (m)	ก๊อกน้ำ	gòk náam
goccia (f)	หยด	yòt
gocciolare (vi)	ตก	dtòk
perdere (il tubo, ecc.)	รั่ว	rûa
perdita (f) (~ dai tubi)	การรั่ว	gaan rûa
pozza (f)	หลมน้ำ	lòm nám
tubo (m)	ท่อ	thôr
valvola (f)	วาล์ว	waao
intasarsi (vr)	อุดตัน	ùt dtan
strumenti (m pl)	เครื่องมือ	khrêuang meu
chiave (f) inglese	ประแจคอม้า	bprà-jae kor máa
svitare (vt)	คลายเกลียวออก	khlaai glieow òrk
avvitare (stringere)	ขันให้แน่น	khăn hâi nâen
stasare (vt)	แก้การอุดตัน	gâe gaan ùt dtan
idraulico (m)	ช่างประปา	châang bprà-bpaa
seminterrato (m)	ชั้นใต้ดิน	chán dtâi din
fognatura (f)	ระบบท่อน้ำทิ้ง	rá-bòp thôr náam thíng

102. Incendio. Conflagrazione

fuoco (m)	ไฟไหม้	fai mâi
fiamma (f)	เปลวไฟ	bpleo fai

scintilla (f)	ประกายไฟ	bprà-gaai fai
fumo (m)	ควัน	khwan
fiaccola (f)	คบเพลิง	khóp phlerng
falò (m)	กองไฟ	gorng fai
benzina (f)	น้ำมันเชื้อเพลิง	nám man chéua phlerng
cherosene (m)	น้ำมันก๊าด	nám man gáat
combustibile (agg)	ติดไฟได้	dtìt fai dâai
esplosivo (agg)	ที่ระเบิดได้	thêe rá-bèrt dâai
VIETATO FUMARE!	ห้ามสูบบุหรี่	hâam sòop bù rèe
sicurezza (f)	ความปลอดภัย	khwaam bplòrt phai
pericolo (m)	อันตราย	an-dtà-raai
pericoloso (agg)	อันตราย	an-dtà-raai
prendere fuoco	ติดไฟ	dtìt fai
esplosione (f)	การระเบิด	gaan rá-bèrt
incendiare (vt)	เผา	phǎo
incendiario (m)	ผู้ลอบวางเพลิง	phôo lôp waang phlerng
incendio (m) doloso	การลอบวางเพลิง	gaan lôp waang phlerng
divampare (vi)	ไฟลุกโชน	fai lúk-chohn
bruciare (vi)	ไหม้	mâi
bruciarsi (vr)	เผาให้ราบ	phǎo hâi râap
chiamare i pompieri	เรียกนักดับเพลิง	rîak nák dàp phlerng
pompiere (m)	นักดับเพลิง	nák dàp phlerng
autopompa (f)	รถดับเพลิง	rót dàp phlerng
corpo (m) dei pompieri	สถานีดับเพลิง	sà-thǎa-nee dàp phlerng
autoscala (f) da pompieri	บันไดรถดับเพลิง	ban-dai rót dàp phlerng
manichetta (f)	ท่อดับเพลิง	thôr dàp phlerng
estintore (m)	ที่ดับเพลิง	thêe dàp phlerng
casco (m)	หมวกนิรภัย	mùak ní-rá-phai
sirena (f)	สัญญาณเตือนภัย	sǎn-yaan dteuan phai
gridare (vi)	ร้อง	rórng
chiamare in aiuto	ขอช่วย	khǒr chûay
soccorritore (m)	นักกู้ภัย	nák gôo phai
salvare (vt)	ช่วยชีวิต	chûay chee-wít
arrivare (vi)	มา	maa
spegnere (vt)	ดับเพลิง	dàp phlerng
acqua (f)	น้ำ	nám
sabbia (f)	ทราย	saai
rovine (f pl)	ซาก	sâak
crollare (edificio)	ถล่ม	thà-lòm
cadere (vi)	ถล่มทลาย	thà-lòm thá-laai
collassare (vi)	ถล่ม	thà-lòm
frammento (m)	ส่วนสะเก็ด	sùan sà-gèt
cenere (f)	ขี้เถ้า	khêe thâo
asfissiare (vi)	ขาดอากาศตาย	khàat aa-gàat dtaai
morire, perire (vi)	เสียชีวิต	sǐa chee-wít

ATTIVITÀ UMANA

Lavoro. Affari. Parte 1

103. Ufficio. Lavorare in ufficio

uffici (m pl) (gli ~ della società)	สำนักงาน	săm-nák ngaan
ufficio (m)	ห้องทำงาน	hôrng tham ngaan
portineria (f)	แผนกต้อนรับ	phà-nàek dtôrn ráp
segretario (m)	เลขา	lay-khăa
segretaria (f)	เลขา	lay-khăa
direttore (m)	ผู้อำนวยการ	phôo am-nuay gaan
manager (m)	ผู้จัดการ	phôo jàt gaan
contabile (m)	คนทำบัญชี	khon tham ban-chee
impiegato (m)	พนักงาน	phá-nák ngaan
mobili (m pl)	เครื่องเรือน	khrêuang reuan
scrivania (f)	โต๊ะ	dtó
poltrona (f)	เก้าอี้สำนักงาน	gâo-êe săm-nák ngaan
cassettiera (f)	ตู้มีลิ้นชัก	dtôo mee lín chák
appendiabiti (m) da terra	ไม้แขวนเสื้อ	mái khwăen sêua
computer (m)	คอมพิวเตอร์	khorm-phiw-dtêr
stampante (f)	เครื่องพิมพ์	khrêuang phim
fax (m)	เครื่องโทรสาร	khrêuang thoh-rá-săan
fotocopiatrice (f)	เครื่องอัดสำเนา	khrêuang àt săm-nao
carta (f)	กระดาษ	grà-dàat
cancelleria (f)	เครื่องใช้สำนักงาน	khrêuang chái săm-nák ngaan
tappetino (m) del mouse	แผ่นรองเมาส์	phàen rorng mao
foglio (m)	ใบ	bai
cartella (f)	แฟ้ม	fáem
catalogo (m)	บัญชีรายชื่อ	ban-chee raai chêu
elenco (m) del telefono	สมุดโทรศัพท์	sà-mùt thoh-rá-sàp
documentazione (f)	เอกสาร	àyk săan
opuscolo (m)	โบรชัวร์	broh-chua
volantino (m)	ใบปลิว	bai bpliw
campione (m)	ตัวอย่าง	dtua yàang
formazione (f)	การประชุมฝึกอบรม	gaan bprà-chum fèuk òp-rom
riunione (f)	การประชุม	gaan bprà-chum
pausa (f) pranzo	การพักเที่ยง	gaan phák thîang
copiare (vt)	ทำสำเนา	tham săm-nao
fare copie	ทำสำเนาหลายฉบับ	tham săm-nao lăai chà-bàp
ricevere un fax	รับโทรสาร	ráp thoh-rá-săan

spedire un fax	ส่งโทรสาร	sòng thoh-rá-săan
telefonare (vi, vt)	โทรศัพท	thoh-rá-sàp
rispondere (vi, vt)	รับสาย	ráp săai
passare (glielo passo)	โอนสาย	ohn săai
fissare (organizzare)	นัด	nát
dimostrare (vt)	สาธิต	săa-thít
essere assente	ขาด	khàat
assenza (f)	การขาด	gaan khàat

104. Operazioni d'affari. Parte 1

attività (f)	ธุรกิจ	thú-rá gìt
occupazione (f)	อาชีพ	aa-chêep
ditta (f)	บริษัท	bor-rí-sàt
compagnia (f)	บริษัท	bor-rí-sàt
corporazione (f)	บริษัท	bor-rí-sàt
impresa (f)	บริษัท	bor-rí-sàt
agenzia (f)	สำนักงาน	săm-nák ngaan
accordo (m)	ข้อตกลง	khôr dtòk long
contratto (m)	สัญญา	săn-yaa
affare (m)	ขอตกลง	khôr dtòk long
ordine (m) (ordinazione)	การสั่ง	gaan sàng
termine (m) dell'accordo	เงื่อนไข	ngêuan khăi
all'ingrosso	ขายส่ง	khăai sòng
all'ingrosso (agg)	ขายสง	khăai sòng
vendita (f) all'ingrosso	การขายสง	gaan khăai sòng
al dettaglio (agg)	ขายปลีก	khăai bplèek
vendita (f) al dettaglio	การขายปลีก	gaan khăai bplèek
concorrente (m)	คู่แข่ง	khôo khàeng
concorrenza (f)	การแข่งขัน	gaan khàeng khăn
competere (vi)	แขงขัน	khàeng khăn
socio (m), partner (m)	หุ้นธุมิตร	phan-thá-mít
partenariato (m)	หางหุนสวน	hâang hûn sùan
crisi (f)	วิกฤติ	wí-grìt
bancarotta (f)	การลมละลาย	gaan lóm lá-laai
fallire (vi)	ลมละลาย	lóm lá-laai
difficoltà (f)	ความยากลำบาก	khwaam yâak lam-bàak
problema (m)	ปัญหา	bpan-hăa
disastro (m)	ความหายนะ	khwaam hăa-yá-ná
economia (f)	เศรษฐกิจ	sàyt-thà-gìt
economico (agg)	ทางเศรษฐกิจ	thaang sàyt-thà-gìt
recessione (f) economica	เศรษฐกิจถดถอย	sàyt-thà-gìt thòt thŏi
scopo (m), obiettivo (m)	เป้าหมาย	bpâo măai
incarico (m)	งาน	ngaan
commerciare (vi)	แลกเปลี่ยน	lâek bplìan

rete (f) (~ di distribuzione)	เครือข่าย	khreua khàai
giacenza (f)	คลังสินค้า	khlang sĭn kháa
assortimento (m)	ประเภทสินค้าต่างๆ	bprà-phâyt sĭn kháa dtàang dtàang
leader (m), capo (m)	ผู้นำ	phôo nam
grande (agg)	ขนาดใหญ่	khà-nàat yài
monopolio (m)	การผูกขาด	gaan phòok khàat
teoria (f)	ทฤษฎี	thrít-sà-dee
pratica (f)	การดำเนินการ	gaan dam-nern gaan
esperienza (f)	ประสบการณ์	bprà-sòp gaan
tendenza (f)	แนวโน้ม	naew nóhm
sviluppo (m)	การพัฒนา	gaan phát-thá-naa

105. Operazioni d'affari. Parte 2

profitto (m)	กำไร	gam-rai
profittevole (agg)	กำไร	gam-rai
delegazione (f)	คณะผู้แทน	khá-ná phôo thaen
stipendio (m)	เงินเดือน	ngern deuan
correggere (vt)	แก้ไข	gâe khăi
viaggio (m) d'affari	การเดินทางไปทำธุรกิจ	gaan dern taang bpai tham thú-rá gìt
commissione (f)	คณะ	khá-ná
controllare (vt)	ควบคุม	khûap khum
conferenza (f)	งานประชุม	ngaan bprà-chum
licenza (f)	ใบอนุญาต	bai a-nú-yâat
affidabile (agg)	พึ่งพาได้	phêung phaa dâai
iniziativa (f) (progetto nuovo)	การริเริ่ม	gaan rí-rêrm
norma (f)	มาตรฐาน	mâat-dtrà-thăan
circostanza (f)	ภาวะ	phaa-wá
mansione (f)	หน้าที่	nâa thêe
impresa (f)	องค์การ	ong gaan
organizzazione (f)	การจัด	gaan jàt
organizzato (agg)	ที่ถูกจัด	thêe thòok jàt
annullamento (m)	การยกเลิก	gaan yók lêrk
annullare (vt)	ยกเลิก	yók lêrk
rapporto (m) (~ ufficiale)	รายงาน	raai ngaan
brevetto (m)	สิทธิบัตร	sìt-thí bàt
brevettare (vt)	จดสิทธิบัตร	jòt sìt-thí bàt
pianificare (vt)	วางแผน	waang phăen
premio (m)	โบนัส	boh-nát
professionale (agg)	ทางวิชาชีพ	thaang wí-chaa chêep
procedura (f)	กระบวนการ	grà-buan gaan
esaminare (~ un contratto)	ปรึกษาหารือ	bprèuk-săa hăa-reu
calcolo (m)	การนับ	gaan náp

reputazione (f)	ความมีหน้ามีตา	khwaam mee nâa mee dtaa
rischio (m)	ความเสี่ยง	khwaam sìang
dirigere (~ un'azienda)	บริหาร	bor-rí-hăan
informazioni (f pl)	ข้อมูล	khôr moon
proprietà (f)	ทรัพย์สิน	sáp sĭn
unione (f) (~ Italiana Vini, ecc.)	สหภาพ	sà-hà phâap
assicurazione (f) sulla vita	การประกันชีวิต	gaan bprà-gan chee-wít
assicurare (vt)	ประกันภัย	bprà-gan phai
assicurazione (f)	การประกันภัย	gaan bprà-gan phai
asta (f)	การขายเลหลัง	gaan khăai lay-lăng
avvisare (informare)	แจ้ง	jâeng
gestione (f)	การบริหาร	gaan bor-rí-hăan
servizio (m)	บริการ	bor-rí-gaan
forum (m)	การประชุมฟอรั่ม	gaan bprà-chum for-râm
funzionare (vi)	ดำเนินการ	dam-nern gaan
stadio (m) (fase)	ขั้น	khân
giuridico (agg)	ทางกฎหมาย	thaang gòt măai
esperto (m) legale	ทนายความ	thá-naai khwaam

106. Attività produttiva. Lavori

stabilimento (m)	โรงงาน	rohng ngaan
fabbrica (f)	โรงงาน	rohng ngaan
officina (f) di produzione	ห้องทำงาน	hôrng tham ngaan
stabilimento (m)	ที่ผลิต	thêe phà-lìt
industria (f)	อุตสาหกรรม	út-saa há-gam
industriale (agg)	ทางอุตสาหกรรม	thaang ùt-săa-hà-gam
industria (f) pesante	อุตสาหกรรมหนัก	ùt-săa-hà-gam nàk
industria (f) leggera	อุตสาหกรรมเบา	ùt-săa-hà-gam bao
prodotti (m pl)	ผลิตภัณฑ์	phà-lìt-dtà-phan
produrre (vt)	ผลิต	phà-lìt
materia (f) prima	วัตถุดิบ	wát-thù dìp
caposquadra (m)	คนคุมงาน	khon khum ngaan
squadra (f)	ทีมคนงาน	theem khon ngaan
operaio (m)	คนงาน	khon ngaan
giorno (m) lavorativo	วันทำงาน	wan tham ngaan
pausa (f)	หยุดพัก	yùt phák
riunione (f)	การประชุม	gaan bprà-chum
discutere (~ di un problema)	หารือ	hăa-reu
piano (m)	แผน	phăen
eseguire il piano	ทำตามแผน	tham dtaam păen
tasso (m) di produzione	อัตราผลลัพธ์	àt-dtraa phŏn láp
qualità (f)	คุณภาพ	khun-ná-phâap
controllo (m)	การควบคุม	gaan khûap khum

controllo (m) di qualità	การควบคุมคุณภาพ	gaan khûap khum khun-ná-phâap
sicurezza (f) sul lavoro	ความปลอดภัยในที่ทำงาน	khwaam bplòrt phai nai thêe tham ngaan
disciplina (f)	วินัย	wí-nai
infrazione (f)	การละเมิด	gaan lá-mêrt
violare (~ le regole)	ละเมิด	lá-mêrt
sciopero (m)	การประท้วงหยุดงาน	gaan bprà-thúang yùt ngaan
scioperante (m)	ผู้ประท้วงหยุดงาน	phôo bprà-thúang yùt ngaan
fare sciopero	ประท้วงหยุดงาน	bprà-thúang yùt ngaan
sindacato (m)	สหภาพแรงงาน	sà-hà-phâap raeng ngaan
inventare (vt)	ประดิษฐ์	bprà-dìt
invenzione (f)	สิ่งประดิษฐ์	sìng bprà-dìt
ricerca (f)	การวิจัย	gaan wí-jai
migliorare (vt)	ทำให้ดีขึ้น	tham hâi dee khêun
tecnologia (f)	เทคโนโลยี	thék-noh-loh-yee
disegno (m) tecnico	ภาพร่างทางเทคนิค	phâap-râang thaang thék-nìk
carico (m)	ของบรรทุก	khǒrng ban-thúk
caricatore (m)	คนงานยกของ	khon ngaan yók khǒrng
caricare (~ un camion)	บรรทุก	ban-thúk
caricamento (m)	การบรรทุก	gaan ban-thúk
scaricare (vt)	ขนออก	khǒn òrk
scarico (m)	การขนออก	gaan khǒn òrk
trasporto (m)	การขนส่ง	gaan khǒn sòng
società (f) di trasporti	บริษัทขนส่ง	bor-rí-sàt khǒn sòng
trasportare (vt)	ขนส่ง	khǒn sòng
vagone (m) merci	ตู้รถไฟรถ	dtôo rót fai
cisterna (f)	ถัง	thǎng
camion (m)	รถบรรทุก	rót ban-thúk
macchina (f) utensile	เครื่องมือกล	khrêuang meu gon
meccanismo (m)	กลไก	gon-gai
rifiuti (m pl) industriali	ของเสียจากโรงงาน	khǒrng sǐa jàak rohng ngaan
imballaggio (m)	การทำหีบห่อ	gaan tham hèep hòr
imballare (vt)	แพ็คหีบห่อ	pháek hèep hòr

107. Contratto. Accordo

contratto (m)	สัญญา	sǎn-yaa
accordo (m)	ข้อตกลง	khôr dtòk long
allegato (m)	ภาคผนวก	phâak phà-nùak
firmare un contratto	ลงนามในสัญญา	long naam nai sǎn-yaa
firma (f)	ลายมือชื่อ	laai meu chêu
firmare (vt)	ลงนาม	long naam
timbro (m) (su documenti)	ตราประทับ	dtraa bprà-tháp
oggetto (m) del contratto	หัวข้อของสัญญา	hǔa khôr khǒrng sǎn-yaa
clausola (f)	ข้อ	khôr

parti (f pl) (in un contratto)	ฝ่าย	fàai
sede (f) legale	ที่อยู่ตามกฎหมาย	thêe yòo dtaam gòt mǎai
sciogliere un contratto	การละเมิดสัญญา	gaan lá-mêrt sǎn-yaa
obbligo (m)	พันธสัญญา	phan-thá-sǎn-yaa
responsabilità (f)	ความรับผิดชอบ	khwaam ráp phìt chôp
forza (f) maggiore	เหตุสุดวิสัย	hàyt sùt wí-sǎi
discussione (f)	ความขัดแยง	khwaam khàt yáeng
sanzioni (f pl)	บทลงโทษ	bòt long thôht

108. Import-export

importazione (f)	การนำเข้า	gaan nam khâo
importatore (m)	ผู้นำเขา	phôo nam khâo
importare (vt)	นำเขา	nam khâo
d'importazione (agg)	นำเขา	nam khâo
esportazione (f)	การส่งออก	gaan sòng òrk
esportatore (m)	ผูสงออก	phôo sòng òrk
esportare (vt)	สงออก	sòng òrk
d'esportazione (agg)	สงออก	sòng òrk
merce (f)	สินค้า	sǐn kháa
carico (m)	สินคาที่ส่งไป	sǐn kháa thêe sòng bpai
peso (m)	น้ำหนัก	nám nàk
volume (m)	ปริมาณ	bpà-rí-maan
metro (m) cubo	ลูกบาศก์เมตร	lôok bàat máyt
produttore (m)	ผู้ผลิต	phôo phà-lìt
società (f) di trasporti	บริษัทขนส่ง	bor-rí-sàt khǒn sòng
container (m)	ตูคอนเทนเนอร์	dtôo khorn thay ná-ner
frontiera (f)	ชายแดน	chaai daen
dogana (f)	ดานศุลกากร	dàan sǔn-lá-gaa-gon
dazio (m) doganale	ภาษีศุลกากร	phaa-sěe sǔn-lá-gaa-gon
doganiere (m)	เจาหนาที่ศุลกากร	jâo nâa-thêe sǔn-lá-gaa-gon
contrabbando (m)	การลักลอบ	gaan lák-lôrp
merci (f pl) contrabbandate	สินคาที่ผิดกฎหมาย	sǐn kháa thêe phìt gòt mǎai

109. Mezzi finanziari

azione (f)	หุ้น	hûn
obbligazione (f)	ตราสารหนี้	dtraa sǎan nêe
cambiale (f)	ตั๋วสัญญาใช้เงิน	dtǔa sǎn-yaa chái ngern
borsa (f)	ตลาดหลักทรัพย์	dtà-làat làk sáp
quotazione (f)	ราคาหุน	raa-khaa hûn
diminuire di prezzo	ถูกลง	thòok long
aumentare di prezzo	แพงขึ้น	phaeng khêun
quota (f)	ปันผล	bpan phǒn

pacchetto (m) di maggioranza	ส่วนได้เสียที่มีอำนาจควบคุม	sùan dâai sĭa têe mee am-nâat khûap khum
investimento (m)	การลงทุน	gaan long thun
investire (vt)	ลงทุน	long thun
percento (m)	เปอร์เซ็นต์	bper-sen
interessi (m pl) (su investimenti)	ดอกเบี้ย	dòrk bîa
profitto (m)	กำไร	gam-rai
redditizio (agg)	ได้กำไร	dâai gam-rai
imposta (f)	ภาษี	phaa-sĕe
valuta (f) (~ estera)	สกุลเงิน	sà-gun ngern
nazionale (agg)	แห่งชาติ	hàeng châat
cambio (m) (~ valuta)	การแลกเปลี่ยน	gaan lâek bplìan
contabile (m)	นักบัญชี	nák ban-chee
ufficio (m) contabilità	การทำบัญชี	gaan tham ban-chee
bancarotta (f)	การล้มละลาย	gaan lóm lá-laai
fallimento (m)	การพังพินาศ	gaan phang phí-nâat
rovina (f)	ความพินาศ	khwaam phí-nâat
andare in rovina	ล้มละลาย	lóm lá-laai
inflazione (f)	เงินเฟ้อ	ngern fér
svalutazione (f)	การลดค่าเงิน	gaan lót khâa ngern
capitale (m)	เงินทุน	ngern thun
reddito (m)	รายได้	raai dâai
giro (m) di affari	การหมุนเวียน	gaan mŭn wian
risorse (f pl)	ทรัพยากร	sáp-pá-yaa-gon
mezzi (m pl) finanziari	แหล่งเงินทุน	làeng ngern thun
spese (f pl) generali	ค่าใช้จ่าย	khâa chái jàai
ridurre (~ le spese)	ลด	lót

110. Marketing

marketing (m)	การตลาด	gaan dtà-làat
mercato (m)	ตลาด	dtà-làat
segmento (m) di mercato	ส่วนตลาด	sùan dtà-làat
prodotto (m)	ผลิตภัณฑ์	phà-lìt-dtà-phan
merce (f)	สินค้า	sĭn kháa
marca (f)	ยี่ห้อ	yêe hôr
marchio (m) di fabbrica	เครื่องหมายการค้า	khrêuang măai gaan kháa
logotipo (m)	โลโก้	loh-gôh
logo (m)	โลโก้	loh-gôh
domanda (f)	อุปสงค์	u-bpà-sŏng
offerta (f)	อุปทาน	u-bpà-thaan
bisogno (m)	ความต้องการ	khwaam dtôrng gaan
consumatore (m)	ผู้บริโภค	phôo bor-rí-phôhk
analisi (f)	การวิเคราะห์	gaan wí-khrór
analizzare (vt)	วิเคราะห์	wí-khrór

posizionamento (m)	การวางตำแหน่งผลิตภัณฑ์	gaan waang dtam-nàeng phà-lìt-dtà-phan
posizionare (vt)	วางตำแหน่งผลิตภัณฑ์	waang dtam-nàeng phà-lìt-dtà-phan
prezzo (m)	ราคา	raa-khaa
politica (f) dei prezzi	นโยบายการตั้งราคา	ná-yoh-baai gaan dtâng raa-khaa
determinazione (f) dei prezzi	การตั้งราคา	gaan dtâng raa-khaa

111. Pubblicità

pubblicità (f)	การโฆษณา	gaan khôht-sà-naa
pubblicizzare (vt)	โฆษณา	khôht-sà-naa
bilancio (m) (budget)	งบประมาณ	ngóp bprà-maan
annuncio (m)	การโฆษณา	gaan khôht-sà-naa
pubblicità (f) televisiva	การโฆษณาทางทีวี	gaan khôht-sà-naa thaang thee wee
pubblicità (f) radiofonica	การโฆษณาทางวิทยุ	gaan khôht-sà-naa thaang wít-thá-yú
pubblicità (f) esterna	การโฆษณาแบบกลางแจ้ง	gaan khôht-sà-naa bàep glaang jâeng
mass media (m pl)	สื่อสารมวลชน	sèu săan muan chon
periodico (m)	หนังสือรายคาบ	năng-sěu raai khâap
immagine (f)	ภาพลักษณ์	phâap-lák
slogan (m)	คำขวัญ	kham khwăn
motto (m)	คติพจน์	khá-dtì phót
campagna (f)	การรณรงค์	gaan ron-ná-rorng
campagna (f) pubblicitaria	การรณรงค์โฆษณา	gaan ron-ná-rorng khôht-sà-naa
gruppo (m) di riferimento	กลุ่มเป้าหมาย	glùm bpâo-măai
biglietto (m) da visita	นามบัตร	naam bàt
volantino (m)	ใบปลิว	bai bpliw
opuscolo (m)	โบรชัวร์	broh-chua
pieghevole (m)	แผ่นพับ	phàen pháp
bollettino (m)	จดหมายข่าว	jòt măai khàao
insegna (f) (di negozi, ecc.)	ป้ายร้าน	bpâai ráan
cartellone (m)	โปสเตอร์	bpòht-dtêr
tabellone (m) pubblicitario	กระดานปิดประกาศโฆษณา	grà-daan bpìt bprà-gàat khôht-sà-naa

112. Attività bancaria

banca (f)	ธนาคาร	thá-naa-khaan
filiale (f)	สาขา	săa-khăa
consulente (m)	พนักงานธนาคาร	phá-nák ngaan thá-naa-khaan

direttore (m)	ผู้จัดการ	phôo jàt gaan
conto (m) bancario	บัญชีธนาคาร	ban-chee thá-naa-kaan
numero (m) del conto	หมายเลขบัญชี	mǎai lâyk ban-chee
conto (m) corrente	กระแสรายวัน	grà-sǎe raai wan
conto (m) di risparmio	บัญชีออมทรัพย์	ban-chee orm sáp
aprire un conto	เปิดบัญชี	bpèrt ban-chee
chiudere il conto	ปิดบัญชี	bpìt ban-chee
versare sul conto	ฝากเงินเข้าบัญชี	fàak ngern khâo ban-chee
prelevare dal conto	ถอน	thǒrn
deposito (m)	การฝาก	gaan fàak
depositare (vt)	ฝาก	fàak
trasferimento (m) telegrafico	การโอนเงิน	gaan ohn ngern
rimettere i soldi	โอนเงิน	ohn ngern
somma (f)	จำนวนเงินรวม	jam-nuan ngern ruam
Quanto?	เท่าไหร่?	thâo rài
firma (f)	ลายมือชื่อ	laai meu chêu
firmare (vt)	ลงนาม	long naam
carta (f) di credito	บัตรเครดิต	bàt khray-dìt
codice (m)	รหัส	rá-hàt
numero (m) della carta di credito	หมายเลขบัตรเครดิต	mǎai lâyk bàt khray-dìt
bancomat (m)	เอทีเอ็ม	ay-thee-em
assegno (m)	เช็ค	chék
emettere un assegno	เขียนเช็ค	khǐan chék
libretto (m) di assegni	สมุดเช็ค	sà-mùt chék
prestito (m)	เงินกู้	ngern gôo
fare domanda per un prestito	ขอสินเชื่อ	khǒr sǐn chêua
ottenere un prestito	กู้เงิน	gôo ngern
concedere un prestito	ให้กู้เงิน	hâi gôo ngern
garanzia (f)	การรับประกัน	gaan ráp bprà-gan

113. Telefono. Conversazione telefonica

telefono (m)	โทรศัพท์	thoh-rá-sàp
telefonino (m)	มือถือ	meu thěu
segreteria (f) telefonica	เครื่องพูดตอบ	khrêuang phôot dtòp
telefonare (vi, vt)	โทรศัพท์	thoh-rá-sàp
chiamata (f)	การโทรศัพท์	gaan thoh-rá-sàp
comporre un numero	หมุนหมายเลขโทรศัพท์	mǔn mǎai lâyk thoh-rá-sàp
Pronto!	สวัสดี!	sà-wàt-dee
chiedere (domandare)	ถาม	thǎam
rispondere (vi, vt)	รับสาย	ráp sǎai
udire (vt)	ได้ยิน	dâai yin
bene	ดี	dee

male	ไม่ดี	mâi dee
disturbi (m pl)	เสียงรบกวน	sĭang róp guan
cornetta (f)	ตัวรับสัญญาณ	dtua ráp săn-yaan
alzare la cornetta	รับสาย	ráp săai
riattaccare la cornetta	วางสาย	waang săai
occupato (agg)	ไม่ว่าง	mâi wâang
squillare (del telefono)	ดัง	dang
elenco (m) telefonico	สมุดโทรศัพท์	sà-mùt thoh-rá-sàp
locale (agg)	ในประเทศ	nai bprà-thâyt
telefonata (f) urbana	โทรในประเทศ	thoh nai bprà-thâyt
interurbano (agg)	ระยะไกล	rá-yá glai
telefonata (f) interurbana	โทรระยะไกล	thoh-rá-yá glai
internazionale (agg)	ต่างประเทศ	dtàang bprà-thâyt
telefonata (f) internazionale	โทรต่างประเทศ	thoh dtàang bprà-thâyt

114. Telefono cellulare

telefonino (m)	มือถือ	meu thĕu
schermo (m)	หน้าจอ	nâa jor
tasto (m)	ปุ่ม	bpùm
scheda SIM (f)	ซิมการ์ด	sím gàat
pila (f)	แบตเตอรี่	bàet-dter-rêe
essere scarico	หมด	mòt
caricabatteria (m)	ที่ชาร์จ	thêe châat
menù (m)	เมนู	may-noo
impostazioni (f pl)	การตั้งค่า	gaan dtâng khâa
melodia (f)	เสียงเพลง	sĭang phlayng
scegliere (vt)	เลือก	lêuak
calcolatrice (f)	เครื่องคิดเลข	khrêuang khít lâyk
segreteria (f) telefonica	ข้อความเสียง	khôr khwaam sĭang
sveglia (f)	นาฬิกาปลุก	naa-lí-gaa bplùk
contatti (m pl)	รายชื่อผู้ติดต่อ	raai chêu phôo dtìt dtòr
messaggio (m) SMS	SMS	es-e-mes
abbonato (m)	ผู้สมัครรับบริการ	phôo sà-màk ráp bor-rí-gaan

115. Articoli di cancelleria

penna (f) a sfera	ปากกาลูกลื่น	bpàak gaa lôok lêun
penna (f) stilografica	ปากกาหมึกซึม	bpàak gaa mèuk seum
matita (f)	ดินสอ	din-sŏr
evidenziatore (m)	ปากกาเน้น	bpàak gaa náyn
pennarello (m)	ปากกาเมจิค	bpàak gaa may jìk
taccuino (m)	สมุดจด	sà-mùt jòt
agenda (f)	สมุดบันทึกรายวัน	sà-mùt ban-théuk raai wan

righello (m)	ไม้บรรทัด	máai ban-thát
calcolatrice (f)	เครื่องคิดเลข	khrêuang khít lâyk
gomma (f) per cancellare	ยางลบ	yaang lóp
puntina (f)	เป๊ก	bpáyk
graffetta (f)	ลวดหนีบกระดาษ	lûat nèep grà-dàat
colla (f)	กาว	gaao
pinzatrice (f)	ที่เย็บกระดาษ	thêe yép grà-dàat
perforatrice (f)	ที่เจาะรูกระดาษ	thêe jòr roo grà-dàat
temperamatite (m)	ที่เหลาดินสอ	thêe lăo din-sŏr

116. Diversi tipi di documenti

resoconto (m)	รายการ	raai gaan
accordo (m)	ข้อตกลง	khôr dtòk long
modulo (m) di richiesta	ใบสมัคร	bai sà-màk
autentico (agg)	แท้	tháe
tesserino (m)	ป้ายชื่อ	bpâai chêu
biglietto (m) da visita	นามบัตร	naam bàt
certificato (m)	ใบรับรอง	bai ráp rorng
assegno (m) (fare un ~)	เช็ค	chék
conto (m) (in un ristorante)	คิดเงิน	khít ngern
costituzione (f)	รัฐธรรมนูญ	rát-thà-tham-má-noon
contratto (m)	สัญญา	săn-yaa
copia (f)	สำเนา	săm-nao
copia (f) (~ di un contratto)	ฉบับ	chà-bàp
dichiarazione (f)	แบบฟอร์มการเสียภาษีศุลกากร	bàep form gaan sĭa phaa-sĕe sŭn-lá-gaa-gon
documento (m)	เอกสาร	àyk săan
patente (f) di guida	ใบอนุญาตขับขี่	bai a-nú-yâat khàp khèe
allegato (m)	ภาคผนวก	phâak phà-nùak
modulo (m)	แบบฟอร์ม	bàep form
carta (f) d'identità	บัตรประจำตัว	bàt bprà-jam dtua
richiesta (f) di informazioni	คำร้องขอ	kham rórng khŏr
biglietto (m) d'invito	บัตรเชิญ	bàt chern
fattura (f)	ใบกำกับสินค้า	bai gam-gàp sĭn kháa
legge (f)	กฎหมาย	gòt măai
lettera (f) (missiva)	จดหมาย	jòt măai
carta (f) intestata	แบบฟอร์ม	bàep form
lista (f) (~ di nomi, ecc.)	รายชื่อ	raai chêu
manoscritto (m)	ต้นฉบับ	dtôn chà-bàp
bollettino (m)	จดหมายข่าว	jòt măai khàao
appunto (m), nota (f)	ข้อความสั้นๆ	khôr khwaam sân sân
lasciapassare (m)	บัตรผ่าน	bàt phàan
passaporto (m)	หนังสือเดินทาง	năng-sĕu dern-thaang
permesso (m)	ใบอนุญาต	bai a-nú-yâat
curriculum vitae (f)	ประวัติย่อ	bprà-wàt yôr
nota (f) di addebito	รายการหนี้	raai gaan nêe

ricevuta (f)	ใบเสร็จ	bai sèt
scontrino (m)	ใบเสร็จ	bai sèt
rapporto (m)	รายงาน	raai ngaan
mostrare (vt)	แสดง	sà-daeng
firmare (vt)	ลงนาม	long naam
firma (f)	ลายมือชื่อ	laai meu chêu
timbro (m) (su documenti)	ตราประทับ	dtraa bprà-tháp
testo (m)	ข้อความ	khôr khwaam
biglietto (m)	ตั๋ว	dtŭa
cancellare (~ dalla lista)	ขีดฆ่า	khèet khâa
riempire (~ un modulo)	กรอก	gròrk
bolla (f) di consegna	รายการสินค้าขนส่ง	raai gaan sĭn kháa khŏn sòng
testamento (m)	พินัยกรรม	phí-nai-gam

117. Generi di attività commerciali

servizi (m pl) di contabilità	บริการทำบัญชี	bor-rí-gaan tham ban-chee
pubblicità (f)	การโฆษณา	gaan khôht-sà-naa
agenzia (f) pubblicitaria	บริษัทโฆษณา	bor-rí-sàt khôht-sà-naa
condizionatori (m pl) d'aria	เครื่องปรับอากาศ	khrêuang bpràp-aa-gàat
compagnia (f) aerea	สายการบิน	săai gaan bin
bevande (f pl) alcoliche	เครื่องดื่มแอลกอฮอล์	khrêuang dèum aen-gor-hor
antiquariato (m)	ของเก่า	khŏrng gào
galleria (f) d'arte	หอศิลป์	hŏr sĭn
società (f) di revisione contabile	บริการตรวจสอบบัญชี	bor-rí-gaan dtrùat sòrp ban-chee
imprese (f pl) bancarie	การธนาคาร	gaan thá-naa-khaan
bar (m)	บาร์	baa
salone (m) di bellezza	ช่างเสริมสวย	châang sĕrm sŭay
libreria (f)	ร้านขายหนังสือ	ráan khăai năng-sĕu
birreria (f)	โรงงานต้มเหล้า	rohng ngaan dtôm lâu
business centre (m)	ศูนย์ธุรกิจ	sŏon thú-rá gìt
scuola (f) di commercio	โรงเรียนธุรกิจ	rohng rian thú-rá gìt
casinò (m)	คาสิโน	khaa-sì-noh
edilizia (f)	การก่อสร้าง	gaan gòr sâang
consulenza (f)	การปรึกษา	gaan bprèuk-săa
odontoiatria (f)	คลินิกทันตกรรม	khlí-nìk than-ta-gam
design (m)	การออกแบบ	gaan òrk bàep
farmacia (f)	ร้านขายยา	ráan khăai yaa
lavanderia (f) a secco	ร้านซักแห้ง	ráan sák hâeng
agenzia (f) di collocamento	สำนักงานจัดหางาน	săm-nák ngaan jàt hăa ngaan
servizi (m pl) finanziari	บริการด้านการเงิน	bor-rí-gaan dâan gaan ngern
industria (f) alimentare	ผลิตภัณฑ์อาหาร	phà-lìt-dtà-phan aa hăan
agenzia (f) di pompe funebri	บริษัทรับจัดงานศพ	bor-rí-sàt ráp jàt ngaan sòp
mobili (m pl)	เครื่องเรือน	khrêuang reuan

abbigliamento (m)	เสื้อผ้า	sêua phâa
albergo, hotel (m)	โรงแรม	rohng raem
gelato (m)	ไอศกรีม	ai-sà-greem
industria (f)	อุตสาหกรรม	út-saa há-gam
assicurazione (f)	การประกัน	gaan bprà-gan
internet (f)	อินเทอร์เน็ต	in-thêr-nét
investimenti (m pl)	การลงทุน	gaan long thun
gioielliere (m)	ช่างทำเครื่องเพชรพลอย	châang tham khrêuang phét phloi
gioielli (m pl)	เครื่องเพชรพลอย	khrêuang phét phloi
lavanderia (f)	โรงซักรีดผ้า	rohng sák rêet phâa
consulente (m) legale	คนที่ปรึกษาทางกฎหมาย	khon thêe bprèuk-săa thaang gòt măai
industria (f) leggera	อุตสาหกรรมเบา	ùt-săa-hà-gam bao
rivista (f)	นิตยสาร	nít-dtà-yá-săan
vendite (f pl) per corrispondenza	การขายสินค้าทางไปรษณีย์	gaan khăai sĭn kháa thaang bprai-sà-nee
medicina (f)	การแพทย์	gaan phâet
cinema (m)	โรงภาพยนตร์	rohng phâap-phá-yon
museo (m)	พิพิธภัณฑ์	phí-phítha phan
agenzia (f) di stampa	สำนักข่าว	săm-nák khàao
giornale (m)	หนังสือพิมพ์	năng-sĕu phim
locale notturno (m)	ไนท์คลับ	nai-khláp
petrolio (m)	น้ำมัน	nám man
corriere (m) espresso	บริการจัดส่ง	bor-rí-gaan jàt sòng
farmaci (m pl)	เภสัชกรรม	phay-sàt-cha -gam
stampa (f) (~ di libri)	สิ่งพิมพ์	sìng phim
casa (f) editrice	สำนักพิมพ์	săm-nák phim
radio (f)	วิทยุ	wít-thá-yú
beni (m pl) immobili	อสังหาริมทรัพย์	a-săng-hăa-rim-má-sáp
ristorante (m)	รานอาหาร	ráan aa-hăan
agenzia (f) di sicurezza	บริษัทรักษาความปลอดภัย	bor-rí-sàt rák-săa khwaam bplòrt phai
sport (m)	กีฬา	gee-laa
borsa (f)	ตลาดหลักทรัพย์	dtà-làat làk sáp
negozio (m)	รานคา	ráan kháa
supermercato (m)	ซูเปอร์มาร์เก็ต	soo-bper-maa-gèt
piscina (f)	สระวายน้ำ	sà wâai náam
sartoria (f)	ร้านตัดเสื้อ	ráan dtàt sêua
televisione (f)	โทรทัศน์	thoh-rá-thát
teatro (m)	โรงละคร	rohng lá-khon
commercio (m)	การคาขาย	gaan kháa kăai
mezzi (m pl) di trasporto	การขนส่ง	gaan khŏn sòng
viaggio (m)	การทองเที่ยว	gaan thôrng thîeow
veterinario (m)	สัตวแพทย์	sàt phâet
deposito, magazzino (m)	โกดังเก็บสินค้า	goh-dang gèp sĭn kháa
trattamento (m) dei rifiuti	การเก็บขยะ	gaan gèp khà-yà

Lavoro. Affari. Parte 2

118. Spettacolo. Mostra

fiera (f)	งานแสดง	ngaan sà-daeng
fiera (f) campionaria	งานแสดงสินค้า	ngaan sà-daeng sĭn kháa
partecipazione (f)	การเข้าร่วม	gaan khâo rûam
partecipare (vi)	เข้าร่วมใน	khâo rûam nai
partecipante (m)	ผู้เข้าร่วม	phôo khâo rûam
direttore (m)	ผู้อำนวยการ	phôo am-nuay gaan
ufficio (m) organizzativo	สำนักงานผู้จัด	săm-nák ngaan phôo jàt
organizzatore (m)	ผู้จัด	phôo jàt
organizzare (vt)	จัด	jàt
domanda (f) di partecipazione	แบบฟอร์มลงทะเบียน	bàep form long thá-bian
riempire (vt)	กรอก	gròrk
dettagli (m pl)	รายละเอียด	raai lá-ìat
informazione (f)	ข้อมูล	khôr moon
prezzo (m)	ราคา	raa-khaa
incluso (agg)	รวมถึง	ruam thěung
includere (vt)	รวม	ruam
pagare (vi, vt)	จ่าย	jàai
quota (f) d'iscrizione	ค่าลงทะเบียน	khâa long thá-bian
entrata (f)	ทางเข้า	thaang khâo
padiglione (m)	ศาลา	săa-laa
registrare (vt)	ลงทะเบียน	long thá-bian
tesserino (m)	ป้ายชื่อ	bpâai chêu
stand (m)	บูธแสดงสินค้า	bòot sà-daeng sĭn kháa
prenotare (riservare)	จอง	jorng
vetrina (f)	ตู้โชว์สินค้า	dtôo choh sĭn kháa
faretto (m)	ไฟรวมแสงบนเวที	fai ruam săeng bon way-thee
design (m)	การออกแบบ	gaan òrk bàep
collocare (vt)	วาง	waang
collocarsi (vr)	ถูกตั้ง	thòok dtâng
distributore (m)	ผู้จัดจำหน่าย	phôo jàt jam-nàai
fornitore (m)	ผู้จัดหา	phôo jàt hăa
fornire (vt)	จัดหา	jàt hăa
paese (m)	ประเทศ	bprà-thâyt
straniero (agg)	ต่างชาติ	dtàang châat
prodotto (m)	ผลิตภัณฑ์	phà-lìt-dtà-phan
associazione (f)	สมาคม	sà-maa khom
sala (f) conferenze	ห้องประชุม	hôrng bprà-chum

congresso (m)	การประชุม	gaan bprà-chum
concorso (m)	การแข่งขัน	gaan khàeng khǎn
visitatore (m)	ผู้เข้าร่วม	phôo khâo rûam
visitare (vt)	เข้าร่วม	khâo rûam
cliente (m)	ลูกค้า	lôok kháa

119. Mezzi di comunicazione di massa

giornale (m)	หนังสือพิมพ์	nǎng-sěu phim
rivista (f)	นิตยสาร	nít-dtà-yá-sǎan
stampa (f) (giornali, ecc.)	สื่อสิ่งพิมพ์	sèu sìng phim
radio (f)	วิทยุ	wít-thá-yú
stazione (f) radio	สถานีวิทยุ	sà-thǎa-nee wít-thá-yú
televisione (f)	โทรทัศน์	thoh-rá-thát
presentatore (m)	ผู้ประกาศข่าว	phôo bprà-gàat khàao
annunciatore (m)	ผู้ประกาศข่าว	phôo bprà-gàat khàao
commentatore (m)	ผู้อธิบาย	phôo à-thí-baai
giornalista (m)	นักข่าว	nák khàao
corrispondente (m)	ผู้รายงานข่าว	phôo raai ngaan khàao
fotocronista (m)	ช่างภาพหนังสือพิมพ์	châang phâap nǎng-sěu phim
cronista (m)	ผู้รายงาน	phôo raai ngaan
redattore (m)	บรรณาธิการ	ban-naa-thí-gaan
redattore capo (m)	หัวหน้าบรรณาธิการ	hǔa nâa ban-naa-thí-gaan
abbonarsi a ...	รับ	ráp
abbonamento (m)	การรับ	gaan ráp
abbonato (m)	ผู้รับ	phôo ráp
leggere (vi, vt)	อ่าน	àan
lettore (m)	ผู้อ่าน	phôo àan
tiratura (f)	การเผยแพร่	gaan phǒie-phrâe
mensile (agg)	รายเดือน	raai deuan
settimanale (agg)	รายสัปดาห์	raai sàp-daa
numero (m)	ฉบับ	chà-bàp
fresco (agg)	ใหม่	mài
testata (f)	ข่าวพาดหัว	khàao phâat hǔa
trafiletto (m)	บทความสั้นๆ	bòt khwaam sân sân
rubrica (f)	คอลัมน์	khor lam
articolo (m)	บทความ	bòt khwaam
pagina (f)	หน้า	nâa
servizio (m), reportage (m)	การรายงานข่าว	gaan raai ngaan khàao
evento (m)	เหตุการณ์	hàyt gaan
sensazione (f)	ข่าวดัง	khàao dang
scandalo (m)	เรื่องอื้อฉาว	rêuang êu chǎao
scandaloso (agg)	อื้อฉาว	êu chǎao
enorme (un ~ scandalo)	ใหญ่	yài
trasmissione (f)	รายการ	raai gaan

intervista (f)	การสัมภาษณ์	gaan săm-phâat
trasmissione (f) in diretta	ถ่ายทอดสด	thàai thôrt sòt
canale (m)	ช่อง	chôrng

120. Agricoltura

agricoltura (f)	เกษตรกรรม	gà-sàyt-dtra -gam
contadino (m)	ชาวนาผู้ชาย	chaao naa phôo chaai
contadina (f)	ชาวนาผู้หญิง	chaao naa phôo yĭng
fattore (m)	ชาวนา	chaao naa
trattore (m)	รถแทร็คเตอร์	rót tráek-dtêr
mietitrebbia (f)	เครื่องเก็บเกี่ยว	khrêuang gèp gìeow
aratro (m)	คันไถ	khan thăi
arare (vt)	ไถ	thăi
terreno (m) coltivato	ที่ดินที่ไถพรวน	thêe din thêe thăi phruan
solco (m)	ร่องดิน	rôrng din
seminare (vt)	หว่าน	wàan
seminatrice (f)	เครื่องหว่านเมล็ด	khrêuang wàan má-lét
semina (f)	การหว่าน	gaan wàan
falce (f)	เคียว	khieow
falciare (vt)	ถาง	thăang
pala (f)	พลั่ว	phlûa
scavare (vt)	ขุด	khùt
zappa (f)	จอบ	jòrp
zappare (vt)	ถาก	thàak
erbaccia (f)	วัชพืช	wát-chá-phêut
innaffiatoio (m)	กระป๋องรดน้ำ	grà-bpŏrng rót náam
innaffiare (vt)	รดน้ำ	rót náam
innaffiamento (m)	การรดน้ำ	gaan rót nám
forca (f)	ส้อมเสียบ	sôrm sìap
rastrello (m)	คราด	khrâat
concime (m)	ปุ๋ย	bpŭi
concimare (vt)	ใส่ปุ๋ย	sài bpŭi
letame (m)	ปุ๋ยคอก	bpŭi khôrk
campo (m)	ทุ่งนา	thûng naa
prato (m)	ทุ่งหญ้า	thûng yâa
orto (m)	สวนผัก	sŭan phàk
frutteto (m)	สวนผลไม้	sŭan phŏn-lá-máai
pascolare (vt)	เล็มหญ้า	lem yâa
pastore (m)	คนเลี้ยงสัตว์	khon líang sàt
pascolo (m)	ทุ่งเลี้ยงสัตว์	thûng líang sàt
allevamento (m) di bestiame	การขยายพันธุ์สัตว์	gaan khà-yăai phan sàt
allevamento (m) di pecore	การขยายพันธุ์แกะ	gaan khà-yăai phan gàe

piantagione (f)	ที่เพาะปลูก	thêe phór bplòok
filare (m) (un ~ di alberi)	แถว	thăe
serra (f) da orto	เรือนกระจกร้อน	reuan grà-jòk rón
siccità (f)	ภัยแล้ง	phai láeng
secco, arido (un'estate ~a)	แล้ง	láeng
grano (m)	ธัญพืช	than-yá-phêut
cereali (m pl)	ผลผลิตธัญพืช	phŏn phà-lìt than-yá-phêut
raccogliere (vt)	เก็บเกี่ยว	gèp gìeow
mugnaio (m)	เจ้าของโรงโม่	jâo khŏrng rohng môh
mulino (m)	โรงสี	rohng sĕe
macinare (~ il grano)	โม่	môh
farina (f)	แป้ง	bpâeng
paglia (f)	ฟาง	faang

121. Edificio. Attività di costruzione

cantiere (m) edile	สถานที่ก่อสร้าง	sà-thăan thêe gòr sâang
costruire (vt)	สร้าง	sâang
operaio (m) edile	คนงานก่อสร้าง	khon ngaan gòr sâang
progetto (m)	โครงการ	khrohng gaan
architetto (m)	สถาปนิก	sà-thăa-bpà-ník
operaio (m)	คนงาน	khon ngaan
fondamenta (f pl)	รากฐาน	râak thăan
tetto (m)	หลังคา	lăng khaa
palo (m) di fondazione	เสาเข็ม	săo khĕm
muro (m)	กำแพง	gam-phaeng
barre (f pl) di rinforzo	เหล็กเส้นเสริมแรง	lèk sên sĕrm raeng
impalcatura (f)	นั่งร้าน	nâng ráan
beton (m)	คอนกรีต	khorn-grèet
granito (m)	หินแกรนิต	hĭn grae-nít
pietra (f)	หิน	hĭn
mattone (m)	อิฐ	ìt
sabbia (f)	ทราย	saai
cemento (m)	ปูนซีเมนต์	bpoon see-mayn
intonaco (m)	พลาสเตอร์	phláat-dtêr
intonacare (vt)	ฉาบ	chàap
pittura (f)	สี	sĕe
pitturare (vt)	ทาสี	thaa sĕe
botte (f)	ถัง	thăng
gru (f)	ปั้นจั่น	bpân jàn
sollevare (vt)	ยก	yók
abbassare (vt)	ลด	lót
bulldozer (m)	รถดันดิน	rót dan din
scavatrice (f)	รถขุด	rót khùt

cucchiaia (f)	ช้อนขุด	chórn khùt
scavare (vt)	ขุด	khùt
casco (m) (~ di sicurezza)	หมวกนิรภัย	mùak ní-rá-phai

122. Scienza. Ricerca. Scienziati

scienza (f)	วิทยาศาสตร์	wít-thá-yaa sàat
scientifico (agg)	ทางวิทยาศาสตร์	thaang wít-thá-yaa sàat
scienziato (m)	นักวิทยาศาสตร์	nák wít-thá-yaa sàat
teoria (f)	ทฤษฎี	thrít-sà-dee
assioma (m)	สัจพจน์	sàt-jà-phót
analisi (f)	การวิเคราะห์	gaan wí-khrór
analizzare (vt)	วิเคราะห์	wí-khrór
argomento (m)	ข้อโต้แย้ง	khôr dtôh yáeng
sostanza, materia (f)	สาร	săan
ipotesi (f)	สมมติฐาน	sŏm-mút thăan
dilemma (m)	โจทย์	jòht
tesi (f)	ปริญญานิพนธ์	bpà-rin-yaa ní-phon
dogma (m)	หลัก	làk
dottrina (f)	หลักคำสอน	làk kham sŏrn
ricerca (f)	การวิจัย	gaan wí-jai
fare ricerche	วิจัย	wí-jai
prova (f)	การควบคุม	gaan khûap khum
laboratorio (m)	ห้องทดลอง	hôrng thót lorng
metodo (m)	วิธี	wí-thee
molecola (f)	โมเลกุล	moh-lay-gun
monitoraggio (m)	การเฝ้าสังเกต	gaan fâo săng-gàyt
scoperta (f)	การค้นพบ	gaan khón phóp
postulato (m)	สัจพจน์	sàt-jà-phót
principio (m)	หลักการ	làk gaan
previsione (f)	การคาดการณ์	gaan khâat gaan
fare previsioni	คาดการณ์	khâat gaan
sintesi (f)	การสังเคราะห์	gaan săng-khrór
tendenza (f)	แนวโน้ม	naew nóhm
teorema (m)	ทฤษฎีบท	thrít-sà-dee bòt
insegnamento (m)	คำสอน	kham sŏrn
fatto (m)	ข้อเท็จจริง	khôr thét jing
spedizione (f)	การสำรวจ	gaan săm-rùat
esperimento (m)	การทดลอง	gaan thót lorng
accademico (m)	นักวิชาการ	nák wí-chaa gaan
laureato (m)	บัณฑิต	ban-dìt
dottore (m)	ดุษฎีบัณฑิต	dùt-sà-dee ban-dìt
professore (m) associato	รองศาสตราจารย์	rorng sàat-sà-dtraa-jaan
Master (m)	มหาบัณฑิต	má-hăa ban-dìt
professore (m)	ศาสตราจารย์	sàat-sà-dtraa-jaan

Professioni e occupazioni

123. Ricerca di un lavoro. Licenziamento

lavoro (m)	งาน	ngaan
organico (m)	พนักงาน	phá-nák ngaan
personale (m)	พนักงาน	phá-nák ngaan
carriera (f)	อาชีพ	aa-chêep
prospettiva (f)	โอกาส	oh-gàat
abilità (f pl)	ทักษะ	thák-sà
selezione (f) (~ del personale)	การคัดเลือก	gaan khát lêuak
agenzia (f) di collocamento	สำนักงานจัดหางาน	săm-nák ngaan jàt hăa ngaan
curriculum vitae (f)	ประวัติย่อ	bprà-wàt yôr
colloquio (m)	สัมภาษณ์งาน	săm-phâat ngaan
posto (m) vacante	ตำแหน่งว่าง	dtam-nàeng wâang
salario (m)	เงินเดือน	ngern deuan
stipendio (m) fisso	เงินเดือน	ngern deuan
compenso (m)	ค่าแรง	khâa raeng
carica (f), funzione (f)	ตำแหน่ง	dtam-nàeng
mansione (f)	หน้าที่	nâa thêe
mansioni (f pl) di lavoro	หน้าที่	nâa thêe
occupato (agg)	ไม่ว่าง	mâi wâang
licenziare (vt)	ไล่ออก	lâi òrk
licenziamento (m)	การไล่ออก	gaan lâi òrk
disoccupazione (f)	การว่างงาน	gaan wâang ngaan
disoccupato (m)	คนว่างงาน	khon wâang ngaan
pensionamento (m)	การเกษียณอายุ	gaan gà-sĭan aa-yú
andare in pensione	เกษียณ	gà-sĭan

124. Gente d'affari

direttore (m)	ผู้อำนวยการ	phôo am-nuay gaan
dirigente (m)	ผู้จัดการ	phôo jàt gaan
capo (m)	หัวหน้า	hŭa-nâa
superiore (m)	ผู้บังคับบัญชา	phôo bang-kháp ban-chaa
capi (m pl)	คณะผู้บังคับบัญชา	khá-ná phôo bang-kháp ban-chaa
presidente (m)	ประธานาธิบดี	bprà-thaa-naa-thí-bor-dee
presidente (m) (impresa)	ประธาน	bprà-thaan
vice (m)	รอง	rorng

assistente (m)	ผู้ช่วย	phôo chûay
segretario (m)	เลขา	lay-khăa
assistente (m) personale	ผู้ช่วยส่วนบุคคล	phôo chûay sùan bùk-khon
uomo (m) d'affari	นักธุรกิจ	nák thú-rá-gìt
imprenditore (m)	ผู้ประกอบการ	phôo bprà-gòp gaan
fondatore (m)	ผู้ก่อตั้ง	phôo gòr dtâng
fondare (vt)	ก่อตั้ง	gòr dtâng
socio (m)	ผู้ก่อตั้ง	phôo gòr dtâng
partner (m)	หุ้นส่วน	hûn sùan
azionista (m)	ผู้ถือหุ้น	phôo thĕu hûn
milionario (m)	เศรษฐีเงินล้าน	sàyt-thĕe ngern láan
miliardario (m)	มหาเศรษฐี	má-hăa sàyt-thĕe
proprietario (m)	เจ้าของ	jâo khŏrng
latifondista (m)	เจ้าของที่ดิน	jâo khŏrng thêe din
cliente (m) (di professionista)	ลูกค้า	lôok kháa
cliente (m) abituale	ลูกค้าประจำ	lôok kháa bprà-jam
compratore (m)	ลูกค้า	lôok kháa
visitatore (m)	ผู้เข้าร่วม	phôo khâo rûam
professionista (m)	ผู้เป็นมืออาชีพ	phôo bpen meu aa-chêep
esperto (m)	ผู้เชี่ยวชาญ	phôo chîeow-chaan
specialista (m)	ผู้ชำนาญเฉพาะทาง	phôo cham-naan chà-phó thaang
banchiere (m)	พนักงานธนาคาร	phá-nák ngaan thá-naa-khaan
broker (m)	นายหน้า	naai nâa
cassiere (m)	แคชเชียร์	khâet chia
contabile (m)	นักบัญชี	nák ban-chee
guardia (f) giurata	ยาม	yaam
investitore (m)	ผู้ลงทุน	phôo long thun
debitore (m)	ลูกหนี้	lôok nêe
creditore (m)	เจ้าหนี้	jâo nêe
mutuatario (m)	ผู้ยืม	phôo yeum
importatore (m)	ผู้นำเข้า	phôo nam khâo
esportatore (m)	ผู้ส่งออก	phôo sòng òrk
produttore (m)	ผู้ผลิต	phôo phà-lìt
distributore (m)	ผู้จัดจำหน่าย	phôo jàt jam-nàai
intermediario (m)	คนกลาง	khon glaang
consulente (m)	ที่ปรึกษา	thêe bprèuk-săa
rappresentante (m)	พนักงานขาย	phá-nák ngaan khăai
agente (m)	ตัวแทน	dtua thaen
assicuratore (m)	ตัวแทนประกัน	dtua thaen bprà-gan

125. Professioni amministrative

cuoco (m)	คนครัว	khon khrua
capocuoco (m)	กุ๊ก	gúk
fornaio (m)	ช่างอบขนมปัง	châang òp khà-nŏm bpang
barista (m)	บาร์เทนเดอร์	baa-thayn-dêr
cameriere (m)	พนักงานเสิร์ฟชาย	phá-nák ngaan sèrf chaai
cameriera (f)	พนักงานเสิร์ฟหญิง	phá-nák ngaan sèrf yĭng
avvocato (m)	ทนายความ	thá-naai khwaam
esperto (m) legale	นักกฎหมาย	nák gòt măai
notaio (m)	พนักงานจดทะเบียน	phá-nák ngaan jòt thá-bian
elettricista (m)	ช่างไฟฟ้า	châang fai-fáa
idraulico (m)	ช่างประปา	châang bprà-bpaa
falegname (m)	ช่างไม้	châang máai
massaggiatore (m)	หมอนวดชาย	mŏr nûat chaai
massaggiatrice (f)	หมอนวดหญิง	mŏr nûat yĭng
medico (m)	แพทย์	phâet
taxista (m)	คนขับแท็กซี่	khon khàp tháek-sêe
autista (m)	คนขับ	khon khàp
fattorino (m)	คนส่งของ	khon sòng khŏrng
cameriera (f)	แม่บ้าน	mâe bâan
guardia (f) giurata	ยาม	yaam
hostess (f)	พนักงานต้อนรับบนเครื่องบิน	phá-nák ngaan dtôrn ráp bon khrêuang bin
insegnante (m, f)	อาจารย์	aa-jaan
bibliotecario (m)	บรรณารักษ์	ban-naa-rák
traduttore (m)	นักแปล	nák bplae
interprete (m)	ล่าม	lâam
guida (f)	มัคคุเทศก์	mák-khú-thâyt
parrucchiere (m)	ช่างทำผม	châang tham phŏm
postino (m)	บุรุษไปรษณีย์	bù-rùt bprai-sà-nee
commesso (m)	คนขายของ	khon khăai khŏrng
giardiniere (m)	ชาวสวน	chaao sŭan
domestico (m)	คนใช้	khon chái
domestica (f)	สาวใช้	săao chái
donna (f) delle pulizie	คนทำความสะอาด	khon tham khwaam sà-àat

126. Professioni militari e gradi

soldato (m) semplice	พลทหาร	phon-thá-hăan
sergente (m)	สิบเอก	sìp àyk
tenente (m)	ร้อยโท	rói thoh
capitano (m)	ร้อยเอก	rói àyk
maggiore (m)	พลตรี	phon-dtree

colonnello (m)	พันเอก	phan àyk
generale (m)	นายพล	naai phon
maresciallo (m)	จอมพล	jorm phon
ammiraglio (m)	พลเรือเอก	phon reua àyk
militare (m)	ทางทหาร	thaang thá-hăan
soldato (m)	ทหาร	thá-hăan
ufficiale (m)	นายทหาร	naai thá-hăan
comandante (m)	ผู้บัญชาการ	phôo ban-chaa gaan
guardia (f) di frontiera	ยามเฝ้าชายแดน	yaam fâo chaai daen
marconista (m)	พลวิทยุ	phon wít-thá-yú
esploratore (m)	ทหารพราน	thá-hăan phraan
geniere (m)	ทหารช่าง	thá-hăan châang
tiratore (m)	พลแม่นปืน	phon mâen bpeun
navigatore (m)	ต้นหน	dtôn hŏn

127. Funzionari. Sacerdoti

re (m)	กษัตริย์	gà-sàt
regina (f)	ราชินี	raa-chí-nee
principe (m)	เจ้าชาย	jâo chaai
principessa (f)	เจ้าหญิง	jâo yĭng
zar (m)	ซาร์	saa
zarina (f)	ซารีนา	saa-ree-naa
presidente (m)	ประธานาธิบดี	bprà-thaa-naa-thí-bor-dee
ministro (m)	รัฐมนตรี	rát-thà-mon-dtree
primo ministro (m)	นายกรัฐมนตรี	naa-yók rát-thà-mon-dtree
senatore (m)	สมาชิกวุฒิสภา	sà-maa-chík wút-thí sà-phaa
diplomatico (m)	นักการทูต	nák gaan thôot
console (m)	กงสุล	gong-sŭn
ambasciatore (m)	เอกอัครราชทูต	àyk-gà-àk-krá-râat-chá-tôot
consigliere (m)	เจ้าหน้าที่การทูต	jâo nâa-thêe gaan thôot
funzionario (m)	ข้าราชการ	khâa râat-chá-gaan
prefetto (m)	เจ้าหน้าที่	jâo nâa-thêe
sindaco (m)	นายกเทศมนตรี	naa-yók thâyt-sà-mon-dtree
giudice (m)	ผู้พิพากษา	phôo phí-phâak-săa
procuratore (m)	อัยการ	ai-yá-gaan
missionario (m)	ผู้สอนศาสนา	phôo sŏrn sàat-sà-năa
monaco (m)	พระ	phrá
abate (m)	เจ้าอาวาส	jâo aa-wâat
rabbino (m)	พระในศาสนายิว	phrá nai sàat-sà-năa yiw
visir (m)	วีซีร์	wee see
scià (m)	กษัตริย์อิหร่าน	gà-sàt i-ràan
sceicco (m)	หัวหน้าเผ่าอาหรับ	hŭa nâa phào aa-ràp

128. Professioni agricole

apicoltore (m)	คนเลี้ยงผึ้ง	khon líang phêung
pastore (m)	คนเลี้ยงปศุสัตว์	khon líang bpà-sù-sàt
agronomo (m)	นักปฐพีวิทยา	nák bpà-tà-phee wít-thá-yaa
allevatore (m) di bestiame	ผู้ขยายพันธุ์สัตว์	phôo khà-yăai phan sàt
veterinario (m)	สัตวแพทย์	sàt phâet
fattore (m)	ชาวนา	chaao naa
vinificatore (m)	ผู้ผลิตไวน์	phôo phà-lìt wai
zoologo (m)	นักสัตววิทยา	nák sàt wít-thá-yaa
cowboy (m)	โคบาล	khoh-baan

129. Professioni artistiche

attore (m)	นักแสดงชาย	nák sà-daeng chaai
attrice (f)	นักแสดงหญิง	nák sà-daeng yĭng
cantante (m)	นักร้องชาย	nák rórng chaai
cantante (f)	นักรองหญิง	nák rórng yĭng
danzatore (m)	นักเต้นชาย	nák dtên chaai
ballerina (f)	นักเตนหญิง	nák dtên yĭng
artista (m)	นักแสดงชาย	nák sà-daeng chaai
artista (f)	นักแสดงหญิง	nák sà-daeng yĭng
musicista (m)	นักดนตรี	nák don-dtree
pianista (m)	นักเปียโน	nák bpia noh
chitarrista (m)	ผู้เล่นกีตาร์	phôo lên gee-dtâa
direttore (m) d'orchestra	ผู้ควบคุมวงดนตรี	phôo khûap khum wong don-dtree
compositore (m)	นักแต่งเพลง	nák dtàeng phlayng
impresario (m)	ผู้ควบคุมการแสดง	phôo khûap khum gaan sà-daeng
regista (m)	ผู้กำกับภาพยนตร์	phôo gam-gàp phâap-phá-yon
produttore (m)	ผู้อำนวยการสร้าง	phôo am-nuay gaan sâang
sceneggiatore (m)	คนเขียนบทภาพยนตร์	khon khĭan bòt phâap-phá-yon
critico (m)	นักวิจารณ์	nák wí-jaan
scrittore (m)	นักเขียน	nák khĭan
poeta (m)	นักกวี	nák gà-wee
scultore (m)	ช่างสลัก	châang sà-làk
pittore (m)	ชางวาดรูป	châang wâat rôop
giocoliere (m)	นักมายากลโยนของ	nák maa-yaa gon yohn khŏrng
pagliaccio (m)	ตัวตลก	dtua dtà-lòk
acrobata (m)	นักกายกรรม	nák gaai-yá-gam
prestigiatore (m)	นักเล่นกล	nák lên gon

130. Professioni varie

medico (m)	แพทย์	phâet
infermiera (f)	พยาบาล	phá-yaa-baan
psichiatra (m)	จิตแพทย์	jìt-dtà-phâet
dentista (m)	ทันตแพทย์	than-dtà phâet
chirurgo (m)	ศัลยแพทย์	săn-yá-phâet
astronauta (m)	นักบินอวกาศ	nák bin a-wá-gàat
astronomo (m)	นักดาราศาสตร์	nák daa-raa sàat
pilota (m)	นักบิน	nák bin
autista (m)	คนขับ	khon khàp
macchinista (m)	คนขับรถไฟ	khon khàp rót fai
meccanico (m)	ช่างเครื่อง	châang khrêuang
minatore (m)	คนงานเหมือง	khon ngaan mĕuang
operaio (m)	คนงาน	khon ngaan
operaio (m) metallurgico	ช่างโลหะ	châang loh-hà
falegname (m)	ช่างไม้	châang máai
tornitore (m)	ช่างกลึง	châang gleung
operaio (m) edile	คนงานก่อสร้าง	khon ngaan gòr sâang
saldatore (m)	ช่างเชื่อม	châang chêuam
professore (m)	ศาสตราจารย์	sàat-sà-dtraa-jaan
architetto (m)	สถาปนิก	sà-thăa-bpà-ník
storico (m)	นักประวัติศาสตร์	nák bprà-wàt sàat
scienziato (m)	นักวิทยาศาสตร์	nák wít-thá-yaa sàat
fisico (m)	นักฟิสิกส์	nák fí-sìk
chimico (m)	นักเคมี	nák khay-mee
archeologo (m)	นักโบราณคดี	nák boh-raan-ná-khá-dee
geologo (m)	นักธรณีวิทยา	nák thor-rá-nee wít-thá-yaa
ricercatore (m)	ผู้วิจัย	phôo wí-jai
baby-sitter (m, f)	พี่เลี้ยงเด็ก	phêe líang dèk
insegnante (m, f)	อาจารย์	aa-jaan
redattore (m)	บรรณาธิการ	ban-naa-thí-gaan
redattore capo (m)	หัวหน้าบรรณาธิการ	hŭa nâa ban-naa-thí-gaan
corrispondente (m)	ผู้สื่อข่าว	phôo sèu khàao
dattilografa (f)	พนักงานพิมพ์ดีด	phá-nák ngaan phim dèet
designer (m)	นักออกแบบ	nák òrk bàep
esperto (m) informatico	ผู้เชี่ยวชาญด้านคอมพิวเตอร์	pôo chîeow-chaan dâan khorm-piw-dtêr
programmatore (m)	นักเขียนโปรแกรม	nák khĭan bproh-graem
ingegnere (m)	วิศวกร	wít-sà-wá-gon
marittimo (m)	กะลาสี	gà-laa-sĕe
marinaio (m)	คนเรือ	khon reua
soccorritore (m)	นักกู้ภัย	nák gôo phai
pompiere (m)	เจ้าหน้าที่ดับเพลิง	jâo nâa-thêe dàp phlerng
poliziotto (m)	เจ้าหน้าที่ตำรวจ	jâo nâa-thêe dtam-rùat

guardiano (m)	คนยาม	khon yaam
detective (m)	นักสืบ	nák sèup
doganiere (m)	เจ้าหน้าที่ศุลกากร	jâo nâa-thêe sǔn-lá-gaa-gon
guardia (f) del corpo	ผู้คุ้มกัน	phôo khúm gan
guardia (f) carceraria	ผู้คุม	phôo khum
ispettore (m)	ผู้ตรวจการ	phôo dtrùat gaan
sportivo (m)	นักกีฬา	nák gee-laa
allenatore (m)	โค้ช	khóht
macellaio (m)	คนขายเนื้อ	khon khǎai néua
calzolaio (m)	คนซ่อมรองเท้า	khon sôrm rorng tháo
uomo (m) d'affari	คนค้า	khon kháa
caricatore (m)	คนงานยกของ	khon ngaan yók khǒrng
stilista (m)	นักออกแบบแฟชั่น	nák òrk bàep fae-chân
modella (f)	นางแบบ	naang bàep

131. Attività lavorative. Condizione sociale

scolaro (m)	นักเรียน	nák rian
studente (m)	นักศึกษา	nák sèuk-sǎa
filosofo (m)	นักปราชญ์	nák bpràat
economista (m)	นักเศรษฐศาสตร์	nák sàyt-thà-sàat
inventore (m)	นักประดิษฐ์	nák bprà-dìt
disoccupato (m)	คนว่างงาน	khon wâang ngaan
pensionato (m)	ผู้เกษียณอายุ	phôo gà-sǐan aa-yú
spia (f)	สายลับ	sǎai láp
detenuto (m)	นักโทษ	nák thôht
scioperante (m)	คนนัดหยุดงาน	kon nát yùt ngaan
burocrate (m)	อำมาตย์	am-màat
viaggiatore (m)	นักเดินทาง	nák dern-thaang
omosessuale (m)	ผู้รักเพศเดียวกัน	phôo rák phâyt dieow gan
hacker (m)	แฮ็กเกอร์	háek-gêr
hippy (m, f)	ฮิปปี้	híp-bpêe
bandito (m)	โจร	john
sicario (m)	นักฆ่า	nák khâa
drogato (m)	ผู้ติดยาเสพติด	phôo dtìt yaa-sàyp-dtìt
trafficante (m) di droga	ผู้ค้ายาเสพติด	phôo kháa yaa-sàyp-dtìt
prostituta (f)	โสเภณี	sǒh-phay-nee
magnaccia (m)	แมงดา	maeng-daa
stregone (m)	พ่อมด	phôr mót
strega (f)	แม่มด	mâe mót
pirata (m)	โจรสลัด	john sà-làt
schiavo (m)	ทาส	thâat
samurai (m)	ซามูไร	saa-moo-rai
selvaggio (m)	คนป่าเถื่อน	khon bpàa thèuan

Sport

132. Tipi di sport. Sportivi

sportivo (m)	นักกีฬา	nák gee-laa
sport (m)	ประเภทกีฬา	bprà-phâyt gee-laa
pallacanestro (m)	บาสเก็ตบอล	bàat-gèt-bon
cestista (m)	ผู้เล่นบาสเก็ตบอล	phôo lâyn bàat-gèt-bon
baseball (m)	เบสบอล	bàyt-bon
giocatore (m) di baseball	ผู้เล่นเบสบอล	phôo lâyn bàyt bon
calcio (m)	ฟุตบอล	fút bon
calciatore (m)	นักฟุตบอล	nák fút-bon
portiere (m)	ผู้รักษาประตู	phôo rák-săa bprà-dtoo
hockey (m)	ฮอกกี้	hôk-gêe
hockeista (m)	ผู้เล่นฮอกกี้	phôo lâyn hôk-gêe
pallavolo (m)	วอลเลย์บอล	won-lây-bon
pallavolista (m)	ผู้เล่นวอลเลย์บอล	phôo lâyn won-lây-bon
pugilato (m)	การชกมวย	gaan chók muay
pugile (m)	นักมวย	nák muay
lotta (f)	การมวยปล้ำ	gaan muay bplâm
lottatore (m)	นักมวยปล้ำ	nák muay bplâm
karate (m)	คาราเต้	khaa-raa-dtây
karateka (m)	นักคาราเต้	nák khaa-raa-dtây
judo (m)	ยูโด	yoo-doh
judoista (m)	นักยูโด	nák yoo-doh
tennis (m)	เทนนิส	then-nít
tennista (m)	นักเทนนิส	nák then-nít
nuoto (m)	กีฬาว่ายน้ำ	gee-laa wâai náam
nuotatore (m)	นักว่ายน้ำ	nák wâai náam
scherma (f)	กีฬาฟันดาบ	gee-laa fan dàap
schermitore (m)	นักฟันดาบ	nák fan dàap
scacchi (m pl)	หมากรุก	màak rúk
scacchista (m)	ผู้เล่นหมากรุก	phôo lên màak rúk
alpinismo (m)	การปีนเขา	gaan bpeen khăo
alpinista (m)	นักปีนเขา	nák bpeen khăo
corsa (f)	การวิ่ง	gaan wîng

corridore (m)	นักวิ่ง	nák wîng
atletica (f) leggera	กรีฑา	gree thaa
atleta (m)	นักกรีฑา	nák gree thaa
ippica (f)	กีฬาขี่ม้า	gee-laa khèe máa
fantino (m)	นักขี่ม้า	nák khèe máa
pattinaggio (m) artistico	สเก็ตลีลา	sà-gèt lee-laa
pattinatore (m)	นักแสดงสเก็ตลีลา	nák sà-daeng sà-gèt lee-laa
pattinatrice (f)	นักแสดงสเก็ตลีลา	nák sà-daeng sà-gèt lee-laa
pesistica (f)	กีฬายกน้ำหนัก	gee-laa yók náam nàk
pesista (m)	นักยกน้ำหนัก	nák yók nám nàk
automobilismo (m)	การแข่งรถ	gaan khàeng rót
pilota (m)	นักแข่งรถ	nák khàeng rót
ciclismo (m)	การแข่งจักรยาน	gaan khàeng jàk-grà-yaan
ciclista (m)	นักแข่งจักรยาน	nák khàeng jàk-grà-yaan
salto (m) in lungo	กีฬากระโดดไกล	gee-laa grà-dòht glai
salto (m) con l'asta	กีฬากระโดดค้ำถ่อ	gee-laa grà dòht khám thòr
saltatore (m)	นักกระโดด	nák grà dòht

133. Tipi di sport. Varie

football (m) americano	อเมริกันฟุตบอล	a-may-rí-gan fút bon
badminton (m)	แบดมินตัน	bàet-min-dtân
biathlon (m)	ไบแอธลอน	bpai-oht-lon
biliardo (m)	บิลเลียด	bin-lîat
bob (m)	การขับเลื่อนน้ำแข็ง	gaan khàp lêuan náam khǎeng
culturismo (m)	การเพาะกาย	gaan phór gaai
pallanuoto (m)	กีฬาโปโลน้ำ	gee-laa bpoh loh nám
pallamano (m)	แฮนด์บอล	haen-bon
golf (m)	กอล์ฟ	góf
canottaggio (m)	การพายเรือ	gaan phaai reua
immersione (f) subacquea	การดำน้ำ	gaan dam náam
sci (m) di fondo	การแข่งสกีตามเส้นทาง	gaan khàeng sà-gee dtaam sên thaang
tennis (m) da tavolo	กีฬาปิงปอง	gee-laa bping-bpong
vela (f)	การแล่นเรือใบ	gaan lâen reua bai
rally (m)	การแข่งแรลลี่	gaan khàeng rae lá-lêe
rugby (m)	รักบี้	rák-bêe
snowboard (m)	สโนว์บอร์ด	sà-nǒh bòt
tiro (m) con l'arco	การยิงธนู	gaan ying thá-noo

134. Palestra

bilanciere (m)	บาร์เบลล์	baa bayn
manubri (m pl)	ที่ยกน้ำหนัก	thêe yók nám nàk

attrezzo (m) sportivo	เครื่องออกกำลังกาย	khrêuang òk gam-lang gaai
cyclette (f)	จักรยานออกกำลังกาย	jàk-grà-yaan òk gam-lang gaai
tapis roulant (m)	ลู่วิ่งออกกำลังกาย	lôo wîng òk gam-lang gaai
sbarra (f)	บาร์เดี่ยว	baa dìeow
parallele (f pl)	บาร์คู่	baa khôo
cavallo (m)	ม้าขวาง	máa khwăang
materassino (m)	เสื่อออกกำลังกาย	sèua òrk gam-lang gaai
corda (f) per saltare	กระโดดเชือก	grà dòht chêuak
aerobica (f)	แอโรบิก	ae-roh-bìk
yoga (m)	โยคะ	yoh-khá

135. Hockey

hockey (m)	ฮอกกี้	hôk-gêe
hockeista (m)	ผู้เล่นฮอกกี้	phôo lâyn hôk-gêe
giocare a hockey	เล่นฮอกกี้	lên hók-gêe
ghiaccio (m)	น้ำแข็ง	nám khăeng
disco (m)	ลูกฮอกกี้	lôok hók-gêe
bastone (m) da hockey	ไม้ฮอกกี้	máai hók-gêe
pattini (m pl)	รองเท้าสเก็ตน้ำแข็ง	rorng tháo sà-gèt nám khăeng
bordo (m)	ลานสเก็ตน้ำแข็ง	laan sà-gèt nám khăeng
tiro (m)	การยิง	gaan ying
portiere (m)	ผู้รักษาประตู	phôo rák-săa bprà-dtoo
gol (m)	ประตู	bprà-dtoo
segnare un gol	ทำประตู	tham bprà-dtoo
tempo (m)	ช่วง	chûang
secondo tempo (m)	ช่วงที่สอง	chûang thêe sŏrng
panchina (f)	ซุ้มม้านั่งตัวสำรอง	súm máa nâng dtua săm-rorng

136. Calcio

calcio (m)	ฟุตบอล	fút bon
calciatore (m)	นักฟุตบอล	nák fút-bon
giocare a calcio	เล่นฟุตบอล	lên fút bon
La Prima Divisione	เมเจอร์ลีก	may-jer-lêek
società (f) calcistica	สโมสรฟุตบอล	sà-moh-sŏn fút-bon
allenatore (m)	โค้ช	khóht
proprietario (m)	เจ้าของ	jâo khŏrng
squadra (f)	ทีม	theem
capitano (m) di squadra	หัวหน้าทีม	hŭa nâa theem
giocatore (m)	ผู้เล่น	phôo lên

riserva (f)	ผู้เล่นสำรอง	phôo lên săm-rorng
attaccante (m)	กองหน้า	gorng nâa
centrocampista (m)	กองหน้าตัวเป้า	gorng nâa dtua bpâo
bomber (m)	ผู้ทำประตู	phôo tham bprà-dtoo
terzino (m)	กองหลัง	gorng lăng
mediano (m)	กองกลาง	gorng glaang
partita (f)	เกมการแข่ง	gaym gaan khàeng
incontrarsi (vr)	พบ	phóp
finale (m)	รอบสุดท้าย	rôrp sùt tháai
semifinale (m)	รอบรองชนะเลิศ	rôrp rorng chá-ná lêrt
campionato (m)	ชิงแชมป์	ching chaem
tempo (m)	ครึ่ง	khrêung
primo tempo (m)	ครึ่งแรก	khrêung râek
intervallo (m)	ช่วงพักครึ่ง	chûang phák khrêung
porta (f)	ประตู	bprà-dtoo
portiere (m)	ผู้รักษาประตู	phôo rák-săa bprà-dtoo
palo (m)	เสาประตู	săo bprà-dtoo
traversa (f)	คานประตู	khaan bprà-dtoo
rete (f)	ตาข่าย	dtaa khàai
subire un gol	เสียประตู	sĭa bprà-dtoo
pallone (m)	บอล	bon
passaggio (m)	การส่ง	gaan sòng
calcio (m), tiro (m)	การเตะ	gaan dtè
tirare un calcio	เตะ	dtè
calcio (m) di punizione	ฟรีคิก	free khík
calcio (m) d'angolo	การเตะมุม	gaan dtè mum
attacco (m)	การบุก	gaan bùk
contrattacco (m)	การบุกสวนกลับ	gaan bùk sŭan glàp
combinazione (f)	การผสมผสาน	gaan phà-sŏm phà-săan
arbitro (m)	ผู้ตัดสิน	phôo dtàt sĭn
fischiare (vi)	เป่านกหวีด	bpào nók wèet
fischio (m)	เสียงนกหวีด	sĭang nók wèet
fallo (m)	ฟาวล์	faao
fare un fallo	ทำฟาวล์	tham faao
espellere dal campo	ไล่ออก	lâi òrk
cartellino (m) giallo	ใบเหลือง	bai lĕuang
cartellino (m) rosso	ใบแดง	bai daeng
squalifica (f)	การตัดสิทธิ์	gaan dtàt sìt
squalificare (vt)	ตัดสิทธิ์	dtàt sìt
rigore (m)	ลูกโทษ	lôok thôht
barriera (f)	กำแพง	gam-phaeng
segnare (~ un gol)	ทำประตู	tham bprà-dtoo
gol (m)	ประตู	bprà-dtoo
segnare un gol	ทำประตู	tham bprà-dtoo
sostituzione (f)	ตัวสำรอง	dtua săm-rorng
sostituire (vt)	เปลี่ยนตัว	bplìan dtua
regole (f pl)	กติกา	gà-dtì-gaa

tattica (f)	ยุทธวิธี	yút-thá-wí-thee
stadio (m)	สนาม	sà-năam
tribuna (f)	อัฒจันทร์	àt-tá-jan
tifoso, fan (m)	แฟน	faen
gridare (vi)	ตะโกน	dtà-gohn
tabellone (m) segnapunti	ป้ายคะแนน	bpâai khá-naen
punteggio (m)	คะแนน	khá-naen
sconfitta (f)	ความพ่ายแพ้	khwaam phâai pháe
subire una sconfitta	แพ	pháe
pareggio (m)	เสมอ	sà-mĕr
pareggiare (vi)	เสมอ	sà-mĕr
vittoria (f)	ชัยชนะ	chai chá-ná
vincere (vi)	ชนะ	chá-ná
campione (m)	แชมเปี้ยน	chaem-bpîan
migliore (agg)	ดีที่สุด	dee têe sùt
congratularsi (con qn per qc)	แสดงความยินดี	sà-daeng khwaam yin dee
commentatore (m)	ผู้อธิบาย	phôo à-thí-baai
commentare (vt)	อธิบาย	à-thí-baai
trasmissione (f)	การออกอากาศ	gaan òrk aa-gàat

137. Sci alpino

sci (m pl)	สกี	sà-gee
sciare (vi)	เลนสกี	lên sà-gee
stazione (f) sciistica	รีสอร์ทสำหรับ เลนสกีบนภูเขา	ree sòt săm-ràp lên sà-gee bon phoo khăo
sciovia (f)	ลิฟต์สกี	líf sà-gee
bastoni (m pl) da sci	ไม้ค้ำสกี	máai khám sà-gee
pendio (m)	ทางลาด	thaang lâat
slalom (m)	การเลนสกี	gaan lên sà-gee

138. Tennis. Golf

golf (m)	กอล์ฟ	góf
golf club (m)	กอล์ฟคลับ	góf khláp
golfista (m)	นักกอล์ฟ	nák góf
buca (f)	หลุม	lŭm
mazza (f) da golf	ไม้ตีกอล์ฟ	mái dtee góf
carrello (m) da golf	รถลากถุงกอล์ฟ	rót lâak thŭng góf
tennis (m)	เทนนิส	then-nít
campo (m) da tennis	สนามเทนนิส	sà-năam then-nít
battuta (f)	การเสิร์ฟ	gaan sèrf
servire (vt)	เสิร์ฟ	sèrf
racchetta (f)	ไม้ตีเทนนิส	mái dtee then-nít
rete (f)	ตาขาย	dtaa khàai
palla (f)	ลูกเทนนิส	lôok then-nít

139. Scacchi

scacchi (m pl)	หมากรุก	màak rúk
pezzi (m pl) degli scacchi	ตัวหมากรุก	dtua màak rúk
scacchista (m)	นักกีฬาหมากรุก	nák gee-laa màak rúk
scacchiera (f)	กระดานหมากรุก	grà-daan măak-grùk
pezzo (m)	ตัวหมากรุก	dtua màak rúk
Bianchi (m pl)	ขาว	khăao
Neri (m pl)	ดำ	dam
pedina (f)	เบี้ย	bîa
alfiere (m)	บิชอป	bì-chôrp
cavallo (m)	ม้า	máa
torre (f)	เรือ	reua
regina (f)	ควีน	khween
re (m)	ขุน	khŭn
mossa (m)	การเดิน	gaan dern
muovere (vt)	เดิน	dern
sacrificare (vt)	สละ	sà-là
arrocco (m)	การเข้าป้อม	gaan khâo bpôrm
scacco (m)	รุก	rúk
scacco matto (m)	รุกฆาต	rúk khâat
torneo (m) di scacchi	การแข่งขันหมากรุก	gaan khàeng khăn màak rúk
gran maestro (m)	แกรนด์มาสเตอร์	graen maa-sà-dtêr
combinazione (f)	การเดินหมาก	gaan dern màak
partita (f) (~ a scacchi)	เกม	gaym
dama (f)	หมากฮอส	màak-hórt

140. Pugilato

pugilato (m), boxe (f)	การชกมวย	gaan chók muay
incontro (m)	ชกมวย	chók muay
incontro (m) di boxe	เกมการชกมวย	gaym gaan chók muay
round (m)	ยก	yók
ring (m)	เวที	way-thee
gong (m)	ฆ้อง	khórng
pugno (m)	การต่อย	gaan dtòi
knock down (m)	การน็อค	gaan nórk
knock-out (m)	การน็อคเอาท์	gaan nórk ao
mettere knock-out	น็อคเอาท์	nórk ao
guantone (m) da pugile	นวมชกมวย	nuam chók muay
arbitro (m)	กรรมการ	gam-má-gaan
peso (m) leggero	ไลท์เวท	lai-wâyt
peso (m) medio	มิดเดิ้ลเวท	mít dêrn wâyt
peso (m) massimo	เฮฟวี่เวท	hay fá-wêe wâyt

141. Sport. Varie

Giochi (m pl) Olimpici	กีฬาโอลิมปิก	gee-laa oh-lim-bpìk
vincitore (m)	ผู้ชนะ	phôo chá-ná
ottenere la vittoria	ชนะ	chá-ná
vincere (vi)	ชนะ	chá-ná
leader (m), capo (m)	ผู้นำ	phôo nam
essere alla guida	นำ	nam
primo posto (m)	อันดับที่หนึ่ง	an-dàp thêe nèung
secondo posto (m)	อันดับที่สอง	an-dàp thêe sŏrng
terzo posto (m)	อันดับที่สาม	an-dàp thêe săam
medaglia (f)	เหรียญรางวัล	rĭan raang-wan
trofeo (m)	ถ้วยรางวัล	thûay raang-wan
coppa (f) (trofeo)	เวท	wâyt
premio (m)	รางวัล	raang-wan
primo premio (m)	รางวัลหลัก	raang-wan làk
record (m)	สถิติ	sà-thì-dtì
stabilire un record	ทำสถิติ	tham sà-thì-dtì
finale (m)	รอบสุดท้าย	rôrp sùt tháai
finale (agg)	สุดท้าย	sùt tháai
campione (m)	แชมเปี้ยน	chaem-bpîan
campionato (m)	ชิงแชมป์	ching chaem
stadio (m)	สนาม	sà-năam
tribuna (f)	อัฒจันทร์	àt-tá-jan
tifoso, fan (m)	แฟน	faen
avversario (m)	คู่ต่อสู้	khôo dtòr sôo
partenza (f)	เส้นเริ่ม	sên rêrm
traguardo (m)	เส้นชัย	sên chai
sconfitta (f)	ความพ่ายแพ้	khwaam phâai pháe
perdere (vt)	แพ้	pháe
arbitro (m)	กรรมการ	gam-má-gaan
giuria (f)	คณะผู้ตัดสิน	khá-ná phôo dtàt sĭn
punteggio (m)	คะแนน	khá-naen
pareggio (m)	เสมอ	sà-mĕr
pareggiare (vi)	ได้คะแนนเท่ากัน	dâai khá-naen thâo gan
punto (m)	แต้ม	dtâem
risultato (m)	ผลลัพธ์	phŏn láp
tempo (primo ~)	ช่วง	chûang
intervallo (m)	ช่วงพักครึ่ง	chûang phák khrêung
doping (m)	การใช้สารต้องห้ามทางการกีฬา	gaan chái săan dtôrng hâam thaang gaan gee-laa
penalizzare (vt)	ทำโทษ	tham thôht
squalificare (vt)	ตัดสิทธิ์	dtàt sìt

attrezzatura (f)	อุปกรณ์	ù-bpà-gon
giavellotto (m)	แหลน	lǎen
peso (m) (sfera metallica)	ลูกเหล็ก	lôok lèk
biglia (f) (palla)	ลูก	lôok
obiettivo (m)	เล็งเป้า	leng bpâo
bersaglio (m)	เป้านิ่ง	bpâo nîng
sparare (vi)	ยิง	ying
preciso (agg)	แม่นยำ	mâen yam
allenatore (m)	โค้ช	khóht
allenare (vt)	ฝึก	fèuk
allenarsi (vr)	ฝึกหัด	fèuk hàt
allenamento (m)	การฝึกหัด	gaan fèuk hàt
palestra (f)	โรงยิม	rohng-yim
esercizio (m)	การออกกำลัง	gaan òrk gam-lang
riscaldamento (m)	การอบอุ่นร่างกาย	gaan òp ùn râang gaai

Istruzione

142. Scuola

scuola (f)	โรงเรียน	rohng rian
direttore (m) di scuola	อาจารย์ใหญ่	aa-jaan yài
allievo (m)	นักเรียน	nák rian
allieva (f)	นักเรียน	nák rian
scolaro (m)	เด็กนักเรียนชาย	dèk nák rian chaai
scolara (f)	เด็กนักเรียนหญิง	dèk nák rian yǐng
insegnare (qn)	สอน	sǒrn
imparare (una lingua)	เรียน	rian
imparare a memoria	ท่องจำ	thôrng jam
studiare (vi)	เรียน	rian
frequentare la scuola	ไปโรงเรียน	bpai rohng rian
andare a scuola	ไปโรงเรียน	bpai rohng rian
alfabeto (m)	ตัวอักษร	dtua àk-sǒn
materia (f)	วิชา	wí-chaa
classe (f)	ห้องเรียน	hôrng rian
lezione (f)	ชั่วโมงเรียน	chûa mohng rian
ricreazione (f)	ช่วงพัก	chûang phák
campanella (f)	สัญญาณหมดเรียน	sǎn-yaan mòt rian
banco (m)	โต๊ะนักเรียน	dtó nák rian
lavagna (f)	กระดานดำ	grà-daan dam
voto (m)	เกรด	gràyt
voto (m) alto	เกรดดี	gràyt dee
voto (m) basso	เกรดแย่	gràyt yâe
dare un voto	ให้เกรด	hâi gràyt
errore (m)	ข้อผิดพลาด	khôr phìt phlâat
fare errori	ทำผิดพลาด	tham phìt phlâat
correggere (vt)	แก้ไข	gâe khǎi
bigliettino (m)	โพย	phoi
compiti (m pl)	การบ้าน	gaan bâan
esercizio (m)	แบบฝึกหัด	bàep fèuk hàt
essere presente	มาเรียน	maa rian
essere assente	ขาด	khàat
mancare le lezioni	ขาดเรียน	khàat rian
punire (vt)	ลงโทษ	long thôht
punizione (f)	การลงโทษ	gaan long thôht
comportamento (m)	ความประพฤติ	khwaam bprà-préut

pagella (f)	สมุดพก	sà-mùt phók
matita (f)	ดินสอ	din-sŏr
gomma (f) per cancellare	ยางลบ	yaang lóp
gesso (m)	ชอล์ค	chôrk
astuccio (m) portamatite	กลองดินสอ	glòrng din-sŏr
cartella (f)	กระเป๋า	grà-bpăo
penna (f)	ปากกา	bpàak gaa
quaderno (m)	สมุดจด	sà-mùt jòt
manuale (m)	หนังสือเรียน	năng-sĕu rian
compasso (m)	วงเวียน	wong wian
disegnare (tracciare)	ร่างภาพทางเทคนิค	râang phâap thaang thék-nìk
disegno (m) tecnico	ภาพรางทางเทคนิค	phâap-râang thaang thék-nìk
poesia (f)	กลอน	glorn
a memoria	โดยทองจำ	doi thôrng jam
imparare a memoria	ทองจำ	thôrng jam
vacanze (f pl) scolastiche	เวลาปิดเทอม	way-laa bpìt therm
essere in vacanza	หยุดปิดเทอม	yùt bpìt therm
passare le vacanze	ใชเวลาหยุดปิดเทอม	chái way-laa yùt bpìt therm
prova (f) scritta	การทดสอบ	gaan thót sòrp
composizione (f)	ความเรียง	khwaam riang
dettato (m)	การเขียนตามคำบอก	gaan khĭan dtaam kam bòrk
esame (m)	การสอบ	gaan sòrp
sostenere un esame	สอบไล	sòrp lâi
esperimento (m)	การทดลอง	gaan thót lorng

143. Istituto superiore. Università

accademia (f)	โรงเรียน	rohng rian
università (f)	มหาวิทยาลัย	má-hăa wít-thá-yaa-lai
facoltà (f)	คณะ	khá-ná
studente (m)	นักศึกษา	nák sèuk-săa
studentessa (f)	นักศึกษา	nák sèuk-săa
docente (m, f)	อาจารย์	aa-jaan
aula (f)	ห้องบรรยาย	hôrng ban-yaai
diplomato (m)	บัณฑิต	ban-dìt
diploma (m)	อนุปริญญา	a-nú bpà-rin-yaa
tesi (f)	ปริญญานิพนธ์	bpà-rin-yaa ní-phon
ricerca (f)	การวิจัย	gaan wí-jai
laboratorio (m)	หองปฏิบัติการ	hôrng bpà-dtì-bàt gaan
lezione (f)	การบรรยาย	gaan ban-yaai
compagno (m) di corso	เพื่อนรวมชั้น	phêuan rûam chán
borsa (f) di studio	ทุน	thun
titolo (m) accademico	วุฒิการศึกษา	wút-thí gaan sèuk-săa

144. Scienze. Discipline

matematica (f)	คณิตศาสตร์	khá-nít sàat
algebra (f)	พีชคณิต	phee-chá-khá-nít
geometria (f)	เรขาคณิต	ray-khăa khá-nít
astronomia (f)	ดาราศาสตร์	daa-raa sàat
biologia (f)	ชีววิทยา	chee-wá-wít-thá-yaa
geografia (f)	ภูมิศาสตร์	phoo-mí-sàat
geologia (f)	ธรณีวิทยา	thor-rá-nee wít-thá-yaa
storia (f)	ประวัติศาสตร์	bprà-wàt sàat
medicina (f)	แพทยศาสตร์	phâet-tha-ya-sàat
pedagogia (f)	ครุศาสตร์	khrú sàat
diritto (m)	ธรรมศาสตร์	tham-ma -sàat
fisica (f)	ฟิสิกส์	fí-sìk
chimica (f)	เคมี	khay-mee
filosofia (f)	ปรัชญา	bpràt-yaa
psicologia (f)	จิตวิทยา	jìt-wít-thá-yaa

145. Sistema di scrittura. Ortografia

grammatica (f)	ไวยากรณ์	wai-yaa-gon
lessico (m)	คำศัพท์	kham sàp
fonetica (f)	การออกเสียง	gaan òrk sĭang
sostantivo (m)	นาม	naam
aggettivo (m)	คำคุณศัพท์	kham khun-ná-sàp
verbo (m)	กริยา	grì-yaa
avverbio (m)	คำวิเศษณ์	kham wí-sàyt
pronome (m)	คำสรรพนาม	kham sàp-phá-naam
interiezione (f)	คำอุทาน	kham u-thaan
preposizione (f)	คำบุพบท	kham bùp-phá-bòt
radice (f)	รากศัพท์	râak sàp
desinenza (f)	คำลงท้าย	kham long tháai
prefisso (m)	คำนำหน้า	kham nam nâa
sillaba (f)	พยางค์	phá-yaang
suffisso (m)	คำเสริมท้าย	kham sĕrm tháai
accento (m)	เครื่องหมายเน้น	khrêuang măai náyn
apostrofo (m)	อะพอสทรอฟี	à-phor-sòt-ror-fee
punto (m)	จุด	jùt
virgola (f)	จุลภาค	jun-lá-phâak
punto (m) e virgola	อัฒภาค	àt-thá-phâak
due punti	ทวิภาค	thá-wí phâak
puntini di sospensione	การละไว้	gaan lá wái
punto (m) interrogativo	เครื่องหมายปรัศนี	khrêuang măai bpràt-nee
punto (m) esclamativo	เครื่องหมายอัศเจรีย์	khrêuang măai àt-sà-jay-ree

virgolette (f pl)	อัญประกาศ	an-yá-bprà-gàat
tra virgolette	ในอัญประกาศ	nai an-yá-bprà-gàat
parentesi (f pl)	วงเล็บ	wong lép
tra parentesi	ในวงเล็บ	nai wong lép
trattino (m)	ยัติภังค์	yát-dtì-phang
lineetta (f)	ขีดคั่น	khèet khân
spazio (m) (tra due parole)	ช่องไฟ	chôrng fai
lettera (f)	ตัวอักษร	dtua àk-sŏn
lettera (f) maiuscola	อักษรตัวใหญ่	àk-sŏn dtua yài
vocale (f)	สระ	sà-ra
consonante (f)	พยัญชนะ	phá-yan-chá-ná
proposizione (f)	ประโยค	bprà-yòhk
soggetto (m)	ภาคประธาน	phâak bprà-thaan
predicato (m)	ภาคแสดง	phâak sà-daeng
riga (f)	บรรทัด	ban-thát
a capo	ที่บรรทัดใหม่	têe ban-thát mài
capoverso (m)	วรรค	wák
parola (f)	คำ	kham
gruppo (m) di parole	กลุ่มคำ	glùm kham
espressione (f)	วลี	wá-lee
sinonimo (m)	คำพ้องความหมาย	kham phóng khwaam măai
antonimo (m)	คำตรงกันข้าม	kham dtrorng gan khâam
regola (f)	กฎ	gòt
eccezione (f)	ข้อยกเว้น	khôr yok-wâyn
giusto (corretto)	ถูก	thòok
coniugazione (f)	คอนจูเกชัน	khorn joo gay chan
declinazione (f)	การกระจายคำ	gaan grà-jaai kham
caso (m) nominativo	การก	gaa-rók
domanda (f)	คำถาม	kham thăam
sottolineare (vt)	ขีดเส้นใต้	khèet sên dtâi
linea (f) tratteggiata	เส้นประ	sên bprà

146. Lingue straniere

lingua (f)	ภาษา	phaa-săa
straniero (agg)	ต่างชาติ	dtàang châat
lingua (f) straniera	ภาษาต่างชาติ	phaa-săa dtàang châat
studiare (vt)	เรียน	rian
imparare (una lingua)	เรียน	rian
leggere (vi, vt)	อ่าน	àan
parlare (vi, vt)	พูด	phôot
capire (vt)	เข้าใจ	khâo jai
scrivere (vi, vt)	เขียน	khĭan
rapidamente	รวดเร็ว	rûat reo
lentamente	อย่างช้า	yàang cháa

correntemente	อย่างคล่อง	yàang khlôrng
regole (f pl)	กฎ	gòt
grammatica (f)	ไวยากรณ์	wai-yaa-gon
lessico (m)	คำศัพท์	kham sàp
fonetica (f)	การออกเสียง	gaan òrk sĭang
manuale (m)	หนังสือเรียน	năng-sĕu rian
dizionario (m)	พจนานุกรม	phót-jà-naa-nú-grom
manuale (m) autodidattico	หนังสือแบบเรียนด้วยตนเอง	năng-sĕu bàep rian dûay dton ayng
frasario (m)	เฟรสบุ๊ก	frayt bùk
cassetta (f)	เทปคาสเซ็ตต์	thâyp khaas-sét
videocassetta (f)	วิดีโอ	wí-dee-oh
CD (m)	CD	see-dee
DVD (m)	DVD	dee-wee-dee
alfabeto (m)	ตัวอักษร	dtua àk-sŏn
compitare (vt)	สะกด	sà-gòt
pronuncia (f)	การออกเสียง	gaan òrk sĭang
accento (m)	สำเนียง	săm-niang
con un accento	มีสำเนียง	mee săm-niang
senza accento	ไม่มีสำเนียง	mâi mee săm-niang
vocabolo (m)	คำ	kham
significato (m)	ความหมาย	khwaam măai
corso (m) (~ di francese)	หลักสูตร	làk sòot
iscriversi (vr)	สมัคร	sà-màk
insegnante (m, f)	อาจารย์	aa-jaan
traduzione (f) (fare una ~)	การแปล	gaan bplae
traduzione (f) (un testo)	คำแปล	kham bplae
traduttore (m)	นักแปล	nák bplae
interprete (m)	ล่าม	lâam
poliglotta (m)	ผู้รู้หลายภาษา	phôo róo lăai paa-săa
memoria (f)	ความทรงจำ	khwaam song jam

147. Personaggi delle fiabe

Babbo Natale (m)	ซานตาคลอส	saan-dtaa-khlôrt
Cenerentola (f)	ซินเดอเรลลา	sín-day-rayn-lâa
sirena (f)	เงือก	ngêuak
Nettuno (m)	เนปจูน	nâyp-joon
mago (m)	พ่อมด	phôr mót
fata (f)	แม่มด	mâe mót
magico (agg)	วิเศษ	wí-sàyt
bacchetta (f) magica	ไม้กายสิทธิ์	mái gaai-yá-sìt
fiaba (f), favola (f)	เทพนิยาย	thâyp ní-yaai
miracolo (m)	ปาฏิหาริย์	bpaa dtì-hăan

nano (m)	คนแคระ	khon khráe
trasformarsi in ...	กลายเป็น...	glaai bpen...
fantasma (m)	ภูตผีปีศาจ	phôot phĕe bpee-sàat
spettro (m)	ผี	phĕe
mostro (m)	สัตว์ประหลาด	sàt bprà-làat
drago (m)	มังกร	mang-gon
gigante (m)	ยักษ์	yák

148. Segni zodiacali

Ariete (m)	ราศีเมษ	raa-sĕe mâyt
Toro (m)	ราศีพฤษภ	raa-sĕe phréut-sòp
Gemelli (m pl)	ราศีมิถุน	raa-sĕe me-thŭn
Cancro (m)	ราศีกรกฎ	raa-sĕe gor-rá-gòt
Leone (m)	ราศีสิงห์	raa-sĕe-sĭng
Vergine (f)	ราศีกันย์	raa-sĕe gan
Bilancia (f)	ราศีตุล	raa-sĕe dtun
Scorpione (m)	ราศีพฤศจิก	raa-sĕe phréut-sà-jìk
Sagittario (m)	ราศีธันว์	raa-sĕe than
Capricorno (m)	ราศีมังกร	raa-sĕe mang-gon
Acquario (m)	ราศีกุมภ์	raa-sĕe gum
Pesci (m pl)	ราศีมีน	raa-sĕe meen
carattere (m)	บุคลิก	bùk-khá-lík
tratti (m pl) del carattere	ลักษณะบุคลิก	lák-sà-nà bùk-khá-lík
comportamento (m)	พฤติกรรม	phréut-dtì-gam
predire il futuro	ทำนายชะตา	tham naai chá-dtaa
cartomante (f)	หมอดู	mŏr doo
oroscopo (m)	ดวงชะตา	duang chá-dtaa

Arte

149. Teatro

teatro (m)	โรงละคร	rohng lá-khon
opera (f)	โอเปรา	oh-bprào
operetta (f)	ละครเพลง	lá-khon phlayng
balletto (m)	บัลเลต์	ban lây
cartellone (m)	โปสเตอร์ละคร	bpòht-dtêr lá-khon
compagnia (f) teatrale	คณะผู้แสดง	khá-ná phôo sà-daeng
tournée (f)	การออกแสดง	gaan òrk sà-daeng
andare in tourn?e	ออกแสดง	òrk sà-daeng
fare le prove	ซ้อม	sórm
prova (f)	การซ้อม	gaan sórm
repertorio (m)	รายการละคร	raai gaan lá-khon
rappresentazione (f)	การแสดง	gaan sà-daeng
spettacolo (m)	การแสดงมหรสพ	gaan sà-daeng má-hŏr-rá-sòp
opera (f) teatrale	ละคร	lá-khon
biglietto (m)	ตั๋ว	dtŭa
botteghino (m)	ช่องจำหน่ายตั๋ว	chôrng jam-nàai dtŭa
hall (f)	ล็อบบี้	lórp-bêe
guardaroba (f)	ที่รับฝากเสื้อโค้ท	thêe ráp fàak sêua khóht
cartellino (m) del guardaroba	ป้ายรับเสื้อ	bpâai ráp sêua
binocolo (m)	กล้องส่องสองตา	glôrng sòrng sŏrng dtaa
maschera (f)	พนักงานที่นำไปยังที่นั่ง	phá-nák ngaan thêe nam bpai yang thêe nâng
platea (f)	ที่นั่งชั้นล่าง	thêe nâng chán lâang
balconata (f)	ที่นั่งชั้นสอง	thêe nâng chán sŏrng
prima galleria (f)	ที่นั่งชั้นบน	thêe nâng chán bon
palco (m)	ที่นั่งพิเศษ	thêe nâng phí-sàyt
fila (f)	แถว	thăe
posto (m)	ที่นั่ง	thêe nâng
pubblico (m)	ผู้ชม	phôo chom
spettatore (m)	ผู้เข้าชม	phôo khâo chom
battere le mani	ปรบมือ	bpròp meu
applauso (m)	การปรบมือ	gaan bpròp meu
ovazione (f)	การปรบมือให้เกียรติ	gaan bpròp meu hâi gìat
palcoscenico (m)	เวที	way-thee
sipario (m)	ฉาก	chàak
scenografia (f)	ฉาก	chàak
quinte (f pl)	หลังเวที	lăng way-thee
scena (f) (l'ultima ~)	ตอน	dtorn
atto (m)	องก์	ong
intervallo (m)	ช่วงหยุดพัก	chûang yùt phák

150. Cinema

attore (m)	นักแสดงชาย	nák sà-daeng chaai
attrice (f)	นักแสดงหญิง	nák sà-daeng yǐng
cinema (m) (industria)	ภาพยนตร์	phâap-phá-yon
film (m)	หนัง	nǎng
puntata (f)	ตอน	dtorn
film (m) giallo	หนังประโลมโลกสืบสวน	nǎng sèup sǔan
film (m) d'azione	หนังแอ็คชั่น	nǎng áek-chân
film (m) d'avventure	หนังผจญภัย	nǎng phà-jon phai
film (m) di fantascienza	หนังนิยายวิทยาศาสตร์	nǎng ní-yaai wít-thá-yaa sàat
film (m) d'orrore	หนังสยองขวัญ	nǎng sà-yǒrng khwǎn
film (m) comico	หนังตลก	nǎng dtà-lòk
melodramma (m)	หนังประโลมโลก	nǎng bprà-lohm lôhk
dramma (m)	หนังดราม่า	nǎng dràa maa
film (m) a soggetto	หนังเรื่องแต่ง	nǎng rêuang dtàeng
documentario (m)	หนังสารคดี	nǎng sǎa-rá-khá-dee
cartoni (m pl) animati	การ์ตูน	gaa-dtoon
cinema (m) muto	หนังเงียบ	nǎng ngîap
parte (f)	บทบาท	bòt bàat
parte (f) principale	บทบาทนำ	bòt bàat nam
recitare (vi, vt)	แสดง	sà-daeng
star (f), stella (f)	ดาราภาพยนตร์	daa-raa phâap-phá-yon
noto (agg)	เป็นที่รู้จักดี	bpen thêe róo jàk dee
famoso (agg)	ชื่อดัง	chêu dang
popolare (agg)	ที่นิยม	thêe ní-yom
sceneggiatura (m)	บท	bòt
sceneggiatore (m)	คนเขียนบท	khon khǐan bòt
regista (m)	ผู้กำกับภาพยนตร์	phôo gam-gàp phâap-phá-yon
produttore (m)	ผู้อำนวยการสร้าง	phôo am-nuay gaan sâang
assistente (m)	ผู้ช่วย	phôo chûay
cameraman (m)	ช่างกล้อง	châang glôrng
cascatore (m)	นักแสดงแทน	nák sà-daeng thaen
controfigura (f)	นักแสดงแทน	nák sà-daeng thaen
girare un film	ถ่ายทำภาพยนตร์	thàai tham phâap-phá-yon
provino (m)	การคัดนักแสดง	gaan khát nák sà-daeng
ripresa (f)	การถ่ายทำ	gaan thàai tham
troupe (f) cinematografica	กลุ่มคนถ่ายภาพยนต	glùm khon thàai phâa-pha-yon
set (m)	สถานที่ถ่ายทำภาพยนตร์	sà-thǎan thêe thàai tham phâap-phá-yon
cinepresa (f)	กล้อง	glôrng
cinema (m) (~ all'aperto)	โรงภาพยนตร์	rohng phâap-phá-yon
schermo (m)	หน้าจอ	nâa jor
proiettare un film	ฉายภาพยนตร์	chǎai phâap-phá-yon

colonna (f) sonora	เสียงซาวด์แทร็ก	sĭang saao tráek
effetti (m pl) speciali	เอฟเฟ็กต์พิเศษ	àyf-fék phí-sàyt
sottotitoli (m pl)	ซับ	sáp
titoli (m pl) di coda	เครดิต	khray-dìt
traduzione (f)	การแปล	gaan bplae

151. Pittura

arte (f)	ศิลปะ	sĭn-lá-bpà
belle arti (f pl)	วิจิตรศิลป์	wí-jìt sĭn
galleria (f) d'arte	หอศิลป์	hŏr sĭn
mostra (f)	การจัดแสดงศิลปะ	gaan jàt sà-daeng sĭn-lá-bpà
pittura (f)	จิตรกรรม	jìt-dtrà-gam
grafica (f)	เลขนศิลป์	lâyk-ná-sĭn
astrattismo (m)	ศิลปะนามธรรม	sĭn-lá-bpà naam-má-tham
impressionismo (m)	ลัทธิประทับใจ	lát-thí bprà-tháp jai
quadro (m)	ภาพ	phâap
disegno (m)	ภาพวาด	phâap-wâat
cartellone, poster (m)	โปสเตอร์	bpòht-dtêr
illustrazione (f)	ภาพประกอบ	phâap bprà-gòrp
miniatura (f)	รูปปั้นขนาดย่อ	rôop bpân khà-nàat yôr
copia (f)	สำเนา	săm-nao
riproduzione (f)	การทำซ้ำ	gaan tham sám
mosaico (m)	โมเสก	moh-sàyk
vetrata (f)	หน้าต่างกระจกสี	nâa dtàang grà-jòk sěe
affresco (m)	ภาพผนัง	phâap phà-năng
incisione (f)	การแกะลาย	gaan gàe laai
busto (m)	รูปปั้นครึ่งตัว	rôop bpân khrêung dtua
scultura (f)	รูปปั้นแกะสลัก	rôop bpân gàe sà-làk
statua (f)	รูปปั้น	rôop bpân
gesso (m)	ปูนปลาสเตอร์	bpoon bpláat-dtêr
in gesso	ปูนปลาสเตอร์	bpoon bpláat-dtêr
ritratto (m)	ภาพเหมือน	phâap mĕuan
autoritratto (m)	ภาพเหมือนของตนเอง	phâap mĕuan khŏrng dton ayng
paesaggio (m)	ภาพภูมิทัศน์	phâap phoom-mi -thát
natura (f) morta	ภาพหุ่นนิ่ง	phâap hùn nîng
caricatura (f)	ภาพลอ	phâap-lór
abbozzo (m)	ภาพสเก็ตซ์	phâap sà-gèt
colore (m)	สี	sěe
acquerello (m)	สีน้ำ	sěe náam
olio (m)	สีน้ำมัน	sěe náam man
matita (f)	ดินสอ	din-sŏr
inchiostro (m) di china	หมึกสีดำ	mèuk sěe dam
carbone (m)	ถ่าน	thàan
disegnare (a matita)	วาด	wâat
dipingere (un quadro)	ระบายสี	rá-baai sěe

posare (vi)	จัดท่า	jàt thâa
modello (m)	แบบภาพวาด	bàep phâap-wâat
modella (f)	แบบภาพวาด	bàep phâap-wâat
pittore (m)	ช่างวาดรูป	châang wâat rôop
opera (f) d'arte	งานศิลปะ	ngaan sĭn-lá-bpà
capolavoro (m)	งานชิ้นเอก	ngaan chín àyk
laboratorio (m) (di artigiano)	สตูดิโอ	sà-dtoo dì oh
tela (f)	ผ้าใบ	phâa bai
cavalletto (m)	ขาตั้งกระดาน วาดรูป	khăa dtâng grà daan wâat rôop
tavolozza (f)	จานสี	jaan sĕe
cornice (f) (~ di un quadro)	กรอบ	gròrp
restauro (m)	การฟื้นฟู	gaan féun foo
restaurare (vt)	ฟื้นฟู	féun foo

152. Letteratura e poesia

letteratura (f)	วรรณคดี	wan-ná-khá-dee
autore (m)	ผู้แต่ง	phôo dtàeng
pseudonimo (m)	นามปากกา	naam bpàak gaa
libro (m)	หนังสือ	năng-sĕu
volume (m)	เล่ม	lêm
sommario (m), indice (m)	สารบัญ	săa-rá-ban
pagina (f)	หน้า	nâa
protagonista (m)	ตัวละครหลัก	dtua lá-khon làk
autografo (m)	ลายเซ็น	laai sen
racconto (m)	เรื่องสั้น	rêuang sân
romanzo (m) breve	เรื่องราว	rêuang raao
romanzo (m)	นิยาย	ní-yaai
opera (f) (~ letteraria)	งานเขียน	ngaan khĭan
favola (f)	นิทาน	ní-thaan
giallo (m)	นิยายสืบสวน	ní-yaai sèup sŭan
verso (m)	กลอน	glorn
poesia (f) (~ lirica)	บทกลอน	bòt glorn
poema (m)	บทกวี	bòt gà-wee
poeta (m)	นักกวี	nák gà-wee
narrativa (f)	เรื่องแต่ง	rêuang dtàeng
fantascienza (f)	นิยายวิทยาศาสตร์	ní-yaai wít-thá-yaa sàat
avventure (f pl)	นิยายผจญภัย	ní-yaai phà-jon phai
letteratura (f) formativa	วรรณกรรมการศึกษา	wan-ná-gam gaan sèuk-săa
libri (m pl) per l'infanzia	วรรณกรรมสำหรับเด็ก	wan-ná-gam săm-ràp dèk

153. Circo

circo (m)	ละครสัตว์	lá-khon sàt
tendone (m) del circo	ละครสัตว์เร่ร่อน	lá-khon sàt lây rôrn

programma (m)	รายการการแสดง	raai gaan gaan sà-daeng
spettacolo (m)	การแสดง	gaan sà-daeng
numero (m)	การแสดง	gaan sà-daeng
arena (f)	เวทีละครสัตว์	way-thee lá-kon sàt
pantomima (m)	ละครใบ้	lá-khon bâi
pagliaccio (m)	ตัวตลก	dtua dtà-lòk
acrobata (m)	นักกายกรรม	nák gaai-yá-gam
acrobatica (f)	กายกรรม	gaai-yá-gam
ginnasta (m)	นักกายกรรม	nák gaai-yá-gam
ginnastica (m)	กายกรรม	gaai-yá-gam
salto (m) mortale	การตีลังกา	gaan dtee lang-gaa
forzuto (m)	นักกีฬา	nák gee-laa
domatore (m)	ผู้ฝึกสัตว์	phôo fèuk sàt
cavallerizzo (m)	นักขี่	nák khèe
assistente (m)	ผู้ช่วย	phôo chûay
acrobazia (f)	ผาดโผน	phàat phǒhn
gioco (m) di prestigio	มายากล	maa-yaa gon
prestigiatore (m)	นักมายากล	nák maa-yaa gon
giocoliere (m)	นักมายากล โยนของ	nák maa-yaa gon yohn khǒrng
giocolare (vi)	โยนของ	yohn khǒrng
ammaestratore (m)	ผู้ฝึกสัตว์	phôo fèuk sàt
ammaestramento (m)	การฝึกสัตว์	gaan fèuk sàt
ammaestrare (vt)	ฝึก	fèuk

154. Musica. Musica pop

musica (f)	ดนตรี	don-dtree
musicista (m)	นักดนตรี	nák don-dtree
strumento (m) musicale	เครื่องดนตรี	khrêuang don-dtree
suonare ...	เล่น	lên
chitarra (f)	กีตาร์	gee-dtâa
violino (m)	ไวโอลิน	wai-oh-lin
violoncello (m)	เชลโล	chayn-lôh
contrabbasso (m)	ดับเบิลเบส	dàp-bern bàyt
arpa (f)	พิณ	phin
pianoforte (m)	เปียโน	bpia noh
pianoforte (m) a coda	แกรนด์เปียโน	graen bpia-noh
organo (m)	ออร์แกน	or-gaen
strumenti (m pl) a fiato	เครื่องเป่า	khrêuang bpào
oboe (m)	โอโบ	oh-boh
sassofono (m)	แซ็กโซโฟน	sáek-soh-fohn
clarinetto (m)	แคลริเน็ต	khlae-rí-nét
flauto (m)	ฟลุต	flút
tromba (f)	ทรัมเป็ต	thram-bpèt

fisarmonica (f)	หีบเพลงชัก	hèep phlayng chák
tamburo (m)	กลอง	glorng
duetto (m)	คู่	khôo
trio (m)	วงทริโอ	wong thrí-oh
quartetto (m)	กลุ่มที่มีสี่คน	glùm thêe mee sèe khon
coro (m)	คณะประสานเสียง	khá-ná bprà-săan sĭang
orchestra (f)	วงดุริยางค์	wong dù-rí-yaang
musica (f) pop	เพลงป๊อป	phlayng bpòp
musica (f) rock	เพลงร็อค	phlayng rók
gruppo (m) rock	วงร็อค	wong rórk
jazz (m)	แจซ	jáet
idolo (m)	ไอดอล	ai-dorn
ammiratore (m)	แฟน	faen
concerto (m)	คอนเสิร์ต	khon-sèrt
sinfonia (f)	ซิมโฟนี	sím-foh-nee
composizione (f)	การแต่งเพลง	gaan dtàeng phlayng
comporre (vt), scrivere (vt)	แต่ง	dtàeng
canto (m)	การร้องเพลง	gaan róng playng
canzone (f)	เพลง	phlayng
melodia (f)	เสียงเพลง	sĭang phlayng
ritmo (m)	จังหวะ	jang wà
blues (m)	บลูส์	bloo
note (f pl)	โน้ตเพลง	nóht phlayng
bacchetta (f)	ไม้สั้นของวาทยากร	máai sân khŏrng wâa-tha-yaa gon
arco (m)	คันชอ	khan sor
corda (f)	สาย	săai
custodia (f) (~ della chitarra)	กลอง	glòrng

Ristorante. Intrattenimento. Viaggi

155. Escursione. Viaggio

turismo (m)	การท่องเที่ยว	gaan thôrng thîeow
turista (m)	นักท่องเที่ยว	nák thôrng thîeow
viaggio (m) (all'estero)	การเดินทาง	gaan dern thaang
avventura (f)	การผจญภัย	gaan phà-jon phai
viaggio (m) (corto)	การเดินทาง	gaan dern thaang
vacanza (f)	วันหยุดพักผ่อน	wan yùt phák phòrn
essere in vacanza	หยุดพักผ่อน	yùt phák phòrn
riposo (m)	การพัก	gaan phák
treno (m)	รถไฟ	rót fai
in treno	โดยรถไฟ	doi rót fai
aereo (m)	เครื่องบิน	khrêuang bin
in aereo	โดยเครื่องบิน	doi khrêuang bin
in macchina	โดยรถยนต์	doi rót-yon
in nave	โดยเรือ	doi reua
bagaglio (m)	สัมภาระ	săm-phaa-rá
valigia (f)	กระเป๋าเดินทาง	grà-bpăo dern-thaang
carrello (m)	รถขนสัมภาระ	rót khŏn săm-phaa-rá
passaporto (m)	หนังสือเดินทาง	năng-sĕu dern-thaang
visto (m)	วีซ่า	wee-sâa
biglietto (m)	ตั๋ว	dtŭa
biglietto (m) aereo	ตั๋วเครื่องบิน	dtŭa khrêuang bin
guida (f)	หนังสือแนะนำ	năng-sĕu náe nam
carta (f) geografica	แผนที่	phăen thêe
località (f)	เขต	khàyt
luogo (m)	สถานที่	sà-thăan thêe
ogetti (m pl) esotici	สิ่งแปลกใหม่	sìng bplàek mài
esotico (agg)	ต่างแดน	dtàang daen
sorprendente (agg)	น่าประหลาดใจ	nâa bprà-làat jai
gruppo (m)	กลุ่ม	glùm
escursione (f)	การเดินทางท่องเที่ยว	gaan dern taang thôrng thîeow
guida (f) (cicerone)	มัคคุเทศก์	mák-khú-thâyt

156. Hotel

hotel (m)	โรงแรม	rohng raem
motel (m)	โรงแรม	rohng raem

tre stelle	สามดาว	sǎam daao
cinque stelle	ห้าดาว	hâa daao
alloggiare (vi)	พัก	phák
camera (f)	ห้อง	hôrng
camera (f) singola	ห้องเดี่ยว	hôrng dìeow
camera (f) doppia	ห้องคู่	hôrng khôo
prenotare una camera	จองห้อง	jorng hôrng
mezza pensione (f)	พักครึ่งวัน	phák khrêung wan
pensione (f) completa	พักเต็มวัน	phák dtem wan
con bagno	มีห้องอาบน้ำ	mee hôrng àap náam
con doccia	มีฝักบัว	mee fàk bua
televisione (f) satellitare	โทรทัศน์ดาวเทียม	thoh-rá-thát daao thiam
condizionatore (m)	เครื่องปรับอากาศ	khrêuang bpràp-aa-gàat
asciugamano (m)	ผ้าเช็ดตัว	phâa chét dtua
chiave (f)	กุญแจ	gun-jae
amministratore (m)	นักบริหาร	nák bor-rí-hǎan
cameriera (f)	แม่บ้าน	mâe bâan
portabagagli (m)	พนักงานขนกระเป๋า	phá-nák ngaan khǒn grà-bpǎo
portiere (m)	พนักงานเปิดประตู	phá-nák ngaan bpèrt bprà-dtoo
ristorante (m)	ร้านอาหาร	ráan aa-hǎan
bar (m)	บาร์	baa
colazione (f)	อาหารเช้า	aa-hǎan cháo
cena (f)	อาหารเย็น	aa-hǎan yen
buffet (m)	บุฟเฟ่ต์	bùf-fây
hall (f) (atrio d'ingresso)	ล็อบบี้	lórp-bêe
ascensore (m)	ลิฟต์	líf
NON DISTURBARE	ห้ามรบกวน	hâam róp guan
VIETATO FUMARE!	ห้ามสูบบุหรี่	hâam sòop bù rèe

157. Libri. Lettura

libro (m)	หนังสือ	nǎng-sěu
autore (m)	ผู้แต่ง	phôo dtàeng
scrittore (m)	นักเขียน	nák khǐan
scrivere (vi, vt)	เขียน	khǐan
lettore (m)	ผู้อ่าน	phôo àan
leggere (vi, vt)	อ่าน	àan
lettura (f) (sala di ~)	การอ่าน	gaan àan
in silenzio (leggere ~)	อย่างเงียบๆ	yàang ngîap ngîap
ad alta voce	ออกเสียงดัง	òrk sǐang dang
pubblicare (vt)	ตีพิมพ์	dtee phim
pubblicazione (f)	การตีพิมพ์	gaan dtee phim

editore (m)	ผู้พิมพ์	phôo phim
casa (f) editrice	สำนักพิมพ์	săm-nák phim
uscire (vi)	ออก	òrk
uscita (f)	การออก	gaan òrk
tiratura (f)	จำนวน	jam-nuan
libreria (f)	ร้านหนังสือ	ráan năng-sĕu
biblioteca (f)	ห้องสมุด	hôrng sà-mùt
romanzo (m) breve	เรื่องราว	rêuang raao
racconto (m)	เรื่องสั้น	rêuang sân
romanzo (m)	นิยาย	ní-yaai
giallo (m)	นิยายสืบสวน	ní-yaai sèup sŭan
memorie (f pl)	บันทึกความทรงจำ	ban-théuk khwaam song jam
leggenda (f)	ตำนาน	dtam naan
mito (m)	นิทานปรัมปรา	ní-thaan bpram bpraa
poesia (f), versi (m pl)	บทกวี	bòt gà-wee
autobiografia (f)	อัตชีวประวัติ	àt-chee-wá-bprà-wàt
opere (f pl) scelte	งานที่ผ่านการคัดเลือก	ngaan thêe phàan gaan khát lêuak
fantascienza (f)	นิยายวิทยาศาสตร์	ní-yaai wít-thá-yaa sàat
titolo (m)	ชื่อเรื่อง	chêu rêuang
introduzione (f)	บทนำ	bòt nam
frontespizio (m)	หน้าแรก	nâa râek
capitolo (m)	บท	bòt
frammento (m)	ข้อความที่คัดออกมา	khôr khwaam thêe khát òk maa
episodio (m)	ตอน	dtorn
soggetto (m)	เค้าเรื่อง	kháo rêuang
contenuto (m)	เนื้อหา	néua hăa
sommario (m)	สารบัญ	săa-rá-ban
protagonista (m)	ตัวละครหลัก	dtua lá-khon làk
volume (m)	เล่ม	lêm
copertina (f)	ปก	bpòk
rilegatura (f)	สัน	săn
segnalibro (m)	ที่คั่นหนังสือ	thêe khân năng-sĕu
pagina (f)	หน้า	nâa
sfogliare (~ le pagine)	เปิดผ่านๆ	bpèrt phàan phàan
margini (m pl)	ระยะขอบ	rá-yá khòrp
annotazione (f)	ความเห็นประกอบ	khwaam hĕn bprà-gòp
nota (f) (a fondo pagina)	เชิงอรรถ	cherng àt-tha
testo (m)	บท	bòt
carattere (m)	ตัวพิมพ์	dtua phim
refuso (m)	ความพิมพ์ผิด	khwaam phim phìt
traduzione (f)	คำแปล	kham bplae
tradurre (vt)	แปล	bplae

originale (m) (leggere l'~)	ต้นฉบับ	dtôn chà-bàp
famoso (agg)	โด่งดัง	dòhng dang
sconosciuto (agg)	ไม่เป็นที่รู้จัก	mâi bpen thêe róo jàk
interessante (agg)	น่าสนใจ	nâa sŏn jai
best seller (m)	ขายดี	khăai dee
dizionario (m)	พจนานุกรม	phót-jà-naa-nú-grom
manuale (m)	หนังสือเรียน	năng-sĕu rian
enciclopedia (f)	สารานุกรม	săa-raa-nú-grom

158. Caccia. Pesca

caccia (f)	การล่าสัตว์	gaan lâa sàt
cacciare (vt)	ล่าสัตว์	lâa sàt
cacciatore (m)	นักล่าสัตว์	nák lâa sàt
sparare (vi)	ยิง	ying
fucile (m)	ปืนไรเฟิล	bpeun rai-fern
cartuccia (f)	กระสุนปืน	grà-sŭn bpeun
pallini (m pl) da caccia	กระสุน	grà-sŭn
tagliola (f) (~ per orsi)	กับดักเหล็ก	gàp dàk lèk
trappola (f) (~ per uccelli)	กับดัก	gàp dàk
cadere in trappola	ติดกับดัก	dtìt gàp dàk
tendere una trappola	วางกับดัก	waang gàp dàk
bracconiere (m)	ผู้ลักลอบล่าสัตว์	phôo lák lôrp lâa sàt
cacciagione (m)	สัตว์ที่ถูกล่า	sàt têe thòok lâa
cane (m) da caccia	หมาล่าเนื้อ	măa lâa néua
safari (m)	ซาฟารี	saa-faa-ree
animale (m) impagliato	สัตว์สตาฟ	sàt sà-dtàaf
pescatore (m)	คนประมง	khon bprà-mong
pesca (f)	การจับปลา	gaan jàp bplaa
pescare (vi)	จับปลา	jàp bplaa
canna (f) da pesca	คันเบ็ด	khan bèt
lenza (f)	สายเบ็ด	săai bèt
amo (m)	ตะขอ	dtà-khŏr
galleggiante (m)	ทุ่น	thûn
esca (f)	เหยื่อ	yèua
lanciare la canna	เหวี่ยงเบ็ด	wìang bèt
abboccare (pesce)	งับเหยื่อ	ngáp yèua
pescato (m)	ปลาจับ	bpla jàp
buco (m) nel ghiaccio	ช่องน้ำแข็ง	chôrng nám khăeng
rete (f)	แหจับปลา	hăe jàp bplaa
barca (f)	เรือ	reua
prendere con la rete	จับปลาด้วยแห	jàp bplaa dûay hăe
gettare la rete	เหวี่ยงแห	wìang hăe
tirare le reti	ลากอวน	lâak uan
cadere nella rete	ติดแห	dtìt hăe
baleniere (m)	นักล่าปลาวาฬ	nák lâa bplaa waan

baleniera (f) (nave)	เรือล่าปลาวาฬ	reua lâa bplaa waan
rampone (m)	ฉมวก	chà-mùak

159. Giochi. Biliardo

biliardo (m)	บิลเลียด	bin-lîat
sala (f) da biliardo	ห้องบิลเลียด	hôrng bin-lîat
bilia (f)	ลูก	lôok
imbucare (vt)	แทงลูกลงหลุม	thaeng lôok long lŭm
stecca (f) da biliardo	ไม้คิว	máai khiw
buca (f)	หลุม	lŭm

160. Giochi. Carte da gioco

quadri (m pl)	ข้าวหลามตัด	khâao lăam dtàt
picche (f pl)	โพดำ	phoh dam
cuori (m pl)	โพแดง	phoh daeng
fiori (m pl)	ดอกจิก	dòrk jìk
asso (m)	เอส	àyt
re (m)	คิง	king
donna (f)	แหม่ม	màem
fante (m)	แจค	jáek
carta (f) da gioco	ไพ่	phâi
carte (f pl)	ไพ่	phâi
briscola (f)	ไต	dtăi
mazzo (m) di carte	สำรับไพ่	săm-ráp phâi
punto (m)	แต้ม	dtâem
dare le carte	แจกไพ่	jàek phâi
mescolare (~ le carte)	สับไพ่	sàp phâi
turno (m)	ที	thee
baro (m)	คนโกงไพ่	khon gohng phâi

161. Casinò. Roulette

casinò (m)	คาสิโน	khaa-sì-noh
roulette (f)	รูเล็ตต์	roo-lèt
puntata (f)	เดิมพัน	derm phan
puntare su ...	วางเดิมพัน	waang derm phan
rosso (m)	แดง	daeng
nero (m)	ดำ	dam
puntare sul rosso	เดิมพันสีแดง	derm phan sěe daeng
puntare sul nero	เดิมพันสีดำ	derm phan sěe dam
croupier (m)	เจ้ามือ	jâo meu
far girare la ruota	หมุนกงล้อ	mŭn gong lór

regole (f pl) del gioco	กติกา	gà-dtì-gaa
fiche (f)	ชิป	chíp
vincere (vi, vt)	ชนะ	chá-ná
vincita (f)	รางวัล	raang-wan
perdere (vt)	เสีย	sǐa
perdita (f)	เงินเสียพนัน	ngern sǐa phá-nan
giocatore (m)	ผู้เล่น	phôo lên
black jack (m)	แบล็คแจ๊ค	blàek-jáek
gioco (m) dei dadi	เกมลูกเต๋า	gaym lôok dtǎo
dadi (m pl)	เต๋า	dtǎo
slot machine (f)	ตู้สล็อต	dtôo sà-lòrt

162. Riposo. Giochi. Varie

passeggiare (vi)	เดินเล่น	dern lên
passeggiata (f)	การเดินเล่น	gaan dern lên
gita (f)	การนั่งรถ	gaan nâng rót
avventura (f)	การผจญภัย	gaan phà-jon phai
picnic (m)	ปิคนิค	bpìk-ník
gioco (m)	เกม	gaym
giocatore (m)	ผู้เล่น	phôo lên
partita (f) (~ a scacchi)	เกม	gaym
collezionista (m)	นักสะสม	nák sà-sǒm
collezionare (vt)	สะสม	sà-sǒm
collezione (f)	การสะสม	gaan sà-sǒm
cruciverba (m)	ปริศนาอักษรไขว้	bprìt-sà-nǎa àk-sǒn khwâi
ippodromo (m)	ลู่แข่ง	lôo khàeng
discoteca (f)	ดิสโก้	dít-gôh
sauna (f)	ซาวน่า	saao-nâa
lotteria (f)	สลากกินแบ่ง	sà-làak gin bàeng
campeggio (m)	การเดินทางตั้งแคมป์	gaan dern thaang dtâng-khaem
campo (m)	แคมป์	khaem
tenda (f) da campeggio	เต็นท์	dtáyn
bussola (f)	เข็มทิศ	khěm thít
campeggiatore (m)	ผู้เดินทางตั้งแคมป์	phôo dern thaang dtâng-khaem
guardare (~ un film)	ดู	doo
telespettatore (m)	ผู้ชมทีวี	phôo chom thee wee
trasmissione (f)	รายการทีวี	raai gaan thee wee

163. Fotografia

macchina (f) fotografica	กล้อง	glôrng
fotografia (f)	ภาพถ่าย	phâap thàai

fotografo (m)	ช่างถ่ายภาพ	châang thàai phâap
studio (m) fotografico	ห้องถ่ายภาพ	hôrng thàai phâap
album (m) di fotografie	อัลบั้มภาพถ่าย	an-bâm phâap-thàai
obiettivo (m)	เลนส์กล้อง	len glôrng
teleobiettivo (m)	เลนส์ถ่ายไกล	len thàai glai
filtro (m)	ฟิลเตอร์	fin-dtêr
lente (f)	เลนส์	len
ottica (f)	ออปติก	orp-dtìk
diaframma (m)	รูรับแสง	roo ráp săeng
tempo (m) di esposizione	เวลาในการถ่ายภาพ	way-laa nai gaan thàai phâap
mirino (m)	เครื่องจับภาพ	khrêuang jàp phâap
fotocamera (f) digitale	กล้องดิจิตอล	glôrng dì-jì-dton
cavalletto (m)	ขาตั้งกล้อง	khăa dtâng glông
flash (m)	แฟลช	flâet
fotografare (vt)	ถ่ายภาพ	thàai phâap
fare foto	ถ่ายภาพ	thàai phâap
fotografarsi	ได้รับการถ่ายภาพให้	dâai ráp gaan thàai phâap hâi
fuoco (m)	โฟกัส	foh-gát
mettere a fuoco	โฟกัส	foh-gát
nitido (agg)	คมชัด	khom chát
nitidezza (f)	ความคมชัด	khwaam khom chát
contrasto (m)	ความเปรียบต่าง	khwaam bprìap dtàang
contrastato (agg)	เปรียบต่าง	bprìap dtàang
foto (f)	ภาพ	phâap
negativa (f)	ภาพเนกาทีฟ	phâap nay gaa thêef
pellicola (f) fotografica	ฟิล์ม	fim
fotogramma (m)	เฟรม	fraym
stampare (~ le foto)	พิมพ์	phim

164. Spiaggia. Nuoto

spiaggia (f)	ชายหาด	chaai hàat
sabbia (f)	ทราย	saai
deserto (agg)	ร้าง	ráang
abbronzatura (f)	ผิวคล้ำแดด	phĭw khlám dàet
abbronzarsi (vr)	ตากแดด	dtàak dàet
abbronzato (agg)	มีผิวคล้ำแดด	mee phĭw khlám dàet
crema (f) solare	ครีมกันแดด	khreem gan dàet
bikini (m)	บิกินี่	bì-gì-nee
costume (m) da bagno	ชุดว่ายน้ำ	chút wâai náam
slip (m) da bagno	กางเกงว่ายน้ำ	gaang-gayng wâai náam
piscina (f)	สระว่ายน้ำ	sà wâai náam
nuotare (vi)	ว่ายน้ำ	wâai náam

doccia (f)	ฝักบัว	fàk bua
cambiarsi (~ i vestiti)	เปลี่ยนชุด	bplìan chút
asciugamano (m)	ผ้าเช็ดตัว	phâa chét dtua
barca (f)	เรือ	reua
motoscafo (m)	เรือยนต์	reua yon
sci (m) nautico	สกีน้ำ	sà-gee nám
pedalò (m)	เรือถีบ	reua thèep
surf (m)	การโต้คลื่น	gaan dtôh khlêun
surfista (m)	นักโต้คลื่น	nák dtôh khlêun
autorespiratore (m)	อุปกรณ์ดำน้ำ	u-bpà-gon dam náam
pinne (f pl)	ตีนกบ	dteen gòp
maschera (f)	หน้ากากดำน้ำ	nâa gàak dam náam
subacqueo (m)	นักประดาน้ำ	nák bprà-daa náam
tuffarsi (vr)	ดำน้ำ	dam náam
sott'acqua	ใต้น้ำ	dtâi nám
ombrellone (m)	ร่มชายหาด	rôm chaai hàat
sdraio (f)	เตียงอาบแดด	dtiang àap dàet
occhiali (m pl) da sole	แว่นกันแดด	wâen gan dàet
materasso (m) ad aria	ที่นอนเป่าลม	thêe non bpào lom
giocare (vi)	เล่น	lên
fare il bagno	ไปว่ายน้ำ	bpai wâai náam
pallone (m)	บอล	bon
gonfiare (vt)	เติมลม	dterm lom
gonfiabile (agg)	แบบเติมลม	bàep dterm lom
onda (f)	คลื่น	khlêun
boa (f)	ทุ่นลอย	thûn loi
annegare (vi)	จมน้ำ	jom náam
salvare (vt)	ช่วยชีวิต	chûay chee-wít
giubbotto (m) di salvataggio	เสื้อชูชีพ	sêua choo chêep
osservare (vt)	สังเกตการณ์	săng-gàyt gaan
bagnino (m)	ไลฟ์การ์ด	lai-gàat

ATTREZZATURA TECNICA. MEZZI DI TRASPORTO

Attrezzatura tecnica

165. Computer

computer (m)	คอมพิวเตอร์	khorm-phiw-dtêr
computer (m) portatile	โนตบุค	nóht búk
accendere (vt)	เปิด	bpèrt
spegnere (vt)	ปิด	bpìt
tastiera (f)	แป้นพิมพ์	bpâen phim
tasto (m)	ปุ่ม	bpùm
mouse (m)	เมาส์	mao
tappetino (m) del mouse	แผนรองเมาส์	phàen rorng mao
tasto (m)	ปุ่ม	bpùm
cursore (m)	เคอร์เซอร์	khêr-sêr
monitor (m)	จอมอนิเตอร์	jor mor-ní-dtêr
schermo (m)	หนาจอ	nâa jor
disco (m) rigido	ฮาร์ดดิสก์	hâat-dìt
spazio (m) sul disco rigido	ความจุฮาร์ดดิสก์	kwaam jù hâat-dìt
memoria (f)	หนวยความจำ	nùay khwaam jam
memoria (f) operativa	หนวยความจำ เขาถึงโดยสุม	nùay khwaam jam khâo thěung doi sùm
file (m)	ไฟล์	fai
cartella (f)	โฟลเดอร์	fohl-dêr
aprire (vt)	เปิด	bpèrt
chiudere (vt)	ปิด	bpìt
salvare (vt)	บันทึก	ban-théuk
eliminare (vt)	ลบ	lóp
copiare (vt)	คัดลอก	khát lôrk
ordinare (vt)	จัดเรียง	jàt riang
trasferire (vt)	ทำสำเนา	tham sǎm-nao
programma (m)	โปรแกรม	bproh-graem
software (m)	ซอฟต์แวร์	sôf-wae
programmatore (m)	นักเขียนโปรแกรม	nák khǐan bproh-graem
programmare (vt)	เขียนโปรแกรม	khǐan bproh-graem
hacker (m)	แฮ็กเกอร์	háek-gêr
password (f)	รหัสผาน	rá-hàt phàan
virus (m)	ไวรัส	wai-rát
trovare (un virus, ecc.)	ตรวจพบ	dtrùat phóp

byte (m)	ไบท์	bai
megabyte (m)	เมกะไบท์	may-gà-bai
dati (m pl)	ข้อมูล	khôr moon
database (m)	ฐานข้อมูล	thǎan khôr moon
cavo (m)	สายเคเบิล	sǎai khay-bêrn
sconnettere (vt)	ตัดการเชื่อมต่อ	dtàt gaan chêuam dtòr
collegare (vt)	เชื่อมต่อ	chêuam dtòr

166. Internet. Posta elettronica

internet (f)	อินเทอร์เน็ต	in-thêr-nét
navigatore (m)	เบราว์เซอร์	brao-sêr
motore (m) di ricerca	โปรแกรมค้นหา	bproh-graem khón hǎa
provider (m)	ผู้ให้บริการ	phôo hâi bor-rí-gaan
webmaster (m)	เว็บมาสเตอร์	wép-mâat-dtêr
sito web (m)	เว็บไซต์	wép sai
pagina web (f)	เว็บเพจ	wép phâyt
indirizzo (m)	ที่อยู่	thêe yòo
rubrica (f) indirizzi	สมุดที่อยู่	sà-mùt thêe yòo
casella (f) di posta	กล่องจดหมายอีเมลล์	glòrng jòt mǎai ee-mayn
posta (f)	จดหมาย	jòt mǎai
troppo piena (agg)	เต็ม	dtem
messaggio (m)	ข้อความ	khôr khwaam
messaggi (m pl) in arrivo	ข้อความขาเข้า	khôr khwaam khǎa khâo
messaggi (m pl) in uscita	ข้อความขาออก	khôr khwaam khǎa òrk
mittente (m)	ผู้ส่ง	phôo sòng
inviare (vt)	ส่ง	sòng
invio (m)	การส่ง	gaan sòng
destinatario (m)	ผู้รับ	phôo ráp
ricevere (vt)	รับ	ráp
corrispondenza (f)	การติดต่อกันทางจดหมาย	gaan dtìt dtòr gan thaang jòt mǎai
essere in corrispondenza	ติดต่อกันทางจดหมาย	dtìt dtòr gan thaang jòt mǎai
file (m)	ไฟล์	fai
scaricare (vt)	ดาวน์โหลด	daao lòht
creare (vt)	สร้าง	sâang
eliminare (vt)	ลบ	lóp
eliminato (agg)	ถูกลบ	thòok lóp
connessione (f)	การเชื่อมต่อ	gaan chêuam dtòr
velocità (f)	ความเร็ว	khwaam reo
modem (m)	โมเด็ม	moh-dem
accesso (m)	การเข้าถึง	gaan khâo thěung
porta (f)	พอร์ท	phôt

collegamento (m)	การเชื่อมต่อ	gaan chêuam dtòr
collegarsi a ...	เชื่อมต่อกับ...	chêuam dtòr gàp...
scegliere (vt)	เลือก	lêuak
cercare (vt)	ค้นหา	khón hăa

167. Elettricità

elettricità (f)	ไฟฟ้า	fai fáa
elettrico (agg)	ทางไฟฟ้า	thaang fai-fáa
centrale (f) elettrica	โรงไฟฟ้า	rohng fai-fáa
energia (f)	พลังงาน	phá-lang ngaan
energia (f) elettrica	กำลังไฟฟ้า	gam-lang fai-fáa
lampadina (f)	หลอดไฟฟ้า	lòrt fai fáa
torcia (f) elettrica	ไฟฉาย	fai chăai
lampione (m)	เสาไฟถนน	săo fai thà-nŏn
luce (f)	ไฟ	fai
accendere (luce)	เปิด	bpèrt
spegnere (vt)	ปิด	bpìt
spegnere la luce	ปิดไฟ	bpìt fai
fulminarsi (vr)	ขาด	khàat
corto circuito (m)	การลัดวงจร	gaan lát wong-jon
rottura (f) (~ di un cavo)	สายขาด	săai khàat
contatto (m)	สายต่อกัน	săai dtòr gan
interruttore (m)	สวิตช์ไฟ	sà-wít fai
presa (f) elettrica	เต้าเสียบปลั๊กไฟ	dtâo sìap bplák fai
spina (f)	ปลั๊กไฟ	bplák fai
prolunga (f)	สายพ่วงไฟ	săai phûang fai
fusibile (m)	ฟิวส์	fiw
filo (m)	สายไฟ	săai fai
impianto (m) elettrico	การเดินสายไฟ	gaan dern săai fai
ampere (m)	แอมแปร์	aem-bpae
intensità di corrente	กำลังไฟฟ้า	gam-lang fai-fáa
volt (m)	โวลต์	wohn
tensione (f)	แรงดันไฟฟ้า	raeng dan fai fáa
apparecchio (m) elettrico	เครื่องใช้ไฟฟ้า	khrêuang chái fai fáa
indicatore (m)	ตัวระบุ	dtua rá-bù
elettricista (m)	ช่างไฟฟ้า	châang fai-fáa
saldare (vt)	บัดกรี	bàt-gree
saldatoio (m)	หัวแรงบัดกรี	hŭa ráeng bàt-gree
corrente (f)	กระแสไฟฟ้า	grà-săe fai fáa

168. Utensili

utensile (m)	เครื่องมือ	khrêuang meu
utensili (m pl)	เครื่องมือ	khrêuang meu

impianto (m)	อุปกรณ์	ù-bpà-gon
martello (m)	คอน	khórn
giravite (m)	ไขควง	khǎi khuang
ascia (f)	ขวาน	khwǎan
sega (f)	เลื่อย	lêuay
segare (vt)	เลื่อย	lêuay
pialla (f)	กบไสไม้	gòp sǎi máai
piallare (vt)	ไสกบ	sǎi gòp
saldatoio (m)	หัวแรงบัดกรี	hǔa ráeng bàt-gree
saldare (vt)	บัดกรี	bàt-gree
lima (f)	ตะไบ	dtà-bai
tenaglie (f pl)	คีม	kheem
pinza (f) a punte piatte	คีมปอกสายไฟ	kheem bpòk sǎai fai
scalpello (m)	สิว	sìw
punta (f) da trapano	หัวสว่าน	hǔa sà-wàan
trapano (m) elettrico	สว่านไฟฟ้า	sà-wàan fai fáa
trapanare (vt)	เจาะ	jòr
coltello (m)	มีด	mêet
coltello (m) da tasca	มีดพก	mêet phók
lama (f)	ใบ	bai
affilato (coltello ~)	คม	khom
smussato (agg)	ทื่อ	thêu
smussarsi (vr)	ทำให้...ทื่อ	tham hâi...thêu
affilare (vt)	ลับคม	láp khom
bullone (m)	สลักเกลียว	sà-làk glieow
dado (m)	แหวนสกรู	wǎen sà-groo
filettatura (f)	เกลียว	glieow
vite (f)	สกรู	sà-groo
chiodo (m)	ตะปู	dtà-bpoo
testa (f) di chiodo	หัวตะปู	hǔa dtà-bpoo
regolo (m)	ไม้บรรทัด	máai ban-thát
nastro (m) metrico	เทปวัดระยะทาง	thâyp wát rá-yá taang
livella (f)	เครื่องวัดระดับน้ำ	khrêuang wát rá-dàp náam
lente (f) d'ingradimento	แวนขยาย	wâen khà-yǎai
strumento (m) di misurazione	เครื่องมือวัด	khrêuang meu wát
misurare (vt)	วัด	wát
scala (f) graduata	อัตรา	àt-dtraa
lettura, indicazione (f)	คามิเตอร์	khâa mí-dtêr
compressore (m)	เครื่องอัดอากาศ	khrêuang àt aa-gàat
microscopio (m)	กลองจุลทัศน์	glôrng jun-la -thát
pompa (f) (~ dell'acqua)	ปั๊ม	bpám
robot (m)	หุนยนต์	hùn yon
laser (m)	เลเซอร์	lay-sêr
chiave (f)	ประแจ	bprà-jae
nastro (m) adesivo	เทปกาว	thâyp gaao

colla (f)	กาว	gaao
carta (f) smerigliata	กระดาษทราย	grà-dàat saai
molla (f)	สปริง	sà-bpring
magnete (m)	แม่เหล็ก	mâe lèk
guanti (m pl)	ถุงมือ	thŭng meu
corda (f)	เชือก	chêuak
cordone (m)	สาย	săai
filo (m) (~ del telefono)	สายไฟ	săai fai
cavo (m)	สายเคเบิล	săai khay-bêrn
mazza (f)	ค้อนขนาดใหญ่	khón khà-nàat yài
palanchino (m)	ชะแลง	chá-laeng
scala (f) a pioli	บันได	ban-dai
scala (m) a libretto	กระได	grà-dai
avvitare (stringere)	ขันเกลียวเข้า	khăn glieow khâo
svitare (vt)	ขันเกลียวออก	khăn glieow òk
stringere (vt)	ขันให้แน่น	khăn hâi náen
incollare (vt)	ติดกาว	dtìt gaao
tagliare (vt)	ตัด	dtàt
guasto (m)	ความผิดพลาด	khwaam phìt phlâat
riparazione (f)	การซ่อมแซม	gaan sôrm saem
riparare (vt)	ซ่อม	sôrm
regolare (~ uno strumento)	ปรับ	bpràp
verificare (ispezionare)	ตรวจ	dtrùat
controllo (m)	การตรวจ	gaan dtrùat
lettura, indicazione (f)	ค่ามิเตอร์	khâa mí-dtêr
sicuro (agg)	ไว้วางใจได้	wái waang jai dâai
complesso (agg)	ซับซ้อน	sáp són
arrugginire (vi)	ขึ้นสนิม	khêun sà-nĭm
arrugginito (agg)	เป็นสนิม	bpen sà-nĭm
ruggine (f)	สนิม	sà-nĭm

Mezzi di trasporto

169. Aeroplano

aereo (m)	เครื่องบิน	khrêuang bin
biglietto (m) aereo	ตั๋วเครื่องบิน	dtŭa khrêuang bin
compagnia (f) aerea	สายการบิน	săai gaan bin
aeroporto (m)	สนามบิน	sà-năam bin
supersonico (agg)	ความเร็วเหนือเสียง	khwaam reo nĕua-sĭang
comandante (m)	กัปตัน	gàp dtan
equipaggio (m)	ลูกเรือ	lôok reua
pilota (m)	นักบิน	nák bin
hostess (f)	พนักงานต้อนรับ บนเครื่องบิน	phá-nák ngaan dtôrn ráp bon khrêuang bin
navigatore (m)	ต้นหน	dtôn hŏn
ali (f pl)	ปีก	bpèek
coda (f)	หาง	hăang
cabina (f)	ห้องนักบิน	hôrng nák bin
motore (m)	เครื่องยนต์	khrêuang yon
carrello (m) d'atterraggio	โครงส่วนล่าง ของเครื่องบิน	khrorng sùan lâang khŏrng khrêuang bin
turbina (f)	กังหัน	gang-hăn
elica (f)	ใบพัด	bai phát
scatola (f) nera	กล่องดำ	glòrng dam
barra (f) di comando	คันบังคับ	khan bang-kháp
combustibile (m)	เชื้อเพลิง	chéua phlerng
safety card (f)	คู่มือความปลอดภัย	khôo meu khwaam bplòt phai
maschera (f) ad ossigeno	หน้ากากอ็อกซิเจน	nâa gàak ók sí jayn
uniforme (f)	เครื่องแบบ	khrêuang bàep
giubbotto (m) di salvataggio	เสื้อชูชีพ	sêua choo chêep
paracadute (m)	ร่มชูชีพ	rôm choo chêep
decollo (m)	การบินขึ้น	gaan bin khêun
decollare (vi)	บินขึ้น	bin khêun
pista (f) di decollo	ทางวิ่งเครื่องบิน	thaang wîng khrêuang bin
visibilità (f)	ทัศนวิสัย	thát sá ná wí-săi
volo (m)	การบิน	gaan bin
altitudine (f)	ความสูง	khwaam sŏong
vuoto (m) d'aria	หลุมอากาศ	lŭm aa-gàat
posto (m)	ที่นั่ง	thêe nâng
cuffia (f)	หูฟัง	hŏo fang
tavolinetto (m) pieghevole	ถาดพับเก็บได้	thàat pháp gèp dâai
oblò (m), finestrino (m)	หน้าต่างเครื่องบิน	nâa dtàang khrêuang bin
corridoio (m)	ทางเดิน	thaang dern

170. Treno

treno (m)	รถไฟ	rót fai
elettrotreno (m)	รถไฟชานเมือง	rót fai chaan meuang
treno (m) rapido	รถไฟด่วน	rót fai dùan
locomotiva (f) diesel	รถจักรดีเซล	rót jàk dee-sayn
locomotiva (f) a vapore	รถจักรไอน้ำ	rót jàk ai náam
carrozza (f)	ตู้โดยสาร	dtôo doi săan
vagone (m) ristorante	ตู้เสบียง	dtôo sà-biang
rotaie (f pl)	รางรถไฟ	raang rót fai
ferrovia (f)	ทางรถไฟ	thaang rót fai
traversa (f)	หมอนรองราง	mŏrn rorng raang
banchina (f) (~ ferroviaria)	ชานชลา	chaan-chá-laa
binario (m) (~ 1, 2)	ราง	raang
semaforo (m)	ไฟสัญญาณรถไฟ	fai săn-yaan rót fai
stazione (f)	สถานี	sà-thăa-nee
macchinista (m)	คนขับรถไฟ	khon khàp rót fai
portabagagli (m)	พนักงานยกกระเป๋า	phá-nák ngaan yók grà-bpăo
cuccettista (m, f)	พนักงานรถไฟ	phá-nák ngaan rót fai
passeggero (m)	ผู้โดยสาร	phôo doi săan
controllore (m)	พนักงานตรวจตั๋ว	phá-nák ngaan dtrùat dtŭa
corridoio (m)	ทางเดิน	thaang dern
freno (m) di emergenza	เบรคฉุกเฉิน	bràyk chùk-chĕrn
scompartimento (m)	ตู้นอน	dtôo norn
cuccetta (f)	เตียง	dtiang
cuccetta (f) superiore	เตียงบน	dtiang bon
cuccetta (f) inferiore	เตียงล่าง	dtiang lâang
biancheria (f) da letto	ชุดเครื่องนอน	chút khrêuang norn
biglietto (m)	ตั๋ว	dtŭa
orario (m)	ตารางเวลา	dtaa-raang way-laa
tabellone (m) orari	กระดานแสดงข้อมูล	grà daan sà-daeng khôr moon
partire (vi)	ออกเดินทาง	òrk dern thaang
partenza (f)	การออกเดินทาง	gaan òrk dern thaang
arrivare (di un treno)	มาถึง	maa thĕung
arrivo (m)	การมาถึง	gaan maa thĕung
arrivare con il treno	มาถึงโดยรถไฟ	maa thĕung doi rót fai
salire sul treno	ขึ้นรถไฟ	khêun rót fai
scendere dal treno	ลงจากรถไฟ	long jàak rót fai
deragliamento (m)	รถไฟตกราง	rót fai dtòk raang
deragliare (vi)	ตกราง	dtòk raang
locomotiva (f) a vapore	หัวรถจักรไอน้ำ	hŭa rót jàk ai náam
fuochista (m)	คนควบคุมเตาไฟ	khon khûap khum dtao fai
forno (m)	เตาไฟ	dtao fai
carbone (m)	ถ่านหิน	thàan hĭn

171. Nave

nave (f)	เรือ	reua
imbarcazione (f)	เรือ	reua
piroscafo (m)	เรือจักรไอน้ำ	reua jàk ai náam
barca (f) fluviale	เรือล่องแม่น้ำ	reua lông mâe náam
transatlantico (m)	เรือเดินสมุทร	reua dern sà-mùt
incrociatore (m)	เรือลาดตระเวน	reua lâat dtrà-wayn
yacht (m)	เรือยอชต์	reua yôt
rimorchiatore (m)	เรือลากจูง	reua lâak joong
chiatta (f)	เรือบรรทุก	reua ban-thúk
traghetto (m)	เรือข้ามฟาก	reua khâam fâak
veliero (m)	เรือใบ	reua bai
brigantino (m)	เรือใบสองเสากระโดง	reua bai sǒrng sǎo grà-dohng
rompighiaccio (m)	เรือตัดน้ำแข็ง	reua dtàt náam khǎeng
sottomarino (m)	เรือดำน้ำ	reua dam náam
barca (f)	เรือพาย	reua phaai
scialuppa (f)	เรือบดเล็ก	reua bòt lék
scialuppa (f) di salvataggio	เรือชูชีพ	reua choo chêep
motoscafo (m)	เรือยนต์	reua yon
capitano (m)	กัปตัน	gàp dtan
marittimo (m)	นาวิน	naa-win
marinaio (m)	คนเรือ	khon reua
equipaggio (m)	กะลาสี	gà-laa-sěe
nostromo (m)	สรั่ง	sà-ràng
mozzo (m) di nave	คนช่วยงานในเรือ	khon chûay ngaan nai reua
cuoco (m)	กุก	gúk
medico (m) di bordo	แพทย์เรือ	phâet reua
ponte (m)	ดาดฟ้าเรือ	dàat-fáa reua
albero (m)	เสากระโดงเรือ	sǎo grà-dohng reua
vela (f)	ใบเรือ	bai reua
stiva (f)	ท้องเรือ	thórng-reua
prua (f)	หัวเรือ	hǔa-reua
poppa (f)	ท้ายเรือ	tháai reua
remo (m)	ไม้พาย	máai phaai
elica (f)	ใบจักร	bai jàk
cabina (f)	ห้องพัก	hôrng phák
quadrato (m) degli ufficiali	ห้องอาหาร	hôrng aa-hǎan
sala (f) macchine	ห้องเครื่องยนต์	hôrng khrêuang yon
ponte (m) di comando	สะพานเดินเรือ	sà-phaan dern reua
cabina (f) radiotelegrafica	ห้องวิทยุ	hôrng wít-thá-yú
onda (f)	คลื่นความถี่	khlêun khwaam thèe
giornale (m) di bordo	สมุดบันทึก	sà-mùt ban-théuk
cannocchiale (m)	กล้องสองทางไกล	glôrng sòrng thaang glai
campana (f)	ระฆัง	rá-khang

bandiera (f)	ธง	thorng
cavo (m) (~ d'ormeggio)	เชือก	chêuak
nodo (m)	ปม	bpom
ringhiera (f)	ราว	raao
passerella (f)	ไม้พาดให้ขึ้นลงเรือ	mái phâat hâi khêun long reua
ancora (f)	สมอ	sà-mŏr
levare l'ancora	ถอนสมอ	thŏrn sà-mŏr
gettare l'ancora	ทอดสมอ	thôrt sà-mŏr
catena (f) dell'ancora	โซ่สมอเรือ	sôh sà-mŏr reua
porto (m)	ท่าเรือ	thâa reua
banchina (f)	ท่า	thâa
ormeggiarsi (vr)	จอดเทียบท่า	jòt thîap tâa
salpare (vi)	ออกจากท่า	òrk jàak tâa
viaggio (m)	การเดินทาง	gaan dern thaang
crociera (f)	การล่องเรือ	gaan lôrng reua
rotta (f)	เส้นทาง	sên thaang
itinerario (m)	เส้นทาง	sên thaang
tratto (m) navigabile	ร่องเรือเดิน	rông reua dern
secca (f)	โขด	khòht
arenarsi (vr)	เกยตื้น	goie dtêun
tempesta (f)	พายุ	phaa-yú
segnale (m)	สัญญาณ	săn-yaan
affondare (andare a fondo)	ล่ม	lôm
Uomo in mare!	คนตกเรือ!	kon dtòk reua
SOS	SOS	es-o-es
salvagente (m) anulare	ห่วงยาง	hùang yaang

172. Aeroporto

aeroporto (m)	สนามบิน	sà-năam bin
aereo (m)	เครื่องบิน	khrêuang bin
compagnia (f) aerea	สายการบิน	săai gaan bin
controllore (m) di volo	เจ้าหน้าที่ควบคุมจราจรทางอากาศ	jâo nâa-thêe khûap khum jà-raa-jon thaang aa-gàat
partenza (f)	การออกเดินทาง	gaan òrk dern thaang
arrivo (m)	การมาถึง	gaan maa thĕung
arrivare (vi)	มาถึง	maa thĕung
ora (f) di partenza	เวลาขาไป	way-laa khăa bpai
ora (f) di arrivo	เวลามาถึง	way-laa maa thĕung
essere ritardato	ถูกเลื่อน	thòok lêuan
volo (m) ritardato	เลื่อนเที่ยวบิน	lêuan thieow bin
tabellone (m) orari	กระดานแสดงข้อมูล	grà daan sà-daeng khôr moon
informazione (f)	ข้อมูล	khôr moon

annunciare (vt)	ประกาศ	bprà-gàat
volo (m)	เที่ยวบิน	thîeow bin
dogana (f)	ศุลกากร	sŭn-lá-gaa-gon
doganiere (m)	เจ้าหน้าที่ศุลกากร	jâo nâa-thêe sŭn-lá-gaa-gon
dichiarazione (f)	แบบฟอร์มการเสียภาษีศุลกากร	bàep form gaan sĭa phaa-sĕe sŭn-lá-gaa-gon
riempire (~ una dichiarazione)	กรอก	gròrk
riempire una dichiarazione	กรอกแบบฟอร์มการเสียภาษี	gròrk bàep form gaan sĭa paa-sĕe
controllo (m) passaporti	จุดตรวจหนังสือเดินทาง	jùt dtrùat năng-sĕu dern-thaang
bagaglio (m)	สัมภาระ	săm-phaa-rá
bagaglio (m) a mano	กระเป๋าถือ	grà-bpăo thĕu
carrello (m)	รถขนสัมภาระ	rót khŏn săm-phaa-rá
atterraggio (m)	การลงจอด	gaan long jòrt
pista (f) di atterraggio	ลานบินลงจอด	laan bin long jòrt
atterrare (vi)	ลงจอด	long jòrt
scaletta (f) dell'aereo	ทางขึ้นลงเครื่องบิน	thaang khêun long khrêuang bin
check-in (m)	การเช็คอิน	gaan chék in
banco (m) del check-in	เคาน์เตอร์เช็คอิน	khao-dtêr chék in
fare il check-in	เช็คอิน	chék in
carta (f) d'imbarco	บัตรที่นั่ง	bàt thêe nâng
porta (f) d'imbarco	ช่องเขา	chôrng khâo
transito (m)	การต่อเที่ยวบิน	gaan tòr thîeow bin
aspettare (vt)	รอ	ror
sala (f) d'attesa	ห้องผู้โดยสารขาออก	hôrng phôo doi săan khăa òk
accompagnare (vt)	ไปส่ง	bpai sòng
congedarsi (vr)	บอกลา	bòrk laa

173. Bicicletta. Motocicletta

bicicletta (f)	รถจักรยาน	rót jàk-grà-yaan
motorino (m)	สกูตเตอร์	sà-góot-dtêr
motocicletta (f)	รถมอเตอร์ไซค์	rót mor-dtêr-sai
andare in bicicletta	ขี่จักรยาน	khèe jàk-grà-yaan
manubrio (m)	พวงมาลัยรถ	phuang maa-lai rót
pedale (m)	แป้นเหยียบ	bpâen yìap
freni (m pl)	เบรก	bràyk
sellino (m)	ที่นั่งจักรยาน	thêe nâng jàk-grà-yaan
pompa (f)	ปั๊ม	bpám
portabagagli (m)	ที่วางสัมภาระ	thêe waang săm-phaa-rá
fanale (m) anteriore	ไฟหน้า	fai nâa
casco (m)	หมวกนิรภัย	mùak ní-rá-phai
ruota (f)	ล้อ	lór

parafango (m)	**บังโคลน**	bang khlon
cerchione (m)	**ขอบล้อ**	khòp lór
raggio (m)	**กานล้อ**	gâan lór

Automobili

174. Tipi di automobile

automobile (f)	รถยนต์	rót yon
auto (f) sportiva	รถสปอร์ต	rót sà-bpòt
limousine (f)	รถลีมูซีน	rót lee moo seen
fuoristrada (m)	รถเอสยูวี	rót àyt yoo wee
cabriolet (m)	รถยนต์เปิดประทุน	rót yon bpèrt bprà-thun
pulmino (m)	รถบัสเล็ก	rót bàt lék
ambulanza (f)	รถพยาบาล	rót phá-yaa-baan
spazzaneve (m)	รถไถหิมะ	rót thăi hì-má
camion (m)	รถบรรทุก	rót ban-thúk
autocisterna (f)	รถบรรทุกน้ำมัน	rót ban-thúk nám man
furgone (m)	รถตู้	rót dtôo
motrice (f)	รถลาก	rót lâak
rimorchio (m)	รถพ่วง	rót phûang
confortevole (agg)	สะดวก	sà-dùak
di seconda mano	มือสอง	meu sŏrng

175. Automobili. Carrozzeria

cofano (m)	กระโปรงรถ	grà bprohng rót
parafango (m)	บังโคลน	bang khlon
tetto (m)	หลังคา	lăng khaa
parabrezza (m)	กระจกหน้ารถ	grà-jòk nâa rót
retrovisore (m)	กระจกมองหลัง	grà-jòk morng lăng
lavacristallo (m)	ที่ฉีดน้ำล้าง กระจกหนารถ	thêe chèet nám láang grà-jòk nâa rót
tergicristallo (m)	ที่ปัดล้างกระจก หนารถ	thêe bpàt láang grà-jòk nâa rót
finestrino (m) laterale	กระจกข้าง	grà-jòk khâang
alzacristalli (m)	กระจกไฟฟ้า	grà-jòk fai-fáa
antenna (f)	เสาอากาศ	săo aa-gàat
tettuccio (m) apribile	หลังคารับแดด	lăng khaa ráp dàet
paraurti (m)	กันชน	gan chon
bagagliaio (m)	ท้ายรถ	tháai rót
portapacchi (m)	ชั้นวางสัมภาระ	chán waang săm-phaa-rá
portiera (f)	ประตู	bprà-dtoo
maniglia (f)	ที่เปิดประตู	thêe bpèrt bprà-dtoo
serratura (f)	ล็อคประตูรถ	lók bprà-dtoo rót

targa (f)	ป้ายทะเบียน	bpâai thá-bian
marmitta (f)	ท่อไอเสีย	thôr ai sĭa
serbatoio (m) della benzina	ถังน้ำมัน	thăng náam man
tubo (m) di scarico	ท่อไอเสีย	thôr ai sĭa

acceleratore (m)	เร่ง	râyng
pedale (m)	แป้นเหยียบ	bpâen yìap
pedale (m) dell'acceleratore	คันเร่ง	khan râyng

freno (m)	เบรก	bràyk
pedale (m) del freno	แป้นเบรค	bpâen bràyk
frenare (vi)	เบรก	bràyk
freno (m) a mano	เบรกมือ	bràyk meu

frizione (f)	คลัตช์	khlát
pedale (m) della frizione	แป้นคลัตช์	bpâen khlát
disco (m) della frizione	จานคลัตช์	jaan khlát
ammortizzatore (m)	โช้คอัพ	chóhk-àp

ruota (f)	ล้อ	lór
ruota (f) di scorta	ล้อสำรอง	lór săm-rorng
pneumatico (m)	ยางรถ	yaang rót
copriruota (m)	ล้อแม็ก	lór-máek

ruote (f pl) motrici	ล้อพวงมาลัย	lór phuang maa-lai
a trazione anteriore	ขับเคลื่อนล้อหน้า	khàp khlêuan lór nâa
a trazione posteriore	ขับเคลื่อนล้อหลัง	khàp khlêuan lór lăng
a trazione integrale	ขับเคลื่อนสี่ล้อ	khàp khlêuan sèe lór

scatola (f) del cambio	กระปุกเกียร์	grà-bpùk gia
automatico (agg)	อัตโนมัติ	àt-noh-mát
meccanico (agg)	กลไก	gon-gai
leva (f) del cambio	คันเกียร์	khan gia

faro (m)	ไฟหน้า	fai nâa
luci (f pl), fari (m pl)	ไฟหน้า	fai nâa

luci (f pl) anabbaglianti	ไฟต่ำ	fai dtàm
luci (f pl) abbaglianti	ไฟสูง	fai sŏong
luci (f pl) di arresto	ไฟเบรก	fai bràyk

luci (f pl) di posizione	ไฟจอดรถ	fai jòt rót
luci (f pl) di emergenza	ไฟฉุกเฉิน	fai chùk-chĕrn
fari (m pl) antinebbia	ไฟตัดหมอก	fai dtàt mòk
freccia (f)	ไฟเลี้ยว	fai líeow
luci (f pl) di retromarcia	ไฟรถถอย	fai rót thŏi

176. Automobili. Vano passeggeri

abitacolo (m)	ภายในรถ	phaai nai rót
di pelle	หนัง	năng
in velluto	กำมะหยี่	gam-má-yèe
rivestimento (m)	เครื่องเบาะ	khrêuang bòr
strumento (m) di bordo	อุปกรณ์	ù-bpà-gon

cruscotto (m)	แผงหน้าปัด	phăeng nâa bpàt
tachimetro (m)	มาตรวัดความเร็ว	mâat wát khwaam reo
lancetta (f)	เข็มชี้วัด	khěm chée wát
contachilometri (m)	มิเตอร์วัดระยะทาง	mí-dtêr wát rá-yá thaang
indicatore (m)	มิเตอร์วัด	mí-dtêr wát
livello (m)	ระดับ	rá-dàp
spia (f) luminosa	ไฟเตือน	fai dteuan
volante (m)	พวงมาลัยรถ	phuang maa-lai rót
clacson (m)	แตร	dtrae
pulsante (m)	ปุ่ม	bpùm
interruttore (m)	สวิตช์	sà-wít
sedile (m)	ที่นั่ง	thêe nâng
spalliera (f)	พนักพิง	phá-nák phing
appoggiatesta (m)	ที่พิงศีรษะ	thêe phing sěe-sà
cintura (f) di sicurezza	เข็มขัดนิรภัย	khěm khàt ní-rá-phai
allacciare la cintura	คาดเข็มขัดนิรภัย	khâat khěm khàt ní-rá-phai
regolazione (f)	การปรับ	gaan bpràp
airbag (m)	ถุงลมนิรภัย	thŭng lom ní-rá-phai
condizionatore (m)	เครื่องปรับอากาศ	khrêuang bpràp-aa-gàat
radio (f)	วิทยุ	wít-thá-yú
lettore (m) CD	เครื่องเล่น CD	khrêuang lên see-dee
accendere (vt)	เปิด	bpèrt
antenna (f)	เสาอากาศ	săo aa-gàat
vano (m) portaoggetti	ช่องเก็บของข้างคนขับ	chôrng gèp khŏrng khâang khon khàp
portacenere (m)	ที่เขี่ยบุหรี่	thêe khìa bù rèe

177. Automobili. Motore

motore (m)	เครื่องยนต์	khrêuang yon
motore (m)	มอเตอร์	mor-dtêr
a diesel	ดีเซล	dee-sayn
a benzina	น้ำมันเบนซิน	nám man bayn-sin
cilindrata (f)	ขนาดเครื่องยนต์	khà-nàat khrêuang yon
potenza (f)	กำลัง	gam-lang
cavallo vapore (m)	แรงม้า	raeng máa
pistone (m)	ก้านลูกสูบ	gâan lôok sòop
cilindro (m)	กระบอกสูบ	grà-bòrk sòop
valvola (f)	วาล์ว	waao
iniettore (m)	หัวฉีด	hŭa chèet
generatore (m)	เครื่องกำเนิดไฟฟ้า	khrêuang gam-nèrt fai fáa
carburatore (m)	คาร์บูเรเตอร์	khaa-boo-ray-dtêr
olio (m) motore	น้ำมันเครื่อง	nám man khrêuang
radiatore (m)	หม้อน้ำ	môr náam
liquido (m) di raffreddamento	สารทำความเย็น	săan tham khwaam yen
ventilatore (m)	พัดลมระบายความร้อน	phát lom rá-baai khwaam rón

batteria (m)	แบตเตอรี่	bàet-dter-rêe
motorino (m) d'avviamento	มอเตอร์สตาร์ต	mor-dtêr sà-dtàat
accensione (f)	การจุดระเบิด	gaan jùt rá-bèrt
candela (f) d'accensione	หัวเทียน	hǔa thian
morsetto (m)	ขั้วแบตเตอรี่	khûa bàet-dter-rêe
più (m)	ขั้วบวก	khûa bùak
meno (m)	ขั้วลบ	khûa lóp
fusibile (m)	ฟิวส์	fiw
filtro (m) dell'aria	เครื่องกรองอากาศ	khrêuang grorng aa-gàat
filtro (m) dell'olio	ไส้กรองน้ำมัน	sâi grorng nám man
filtro (m) del carburante	ไส้กรองน้ำมัน เชื้อเพลิง	sâi grorng nám man chéua phlerng

178. Automobili. Incidente. Riparazione

incidente (m)	อุบัติเหตุรถชน	u-bàt hàyt rót chon
incidente (m) stradale	อุบัติเหตุจราจร	u-bàt hàyt jà-raa-jon
sbattere contro ...	ชน	chon
avere un incidente	ชนโครม	chon khrohm
danno (m)	ความเสียหาย	khwaam sǐa hǎai
illeso (agg)	ไม่มีความเสียหาย	mâi mee khwaam sǐa hǎai
guasto (m), avaria (f)	การเสีย	gaan sǐa
essere rotto	ตาย	dtaai
cavo (m) di rimorchio	เชือกลากรถยนต์	chêuak lâak rót yon
foratura (f)	ยางรั่ว	yaang rûa
essere a terra	ทำให้ยางแบน	tham hâi yaang baen
gonfiare (vt)	เติมลมยาง	dterm lom yaang
pressione (f)	แรงดัน	raeng dan
controllare (verificare)	ตรวจสอบ	dtrùat sòrp
riparazione (f)	การซ่อม	gaan sôrm
officina (f) meccanica	ร้านซ่อมรถยนต์	ráan sôrm rót yon
pezzo (m) di ricambio	อะไหล่	a lài
pezzo (m)	ชิ้นส่วน	chín sùan
bullone (m)	สลักเกลียว	sà-làk glieow
bullone (m) a vite	สกรู	sà-groo
dado (m)	แหวนสกรู	wǎen sà-groo
rondella (f)	แหวนเล็ก	wǎen lék
cuscinetto (m)	แบริ่ง	bae-ring
tubo (m)	ท่อ	thôr
guarnizione (f)	ปะเก็น	bpà gen
filo (m), cavo (m)	สายไฟ	sǎai fai
cric (m)	แม่แรง	mâe raeng
chiave (f)	ประแจ	bprà-jae
martello (m)	ค้อน	khórn
pompa (f)	ปั๊ม	bpám
giravite (m)	ไขควง	khǎi khuang

estintore (m)	ถังดับเพลิง	thăng dàp phlerng
triangolo (m) di emergenza	ป้ายเตือน	bpâai dteuan
spegnersi (vr)	มีเครื่องดับ	mee khrêuang dàp
spegnimento (m) motore	การดับ	gaan dàp
essere rotto	เสีย	sĭa
surriscaldarsi (vr)	ร้อนเกิน	rórn gern
intasarsi (vr)	อุดตัน	ùt dtan
ghiacciarsi (di tubi, ecc.)	เยือกแข็ง	yêuak khăeng
spaccarsi (vr)	แตก	dtàek
pressione (f)	แรงดัน	raeng dan
livello (m)	ระดับ	rá-dàp
lento (cinghia ~a)	อ่อน	òrn
ammaccatura (f)	รอยบุบ	roi bùp
battito (m) (nel motore)	เสียงเครื่องยนต์ดับ	sĭang khrêuang yon dàp
fessura (f)	รอยแตก	roi dtàek
graffiatura (f)	รอยขูด	roi khòot

179. Automobili. Strada

strada (f)	ถนน	thà-nŏn
autostrada (f)	ทางหลวง	thaang lŭang
superstrada (f)	ทางด่วน	thaang dùan
direzione (f)	ทิศทาง	thít thaang
distanza (f)	ระยะทาง	rá-yá thaang
ponte (m)	สะพาน	sà-phaan
parcheggio (m)	ลานจอดรถ	laan jòrt rót
piazza (f)	จัตุรัส	jàt-dtù-ràt
svincolo (m)	ทางแยกต่างระดับ	thaang yâek dtàang rá-dàp
galleria (f), tunnel (m)	อุโมงค์	u-mohng
distributore (m) di benzina	ปั๊มน้ำมัน	bpám náam man
parcheggio (m)	ลานจอดรถ	laan jòrt rót
pompa (f) di benzina	ที่เติมน้ำมัน	thêe dterm náam man
officina (f) meccanica	ร้านซ่อมรถยนต์	ráan sôrm rót yon
fare benzina	เติมน้ำมัน	dterm náam man
carburante (m)	น้ำมันเชื้อเพลิง	nám man chéua phlerng
tanica (f)	ถังน้ำมัน	thăng náam man
asfalto (m)	ถนนลาดยาง	thà-nŏn lâat yaang
segnaletica (f) stradale	เครื่องหมายจราจรบนพื้นทาง	khrêuang măai jà-raa-jon bon phéun thaang
cordolo (m)	ขอบถนน	khòrp thà-nŏn
barriera (f) di sicurezza	รั้วกัน	rúa gân
fosso (m)	คู	khoo
ciglio (m) della strada	ข้างถนน	khâang thà-nŏn
lampione (m)	เสาไฟ	săo fai
guidare (~ un veicolo)	ขับ	khàp
girare (~ a destra)	เลี้ยว	líeow

fare un'inversione a U	กลับรถ	glàp rót
retromarcia (m)	ถอยรถ	thŏri rót
suonare il clacson	บีบแตร	bèep dtrae
colpo (m) di clacson	เสียงบีบแตร	sĭang bèep dtrae
incastrarsi (vr)	ติด	dtìt
impantanarsi (vr)	หมุนล้อ	mŭn lór
spegnere (~ il motore)	ปิด	bpìt
velocità (f)	ความเร็ว	khwaam reo
superare i limiti di velocità	ขับเร็วเกิน	khàp reo gern
multare (vt)	ให้ใบสั่ง	hâi bai sàng
semaforo (m)	ไฟสัญญาณจราจร	fai săn-yaan jà-raa-jon
patente (f) di guida	ใบขับขี่	bai khàp khèe
passaggio (m) a livello	ทางข้ามรถไฟ	thaang khâam rót fai
incrocio (m)	สี่แยก	sèe yâek
passaggio (m) pedonale	ทางม้าลาย	thaang máa laai
curva (f)	ทางโค้ง	thaang khóhng
zona (f) pedonale	ถนนคนเดิน	thà-nŏn khon dern

180. Segnaletica stradale

codice (m) stradale	กฎจราจร	gòt jà-raa-jon
segnale (m) stradale	ป้ายสัญญาณจราจร	bpâai săn-yaan jà-raa-jon
sorpasso (m)	การแซง	gaan saeng
curva (f)	การโค้ง	gaan khóhng
inversione ad U	การกลับรถ	gaan glàp rót
rotatoria (f)	วงเวียน	wong wian
divieto d'accesso	ห้ามเข้า	hâam khâo
divieto di transito	ห้ามรถเข้า	hâam rót khâo
divieto di sorpasso	ห้ามแซง	hâam saeng
divieto di sosta	ห้ามจอดรถ	hâam jòrt rót
divieto di fermata	ห้ามหยุด	hâam yùt
curva (f) pericolosa	โค้งอันตราย	khóhng an-dtà-raai
discesa (f) ripida	ทางลงลาดชัน	thaang long lâat chan
senso (m) unico	การจราจรทางเดียว	gaan jà-raa-jon thaang dieow
passaggio (m) pedonale	ทางม้าลาย	thaang máa laai
strada (f) scivolosa	ทางลื่น	thaang lêun
dare la precedenza	ให้ทาง	hâi taang

GENTE. SITUAZIONI QUOTIDIANE

Situazioni quotidiane

181. Vacanze. Evento

festa (f)	วันหยุดเฉลิมฉลอง	wan yùt chà-lĕrm chà-lŏng
festa (f) nazionale	วันชาติ	wan châat
festività (f) civile	วันหยุดนักขัตฤกษ์	wan yùt nák-kàt-rêrk
festeggiare (vt)	เฉลิมฉลอง	chà-lĕrm chà-lŏrng
avvenimento (m)	เหตุการณ์	hàyt gaan
evento (m) (organizzare un ~)	งานอีเวนต์	ngaan ee wayn
banchetto (m)	งานเลี้ยง	ngaan líang
ricevimento (m)	งานเลี้ยง	ngaan líang
festino (m)	งานฉลอง	ngaan chà-lŏrng
anniversario (m)	วันครบรอบ	wan khróp rôrp
giubileo (m)	วันครบรอบปี	wan khróp rôrp bpee
festeggiare (vt)	ฉลอง	chà-lŏrng
Capodanno (m)	ปีใหม่	bpee mài
Buon Anno!	สวัสดีปีใหม่!	sà-wàt-dee bpee mài
Babbo Natale (m)	ซานตาคลอส	saan-dtaa-khlôrt
Natale (m)	คริสต์มาส	khrít-mâat
Buon Natale!	สุขสันต์วันคริสต์มาส	sùk-săn wan khrít-mâat
Albero (m) di Natale	ต้นคริสต์มาส	dtôn khrít-mâat
fuochi (m pl) artificiali	ดอกไม้ไฟ	dòrk máai fai
nozze (f pl)	งานแต่งงาน	ngaan dtàeng ngaan
sposo (m)	เจ้าบ่าว	jâo bàao
sposa (f)	เจ้าสาว	jâo săao
invitare (vt)	เชิญ	chern
invito (m)	บัตรเชิญ	bàt chern
ospite (m)	แขก	khàek
andare a trovare	ไปเยี่ยม	bpai yîam
accogliere gli invitati	ต้อนรับแขก	dton ráp khàek
regalo (m)	ของขวัญ	khŏrng khwăn
offrire (~ un regalo)	ให้	hâi
ricevere i regali	รับของขวัญ	ráp khŏrng khwăn
mazzo (m) di fiori	ช่อดอกไม้	chôr dòrk máai
auguri (m pl)	คำแสดงความยินดี	kham sà-daeng khwaam yin-dee
augurare (vt)	แสดงความยินดี	sà-daeng khwaam yin dee

cartolina (f)	บัตรอวยพร	bàt uay phon
mandare una cartolina	ส่งโปสการ์ด	sòng bpòht-gàat
ricevere una cartolina	รับโปสการ์ด	ráp bpòht-gàat
brindisi (m)	ดื่มอวยพร	dèum uay phon
offrire (~ qualcosa da bere)	เลี้ยงเครื่องดื่ม	líang khrêuang dèum
champagne (m)	แชมเปญ	chaem-bpayn
divertirsi (vr)	มีความสุข	mee khwaam sùk
allegria (f)	ความรื่นเริง	khwaam rêun-rerng
gioia (f)	ความสุขสันต์	khwaam sùk-sǎn
danza (f), ballo (m)	การเต้น	gaan dtên
ballare (vi, vt)	เต้น	dtên
valzer (m)	วอลทซ์	wɔ:lts
tango (m)	แทงโก	thaeng-gôh

182. Funerali. Sepoltura

cimitero (m)	สุสาน	sù-sǎan
tomba (f)	หลุมศพ	lǔm sòp
croce (f)	ไม้กางเขน	mái gaang khǎyn
pietra (f) tombale	ป้ายหลุมศพ	bpâai lǔm sòp
recinto (m)	รั้ว	rúa
cappella (f)	โรงสวด	rohng sùat
morte (f)	ความตาย	khwaam dtaai
morire (vi)	ตาย	dtaai
defunto (m)	ผู้เสียชีวิต	phôo sǐa chee-wít
lutto (m)	การไว้อาลัย	gaan wái aa-lai
seppellire (vt)	ฝังศพ	fǎng sòp
sede (f) di pompe funebri	บริษัทรับจัดงานศพ	bor-rí-sàt ráp jàt ngaan sòp
funerale (m)	งานศพ	ngaan sòp
corona (f) di fiori	พวงหรีด	phuang rèet
bara (f)	โลงศพ	lohng sòp
carro (m) funebre	รถขนศพ	rót khǒn sòp
lenzuolo (m) funebre	ผ้าห่อศพ	phâa hòr sòp
corteo (m) funebre	พิธีศพ	phí-tee sòp
urna (f) funeraria	โกศ	gòht
crematorio (m)	เมรุ	mayn
necrologio (m)	ข่าวมรณกรรม	khàao mor-rá-ná-gam
piangere (vi)	ร้องไห้	rórng hâi
singhiozzare (vi)	สะอื้น	sà-êun

183. Guerra. Soldati

plotone (m)	หมวด	mùat
compagnia (f)	กองร้อย	gorng rói

reggimento (m)	กรม	grom
esercito (m)	กองทัพ	gorng tháp
divisione (f)	กองพล	gorng phon-la
distaccamento (m)	หมู่	mòo
armata (f)	กองทัพ	gorng tháp
soldato (m)	ทหาร	thá-hăan
ufficiale (m)	นายทหาร	naai thá-hăan
soldato (m) semplice	พลทหาร	phon-thá-hăan
sergente (m)	สิบเอก	sìp àyk
tenente (m)	ร้อยโท	rói thoh
capitano (m)	ร้อยเอก	rói àyk
maggiore (m)	พลตรี	phon-dtree
colonnello (m)	พันเอก	phan àyk
generale (m)	นายพล	naai phon
marinaio (m)	กะลาสี	gà-laa-sĕe
capitano (m)	กัปตัน	gàp dtan
nostromo (m)	สรั่งเรือ	sà-ràng reua
artigliere (m)	ทหารปืนใหญ่	thá-hăan bpeun yài
paracadutista (m)	พลร่ม	phon-rôm
pilota (m)	นักบิน	nák bin
navigatore (m)	ต้นหน	dtôn hŏn
meccanico (m)	ช่างเครื่อง	châang khrêuang
geniere (m)	ทหารช่าง	thá-hăan châang
paracadutista (m)	ทหารราบอากาศ	thá-hăan râap aa-gàat
esploratore (m)	ทหารพราน	thá-hăan phraan
cecchino (m)	พลซุ่มยิง	phon sûm ying
pattuglia (f)	หน่วยลาดตระเวน	nùay lâat dtrà-wayn
pattugliare (vt)	ลาดตระเวน	lâat dtrà-wayn
sentinella (f)	ทหารยาม	tá-hăan yaam
guerriero (m)	นักรบ	nák róp
patriota (m)	ผู้รักชาติ	phôo rák châat
eroe (m)	วีรบุรุษ	wee-rá-bù-rùt
eroina (f)	วีรสตรี	wee rá-sot dtree
traditore (m)	ผู้ทรยศ	phôo thor-rá-yót
tradire (vt)	ทรยศ	thor-rá-yót
disertore (m)	ทหารหนีทัพ	thá-hăan nĕe tháp
disertare (vi)	หนีทัพ	nĕe tháp
mercenario (m)	ทหารรับจ้าง	thá-hăan ráp jâang
recluta (f)	เกณฑ์ทหาร	gayn thá-hăan
volontario (m)	อาสาสมัคร	aa-săa sà-màk
ucciso (m)	คนถูกฆ่า	khon thòok khâa
ferito (m)	ผู้ได้รับบาดเจ็บ	phôo dâai ráp bàat jèp
prigioniero (m) di guerra	เชลยศึก	chá-loie sèuk

184. Guerra. Azioni militari. Parte 1

guerra (f)	สงคราม	sŏng-khraam
essere in guerra	ทำสงคราม	tham sŏng-khraam
guerra (f) civile	สงครามกลางเมือง	sŏng-khraam glaang-meuang
perfidamente	ตลบตะแลง	dtà-lòp-dtà-laeng
dichiarazione (f) di guerra	การประกาศสงคราม	gaan bprà-gàat sŏng-khraam
dichiarare (~ guerra)	ประกาศสงคราม	bprà-gàat sŏng-khraam
aggressione (f)	การรุกราน	gaan rúk-raan
attaccare (vt)	บุกรุก	bùk rúk
invadere (vt)	บุกรุก	bùk rúk
invasore (m)	ผู้บุกรุก	phôo bùk rúk
conquistatore (m)	ผู้ยึดครอง	phôo yéut khrorng
difesa (f)	การป้องกัน	gaan bpôrng gan
difendere (~ un paese)	ปกป้อง	bpòk bpôrng
difendersi (vr)	ป้องกัน	bpôrng gan
nemico (m)	ศัตรู	sàt-dtroo
avversario (m)	ข้าศึก	khâa sèuk
ostile (agg)	ศัตรู	sàt-dtroo
strategia (f)	ยุทธศาสตร์	yút-thá-sàat
tattica (f)	ยุทธวิธี	yút-thá-wí-thee
ordine (m)	คำสั่ง	kham sàng
comando (m)	คำบัญชาการ	kham ban-chaa gaan
ordinare (vt)	สั่ง	sàng
missione (f)	ภารกิจ	phaa-rá-gìt
segreto (agg)	อย่างลับ	yàang láp
battaglia (f), combattimento (m)	การรบ	gaan róp
attacco (m)	การจู่โจม	gaan jòo johm
assalto (m)	การเข้าจู่โจม	gaan khâo jòo johm
assalire (vt)	บุกจู่โจม	bùk jòo johm
assedio (m)	การโอบล้อมโจมตี	gaan òhp lóm johm dtee
offensiva (f)	การโจมตี	gaan johm dtee
passare all'offensiva	โจมตี	johm dtee
ritirata (f)	การถอย	gaan thŏi
ritirarsi (vr)	ถอย	thŏi
accerchiamento (m)	การปิดล้อม	gaan bpìt lórm
accerchiare (vt)	ปิดล้อม	bpìt lórm
bombardamento (m)	การทิ้งระเบิด	gaan thíng rá-bèrt
lanciare una bomba	ทิ้งระเบิด	thíng rá-bèrt
bombardare (vt)	ทิ้งระเบิด	thíng rá-bèrt
esplosione (f)	การระเบิด	gaan rá-bèrt
sparo (m)	การยิง	gaan ying
sparare un colpo	ยิง	ying

sparatoria (f)	การยิง	gaan ying
puntare su ...	เล็ง	leng
puntare (~ una pistola)	ชี้	chée
colpire (~ il bersaglio)	ถูกเป้าหมาย	thòok bpâo măai
affondare (mandare a fondo)	จม	jom
falla (f)	รู	roo
affondare (andare a fondo)	จม	jom
fronte (m) (~ di guerra)	แนวหน้า	naew nâa
evacuazione (f)	การอพยพ	gaan òp-phá-yóp
evacuare (vt)	อพยพ	òp-phá-yóp
trincea (f)	สนามเพลาะ	sà-năam phlór
filo (m) spinato	ลวดหนาม	lûat năam
sbarramento (m)	สิ่งกีดขวาง	sìng gèet-khwăang
torretta (f) di osservazione	หอสังเกตการณ์	hŏr săng-gàyt gaan
ospedale (m) militare	โรงพยาบาลทหาร	rohng phá-yaa-baan thá-hăan
ferire (vt)	ทำให้บาดเจ็บ	tham hâi bàat jèp
ferita (f)	แผล	phlăe
ferito (m)	ผู้ได้รับบาดเจ็บ	phôo dâai ráp bàat jèp
rimanere ferito	ได้รับบาดเจ็บ	dâai ráp bàat jèp
grave (ferita ~)	รายแรง	ráai raeng

185. Guerra. Azioni militari. Parte 2

prigionia (f)	การเป็นเชลย	gaan bpen chá-loie
fare prigioniero	จับเชลย	jàp chá-loie
essere prigioniero	เป็นเชลย	bpen chá-loie
essere fatto prigioniero	ถูกจับเป็นเชลย	thòok jàp bpen chá-loie
campo (m) di concentramento	ค่ายกักกัน	khâai gàk gan
prigioniero (m) di guerra	เชลยศึก	chá-loie sèuk
fuggire (vi)	หนี	nĕe
tradire (vt)	ทรยศ	thor-rá-yót
traditore (m)	ผู้ทรยศ	phôo thor-rá-yót
tradimento (m)	การทรยศ	gaan thor-rá-yót
fucilare (vt)	ประหาร	bprà-hăan
fucilazione (f)	การประหาร	gaan bprà-hăan
divisa (f) militare	ชุดเสื้อผ้าทหาร	chút sêua phâa thá-hăan
spallina (f)	บั้ง	bâng
maschera (f) antigas	หน้ากากกันแก๊ส	nâa gàak gan gàet
radiotrasmettitore (m)	วิทยุสนาม	wít-thá-yú sà-năam
codice (m)	รหัส	rá-hàt
complotto (m)	ความลับ	khwaam láp
parola (f) d'ordine	รหัสผ่าน	rá-hàt phàan
mina (f)	กับระเบิด	gàp rá-bèrt
minare (~ la strada)	วางกับระเบิด	waang gàp rá-bèrt

campo (m) minato	เขตทุ่นระเบิด	khàyt thûn rá-bèrt
allarme (m) aereo	สัญญาณเตือนภัย ทางอากาศ	săn-yaan dteuan phai thaang aa-gàat
allarme (m)	สัญญาณเตือนภัย	săn-yaan dteuan phai
segnale (m)	สัญญาณ	săn-yaan
razzo (m) di segnalazione	พลุสัญญาณ	phlú săn-yaan
quartier (m) generale	กองบัญชาการ	gorng ban-chaa gaan
esplorazione (m)	การลาดตระเวน	gaan lâat dtrà-wayn
situazione (f)	สถานการณ์	sà-thăan gaan
rapporto (m)	การรายงาน	gaan raai ngaan
agguato (m)	การซุ่มโจมตี	gaan sûm johm dtee
rinforzo (m)	กำลังเสริม	gam-lang sĕrm
bersaglio (m)	เป้าหมาย	bpâo măai
terreno (m) di caccia	สถานที่ทดลอง	sà-tăan thêe thót long
manovre (f pl)	การซ้อมรบ	gaan sórm róp
panico (m)	ความตื่นตระหนก	khwaam dtèun dtrà-nòk
devastazione (f)	การทำลายล้าง	gaan tham-laai láang
distruzione (m)	ซาก	sâak
distruggere (vt)	ทำลาย	tham laai
sopravvivere (vi, vt)	รอดชีวิต	rôt chee-wít
disarmare (vt)	ปลดอาวุธ	bplòt aa-wút
maneggiare (una pistola, ecc.)	ใช้	chái
Attenti!	หยุด	yùt
Riposo!	พัก	phák
atto (m) eroico	การแสดงความ กล้าหาญ	gaan sà-daeng khwaam glâa hăan
giuramento (m)	คำสาบาน	kham săa-baan
giurare (vi)	สาบาน	săa baan
decorazione (f)	รางวัล	raang-wan
decorare (qn)	มอบรางวัล	môrp raang-wan
medaglia (f)	เหรียญรางวัล	rĭan raang-wan
ordine (m) (~ al Merito)	เครื่องอิสริยาภรณ์	khrêuang ìt-sà-rí-yaa-phon
vittoria (f)	ชัยชนะ	chai chá-ná
sconfitta (m)	ความพ่ายแพ้	khwaam phâai pháe
armistizio (m)	การพักรบ	gaan phák róp
bandiera (f)	ธงรบ	thorng róp
gloria (f)	ความรุ่งโรจน์	khwaam rûng-rôht
parata (f)	ขบวนสวนสนาม	khà-buan sŭan sà-năam
marciare (in parata)	เดินสวนสนาม	dern sŭan sà-năam

186. Armi

armi (f pl)	อาวุธ	aa-wút
arma (f) da fuoco	อาวุธปืน	aa-wút bpeun

arma (f) bianca	อาวุธเย็น	aa-wút yen
armi (f pl) chimiche	อาวุธเคมี	aa-wút khay-mee
nucleare (agg)	นิวเคลียร์	niw-khlia
armi (f pl) nucleari	อาวุธนิวเคลียร์	aa-wút niw-khlia
bomba (f)	ลูกระเบิด	lôok rá-bèrt
bomba (f) atomica	ลูกระเบิดปรมาณู	lôok rá-bèrt bpà-rá-maa-noo
pistola (f)	ปืนพก	bpeun phók
fucile (m)	ปืนไรเฟิล	bpeun rai-fern
mitra (m)	ปืนกลมือ	bpeun gon meu
mitragliatrice (f)	ปืนกล	bpeun gon
bocca (f)	ปากปูระบอกปืน	bpàak bprà bòrk bpeun
canna (f)	ลำกล้อง	lam glôrng
calibro (m)	ขนาดลำกล้อง	khà-nàat lam glôrng
grilletto (m)	ไกปืน	gai bpeun
mirino (m)	ศูนย์เล็ง	sŏon leng
caricatore (m)	แม็กกาซีน	máek-gaa-seen
calcio (m)	พานท้ายปืน	phaan tháai bpeun
bomba (f) a mano	ระเบิดมือ	rá-bèrt meu
esplosivo (m)	วัตถุระเบิด	wát-thù rá-bèrt
pallottola (f)	ลูกกระสุน	lôok grà-sŭn
cartuccia (f)	ตลับกระสุน	dtà-làp grà-sŭn
carica (f)	กระสุน	grà-sŭn
munizioni (f pl)	อาวุธยุทธภัณฑ์	aa-wút yút-thá-phan
bombardiere (m)	เครื่องบินทิ้งระเบิด	khrêuang bin thíng rá-bèrt
aereo (m) da caccia	เครื่องบินขับไล่	khrêuang bin khàp lâi
elicottero (m)	เฮลิคอปเตอร์	hay-lí-khôrp-dtêr
cannone (m) antiaereo	ปืนต่อสู้อากาศยาน	bpeun dtòr sôo aa-gàat-sà-yaan
carro (m) armato	รถถัง	rót thăng
cannone (m)	ปืนรถถัง	bpeun rót thăng
artiglieria (f)	ปืนใหญ่	bpeun yài
cannone (m)	ปืน	bpeun
mirare a ...	เล็งเป้าปืน	leng bpâo bpeun
proiettile (m)	กระสุน	grà-sŭn
granata (f) da mortaio	กระสุนปืนครก	grà-sŭn bpeun khrók
mortaio (m)	ปืนครก	bpeun khrók
scheggia (f)	สะเก็ดระเบิด	sà-gèt rá-bèrt
sottomarino (m)	เรือดำน้ำ	reua dam náam
siluro (m)	ตอร์ปิโด	dtor-bpì-doh
missile (m)	ขีปนาวุธ	khĕe-bpà-naa-wút
caricare (~ una pistola)	ใส่กระสุน	sài grà-sŭn
sparare (vi)	ยิง	ying
puntare su ...	เล็ง	leng
baionetta (f)	ดาบปลายปืน	dàap bplaai bpeun

spada (f)	เรเปียร์	ray-bpia
sciabola (f)	ดาบโค้ง	dàap khóhng
lancia (f)	หอก	hòrk
arco (m)	ธนู	thá-noo
freccia (f)	ลูกธนู	lôok-thá-noo
moschetto (m)	ปืนคาบศิลา	bpeun khâap sì-laa
balestra (f)	หน้าไม้	nâa máai

187. Gli antichi

primitivo (agg)	แบบดั้งเดิม	bàep dâng derm
preistorico (agg)	ยุคก่อนประวัติศาสตร์	yúk gòn bprà-wàt sàat
antico (agg)	โบราณ	boh-raan
Età (f) della pietra	ยุคหิน	yúk hǐn
Età (f) del bronzo	ยุคสำริด	yúk săm-rít
epoca (f) glaciale	ยุคน้ำแข็ง	yúk nám khăeng
tribù (f)	เผ่า	phào
cannibale (m)	ผู้ที่กินเนื้อคน	phôo thêe gin néua khon
cacciatore (m)	นักล่าสัตว์	nák lâa sàt
cacciare (vt)	ล่าสัตว์	lâa sàt
mammut (m)	ช้างแมมมอธ	cháang-maem-môt
caverna (f), grotta (f)	ถ้ำ	thâm
fuoco (m)	ไฟ	fai
falò (m)	กองไฟ	gorng fai
pittura (f) rupestre	ภาพวาดในถ้ำ	phâap-wâat nai thâm
strumento (m) di lavoro	เครื่องมือ	khrêuang meu
lancia (f)	หอก	hòrk
ascia (f) di pietra	ขวานหิน	khwăan hǐn
essere in guerra	ทำสงคราม	tham sŏng-khraam
addomesticare (vt)	เชื่อง	chêuang
idolo (m)	เทวรูป	theu-rôop
idolatrare (vt)	บูชา	boo-chaa
superstizione (f)	ความเชื่องมงาย	khwaam chêua ngom-ngaai
rito (m)	พิธีกรรม	phí-thee gam
evoluzione (f)	วิวัฒนาการ	wí-wát-thá-naa-gaan
sviluppo (m)	การพัฒนา	gaan phát-thá-naa
estinzione (f)	การสูญพันธุ์	gaan sŏon phan
adattarsi (vr)	ปรับตัว	bpràp dtua
archeologia (f)	โบราณคดี	boh-raan khá-dee
archeologo (m)	นักโบราณคดี	nák boh-raan-ná-khá-dee
archeologico (agg)	ทางโบราณคดี	thaang boh-raan khá-dee
sito (m) archeologico	แหล่งขุดค้น	làeng khùt khón
scavi (m pl)	การขุดค้น	gaan khùt khón
reperto (m)	สิ่งที่ค้นพบ	sìng thêe khón phóp
frammento (m)	เศษชิ้นส่วน	sàyt chín sùan

188. Il Medio Evo

popolo (m)	ชาติพันธุ์	châat-dtì-phan
popoli (m pl)	ชาติพันธุ	châat-dtì-phan
tribù (f)	เผ่า	phào
tribù (f pl)	เผ่า	phào

barbari (m pl)	อนารยชน	à-naa-rá-yá-chon
galli (m pl)	ชาวโกล	chaao gloh
goti (m pl)	ชาวกอธ	chaao gòt
slavi (m pl)	ชาวสลาฟ	chaao sà-làaf
vichinghi (m pl)	ชาวไวกิ้ง	chaao wai-gîng

romani (m pl)	ชาวโรมัน	chaao roh-man
romano (agg)	โรมัน	roh-man

bizantini (m pl)	ชาวไบแซนไทน์	chaao bai-saen-tpai
Bisanzio (m)	ไบแซนเทียม	bai-saen-thiam
bizantino (agg)	ไบแซนไทน์	bai-saen-thai

imperatore (m)	จักรพรรดิ	jàk-grà-phát
capo (m)	ผู้นำ	phôo nam
potente (un re ~)	ทรงพลัง	song phá-lang
re (m)	มหากษัตริย์	má-hăa gà-sàt
governante (m) (sovrano)	ผู้ปกครอง	phôo bpòk khrorng

cavaliere (m)	อัศวิน	àt-sà-win
feudatario (m)	เจ้าครองนคร	jâo khrorng ná-khon
feudale (agg)	ระบบศักดินา	rá-bòp sàk-gà-dì naa
vassallo (m)	เจ้าของที่ดิน	jâo khŏrng thêe din

duca (m)	ดยุค	dà-yúk
conte (m)	เอิร์ล	ern
barone (m)	บารอน	baa-rorn
vescovo (m)	พระบิชอป	phrá bì-chôp

armatura (f)	เกราะ	gròr
scudo (m)	โล่	lôh
spada (f)	ดาบ	dàap
visiera (f)	กระบังหน้าของหมวก	gà-bang nâa khŏrng mùak
cotta (f) di maglia	เสื้อเกราะถัก	sêua gròr thàk

crociata (f)	สงครามครูเสด	sŏng-khraam khroo-sàyt
crociato (m)	ผู้ทำสงครามศาสนา	phôo tham sŏng-kraam sàat-sà-năa

territorio (m)	อาณาเขต	aa-naa khàyt
attaccare (vt)	โจมตี	johm dtee
conquistare (vt)	ยึดครอง	yéut khrorng
occupare (invadere)	บุกยึด	bùk yéut

assedio (m)	การโอบล้อมโจมตี	gaan òhp lóm johm dtee
assediato (agg)	ถูกล้อมกรอบ	thòok lóm gròp
assediare (vt)	ล้อมโจมตี	lóm johm dtee
inquisizione (f)	การไต่สวน	gaan dtài sŭan

inquisitore (m)	ผู้ไต่สวน	phôo dtài sŭan
tortura (f)	การทรมาน	gaan thor-rá-maan
crudele (agg)	โหดร้าย	hòht ráai
eretico (m)	ผู้นอกรีต	phôo nôrk rêet
eresia (f)	ความนอกรีต	khwaam nôrk rêet
navigazione (f)	การเดินเรือทะเล	gaan dern reua thá-lay
pirata (m)	โจรสลัด	john sà-làt
pirateria (f)	การปล้นสะดมในน่านน้ำทะเล	gaan bplôn-sà-dom nai nâan náam thá-lay
arrembaggio (m)	การบุกขึ้นเรือ	gaan bùk khêun reua
bottino (m)	ของที่ปล้นสะดมมา	khŏrng têe bplôn-sà-dom maa
tesori (m)	สมบัติ	sŏm-bàt
scoperta (f)	การค้นพบ	gaan khón phóp
scoprire (~ nuove terre)	ค้นพบ	khón phóp
spedizione (f)	การสำรวจ	gaan săm-rùat
moschettiere (m)	ทหารถือปืนคาบศิลา	thá-hăan thĕu bpeun khâap sì-laa
cardinale (m)	พระคาร์ดินัล	phrá khaa-dì-nan
araldica (f)	มุทราศาสตร์	mút-raa sàat
araldico (agg)	ทางมุทราศาสตร์	thaang mút-raa sàat

189. Leader. Capo. Le autorità

re (m)	ราชา	raa-chaa
regina (f)	ราชินี	raa-chí-nee
reale (agg)	เกี่ยวกับราชวงศ์	gìeow gàp râat-cha-wong
regno (m)	ราชอาณาจักร	râat aa-naa jàk
principe (m)	เจ้าชาย	jâo chaai
principessa (f)	เจ้าหญิง	jâo yĭng
presidente (m)	ประธานาธิบดี	bprà-thaa-naa-thí-bor-dee
vicepresidente (m)	รองประธานาธิบดี	rorng bprà-thaa-naa-thí-bor-dee
senatore (m)	สมาชิกวุฒิสภา	sà-maa-chík wút-thí sà-phaa
monarca (m)	กษัตริย์	gà-sàt
governante (m) (sovrano)	ผู้ปกครอง	phôo bpòk khrorng
dittatore (m)	เผด็จการ	phà-dèt gaan
tiranno (m)	ทรราช	thor-rá-râat
magnate (m)	ผู้มีอิทธิพลสูง	phôo mee ìt-thí phon sŏong
direttore (m)	ผู้อำนวยการ	phôo am-nuay gaan
capo (m)	หัวหน้า	hŭa-nâa
dirigente (m)	ผู้จัดการ	phôo jàt gaan
capo (m)	หัวหน้า	hŭa-nâa
proprietario (m)	เจ้าของ	jâo khŏrng
leader (m)	ผู้นำ	phôo nam
capo (m) (~ delegazione)	หัวหน้า	hŭa-nâa

autorità (f pl)	เจ้าหน้าที่	jâo nâa-thêe
superiori (m pl)	ผู้บังคับบัญชา	phôo bang-kháp ban-chaa
governatore (m)	ผู้ว่าการ	phôo wâa gaan
console (m)	กงสุล	gong-sŭn
diplomatico (m)	นักการทูต	nák gaan thôot
sindaco (m)	นายกเทศมนตรี	naa-yók thâyt-sà-mon-dtree
sceriffo (m)	นายอำเภอ	naai am-pher
imperatore (m)	จักรพรรดิ	jàk-grà-phát
zar (m)	ซาร์	saa
faraone (m)	ฟาโรห์	faa-roh
khan (m)	ขาน	khàan

190. Strada. Via. Indicazioni

strada (f)	ถนน	thà-nŏn
cammino (m)	ทิศทาง	thít thaang
superstrada (f)	ทางด่วน	thaang dùan
autostrada (f)	ทางหลวง	thaang lŭang
strada (f) statale	ทางหลวงอินเตอร์สเตต	thaang lŭang in-dtèrt-dtàyt
strada (f) principale	ถนนใหญ่	thà-nŏn yài
strada (f) sterrata	ถนนลูกรัง	thà-nŏn loo-grang
viottolo (m)	ทางเดิน	thaang dern
sentiero (m)	ทางเดิน	thaang dern
Dove? (~ è?)	ที่ไหน?	thêe năi
Dove? (~ vai?)	ที่ไหน?	thêe năi
Di dove?, Da dove?	จากที่ไหน?	jàak thêe năi
direzione (f)	ทิศทาง	thít thaang
indicare (~ la strada)	ชี้	chée
a sinistra (girare ~)	ทางซ้าย	thaang sáai
a destra (girare ~)	ทางขวา	thaang khwăa
dritto (avv)	ตรงไป	dtrorng bpai
indietro (tornare ~)	กลับ	glàp
curva (f)	ทางโค้ง	thaang khóhng
girare (~ a destra)	เลี้ยว	líeow
fare un'inversione a U	กลับรถ	glàp rót
essere visibile	มองเห็นได้	morng hĕn dâai
apparire (vi)	ปรากฏ	bpraa-gòt
sosta (f) (breve fermata)	การหยุด	gaan yùt
riposarsi, fermarsi (vr)	พัก	phák
riposo (m)	การหยุดพัก	gaan yùt phák
perdersi (vr)	หลงทาง	lŏng thaang
portare verso ...	ไปสู่	bpai sòo

raggiungere (arrivare a)	ออกมาถึง	òrk maa thěung
tratto (m) di strada	ส่วน	sùan
asfalto (m)	ถนนลาดยาง	thà-nŏn lâat yaang
cordolo (m)	ขอบถนน	khòrp thà-nŏn
fosso (m)	คูน้ำ	khoo náam
tombino (m)	ฝาท่อระบายน้ำ	făa thôr rá-baai nám
ciglio (m) della strada	ข้างถนน	khâang thà-nŏn
buca (f)	หลุม	lŭm
andare (a piedi)	ไป	bpai
sorpassare (vt)	แซง	saeng
passo (m)	ก้าวเดิน	gâao dern
a piedi	เดินเท้า	dern tháo
sbarrare (~ la strada)	กีดขวาง	gèet khwăang
sbarra (f)	แขนกั้นรถ	khăen gân rót
vicolo (m) cieco	ทางตัน	thaang dtan

191. Infrangere la legge. Criminali. Parte 1

bandito (m)	โจร	john
delitto (m)	อาชญากรรม	àat-yaa-gam
criminale (m)	อาชญากร	àat-yaa-gon
ladro (m)	ขโมย	khà-moi
rubare (vi, vt)	ขโมย	khà-moi
ruberia (f)	การลักขโมย	gaan lák khà-moi
reato (m) di furto	การลักทรัพย์	gaan lák sáp
rapire (vt)	ลักพาตัว	lák phaa dtua
rapimento (m)	การลักพาตัว	gaan lák phaa dtua
rapitore (m)	ผู้ลักพาตัว	phôo lák phaa dtua
riscatto (m)	ค่าไถ่	khâa thài
chiedere il riscatto	เรียกเงินค่าไถ่	rîak ngern khâa thài
rapinare (vt)	ปล้น	bplôn
rapina (f)	การปล้น	gaan bplôn
rapinatore (m)	ขโมยขโจร	khà-moi khà-john
estorcere (vt)	รีดไถ	rêet thăi
estorsore (m)	ผู้รีดไถ	phôo rêet thăi
estorsione (f)	การรีดไถ	gaan rêet thăi
uccidere (vt)	ฆ่า	khâa
assassinio (m)	ฆาตกรรม	khâat-dtà-gaam
assassino (m)	ฆาตกร	khâat-dtà-gon
sparo (m)	การยิงปืน	gaan ying bpeun
tirare un colpo	ยิง	ying
abbattere (con armi da fuoco)	ยิงให้ตาย	ying hâi dtaai
sparare (vi)	ยิง	ying

sparatoria (f)	การยิง	gaan ying
incidente (m) (rissa, ecc.)	เหตุการณ์	hàyt gaan
rissa (f)	การต่อสู้	gaan dtòr sôo
Aiuto!	ขอช่วย	khŏr chûay
vittima (f)	เหยื่อ	yèua
danneggiare (vt)	ทำความเสียหาย	tham khwaam sĭa hăai
danno (m)	ความเสียหาย	khwaam sĭa hăai
cadavere (m)	ศพ	sòp
grave (reato ~)	ร้ายแรง	ráai raeng
aggredire (vt)	จู่โจม	jòo johm
picchiare (vt)	ตี	dtee
malmenare (picchiare)	ซ้อม	sórm
sottrarre (vt)	ปล้น	bplôn
accoltellare a morte	แทงให้ตาย	thaeng hâi dtaai
mutilare (vt)	ทำให้บาดเจ็บสาหัส	tham hâi bàat jèp săa hàt
ferire (vt)	บาด	bàat
ricatto (m)	การกรรโชก	gaan-gan-chôhk
ricattare (vt)	กรรโชก	gan-chôhk
ricattatore (m)	ผู้ขู่กรรโชก	phôo khòo gan-chôhk
estorsione (f)	การคุมครองผิดกฎหมาย	gaan khum khrorng phìt gòt măai
estortore (m)	ผู้ที่หาเงินจากกิจกรรมที่ผิดกฎหมาย	phôo thêe hăa ngern jàak gìt-jà-gam thêe phìt gòt măai
gangster (m)	เหล่าร้าย	lào ráai
mafia (f)	มาเฟีย	maa-fia
borseggiatore (m)	ขโมยล้วงกระเป๋า	khà-moi lúang grà-bpăo
scassinatore (m)	ขโมยย่องเบา	khà-moi yông bao
contrabbando (m)	การลักลอบ	gaan lák-lôrp
contrabbandiere (m)	ผู้ลักลอบ	phôo lák lôrp
falsificazione (f)	การปลอมแปลง	gaan bplorm bplaeng
falsificare (vt)	ปลอมแปลง	bplorm bplaeng
falso, falsificato (agg)	ปลอม	bplorm

192. Infrangere la legge. Criminali. Parte 2

stupro (m)	การข่มขืน	gaan khòm khĕun
stuprare (vt)	ข่มขืน	khòm khĕun
stupratore (m)	โจรข่มขืน	john khòm khĕun
maniaco (m)	คนบ้า	khon bâa
prostituta (f)	โสเภณี	sŏh-phay-nee
prostituzione (f)	การค้าประเวณี	gaan kháa bprà-way-nee
magnaccia (m)	แมงดา	maeng-daa
drogato (m)	ผู้ติดยาเสพติด	phôo dtìt yaa-sàyp-dtìt
trafficante (m) di droga	พ่อค้ายาเสพติด	phôr kháa yaa-sàyp-dtìt
far esplodere	ระเบิด	rá-bèrt

esplosione (f)	การระเบิด	gaan rá-bèrt
incendiare (vt)	เผา	phǎo
incendiario (m)	ผู้ลอบวางเพลิง	phôo lôp waang phlerng
terrorismo (m)	การก่อการร้าย	gaan gòr gaan ráai
terrorista (m)	ผู้ก่อการร้าย	phôo gòr gaan ráai
ostaggio (m)	ตัวประกัน	dtua bprà-gan
imbrogliare (vt)	ล่อลวง	lôr luang
imbroglio (m)	การล่อลวง	gaan lôr luang
imbroglione (m)	นักต้มตุ๋น	nák dtôm dtǔn
corrompere (vt)	ติดสินบน	dtìt sǐn-bon
corruzione (f)	การติดสินบน	gaan dtìt sǐn-bon
bustarella (f)	สินบน	sǐn bon
veleno (m)	ยาพิษ	yaa phít
avvelenare (vt)	วางยาพิษ	waang-yaa phít
avvelenarsi (vr)	กินยาตาย	gin yaa dtaai
suicidio (m)	การฆ่าตัวตาย	gaan khâa dtua dtaai
suicida (m)	ผู้ฆ่าตัวตาย	phôo khâa dtua dtaai
minacciare (vt)	ขู่	khòo
minaccia (f)	คำขู่	kham khòo
attentare (vi)	พยายามฆ่า	phá-yaa-yaam khâa
attentato (m)	การพยายามฆ่า	gaan phá-yaa-yaam khâa
rubare (~ una macchina)	จี้	jêe
dirottare (~ un aereo)	จี้	jêe
vendetta (f)	การแก้แค้น	gaan gâe kháen
vendicare (vt)	แก้แค้น	gâe kháen
torturare (vt)	ทรมาณ	thon-maan
tortura (f)	การทรมาน	gaan thor-rá-maan
maltrattare (vt)	ทำทารุณ	tam taa-run
pirata (m)	โจรสลัด	john sà-làt
teppista (m)	นักเลง	nák-layng
armato (agg)	มีอาวุธ	mee aa-wút
violenza (f)	ความรุนแรง	khwaam run raeng
illegale (agg)	ผิดกฎหมาย	phìt gòt mǎai
spionaggio (m)	จารกรรม	jaa-rá-gam
spiare (vi)	ลวงความลับ	lúang khwaam láp

193. Polizia. Legge. Parte 1

giustizia (f)	ยุติธรรม	yút-dtì-tham
tribunale (m)	ศาล	sǎan
giudice (m)	ผู้พิพากษา	phôo phí-phâak-sǎa
giurati (m)	ลูกขุน	lôok khǔn

processo (m) con giuria	การไต่สวนคดี แบบมีลูกขุน	gaan dtài sŭan khá-dee bàep mee lôok khŭn
giudicare (vt)	พิพากษา	phí-phâak-săa
avvocato (m)	ทนายความ	thá-naai khwaam
imputato (m)	จำเลย	jam loie
banco (m) degli imputati	คอกจำเลย	khôrk jam loie
accusa (f)	ข้อกล่าวหา	khôr glàao hăa
accusato (m)	ถูกกล่าวหา	thòok glàao hăa
condanna (f)	การลงโทษ	gaan long thôht
condannare (vt)	พิพากษา	phí-phâak-săa
colpevole (m)	ผู้กระทำความผิด	phôo grà-tham khwaam phìt
punire (vt)	ลงโทษ	long thôht
punizione (f)	การลงโทษ	gaan long thôht
multa (f), ammenda (f)	ปรับ	bpràp
ergastolo (m)	การจำคุก ตลอดชีวิต	gaan jam khúk dtà-lòt chee-wít
pena (f) di morte	โทษประหาร	thôht-bprà-hăan
sedia (f) elettrica	เก้าอี้ไฟฟ้า	gâo-êe fai-fáa
impiccagione (f)	ตะแลงแกง	dtà-laeng-gaeng
giustiziare (vt)	ประหาร	bprà-hăan
esecuzione (f)	การประหาร	gaan bprà-hăan
prigione (f)	คุก	khúk
cella (f)	ห้องขัง	hôrng khăng
scorta (f)	ผู้ควบคุมตัว	phôo khûap khum dtua
guardia (f) carceraria	ผู้คุม	phôo khum
prigioniero (m)	นักโทษ	nák thôht
manette (f pl)	กุญแจมือ	gun-jae meu
mettere le manette	ใส่กุญแจมือ	sài gun-jae meu
fuga (f)	การแหกคุก	gaan hàek khúk
fuggire (vi)	แหก	hàek
scomparire (vi)	หายตัวไป	hăai dtua bpai
liberare (vt)	ถูกปล่อยตัว	thòok bplòi dtua
amnistia (f)	การนิรโทษกรรม	gaan ní-rá-thôht gam
polizia (f)	ตำรวจ	dtam-rùat
poliziotto (m)	เจ้าหน้าที่ตำรวจ	jâo nâa-thêe dtam-rùat
commissariato (m)	สถานีตำรวจ	sà-thăa-nee dtam-rùat
manganello (m)	กระบองตำรวจ	grà-bong dtam-rùat
altoparlante (m)	โทรโข่ง	toh-ra -khòhng
macchina (f) di pattuglia	รถลาดตระเวน	rót lâat dtrà-wayn
sirena (f)	หวอ	wŏr
mettere la sirena	เปิดหวอ	bpèrt wŏr
suono (m) della sirena	เสียงหวอ	sĭang wŏr
luogo (m) del crimine	ที่เกิดเหตุ	thêe gèrt hàyt
testimone (m)	พยาน	phá-yaan

libertà (f)	อิสระ	ìt-sà-rà
complice (m)	ผู้ร่วมกระทำผิด	phôo rûam grà-tham phìt
fuggire (vi)	หนี	něe
traccia (f)	ร่องรอย	rông roi

194. Polizia. Legge. Parte 2

ricerca (f) (~ di un criminale)	การสืบสวน	gaan sèup sŭan
cercare (vt)	หาตัว	hăa dtua
sospetto (m)	ความสงสัย	khwaam sŏng-săi
sospetto (agg)	น่าสงสัย	nâa sŏng-săi
fermare (vt)	เรียกให้หยุด	rîak hâi yùt
arrestare (qn)	กักตัว	gàk dtua
causa (f)	คดี	khá-dee
inchiesta (f)	การสืบสวน	gaan sèup sŭan
detective (m)	นักสืบ	nák sèup
investigatore (m)	นักสอบสวน	nák sòrp sŭan
versione (f)	สันนิษฐาน	săn-nít-thăan
movente (m)	เหตุจูงใจ	hàyt joong jai
interrogatorio (m)	การสอบปากคำ	gaan sòp bpàak kham
interrogare (sospetto)	สอบสวน	sòrp sŭan
interrogare (vicini)	ไถ่ถาม	thài thăam
controllo (m) (~ di polizia)	การตรวจสอบ	gaan dtrùat sòp
retata (f)	การรวบตัว	gaan rûap dtua
perquisizione (f)	การตรวจค้น	gaan dtrùat khón
inseguimento (m)	การไล่ล่า	gaan lâi lâa
inseguire (vt)	ไล่ล่า	lâi lâa
essere sulle tracce	สืบ	sèup
arresto (m)	การจับกุม	gaan jàp gum
arrestare (qn)	จับกุม	jàp gum
catturare (~ un ladro)	จับ	jàp
cattura (f)	การจับ	gaan jàp
documento (m)	เอกสาร	àyk săan
prova (f), reperto (m)	หลักฐาน	làk thăan
provare (vt)	พิสูจน์	phí-sòot
impronta (f) del piede	รอยเท้า	roi tháo
impronte (f pl) digitali	รอยนิ้วมือ	roi níw meu
elemento (m) di prova	หลักฐาน	làk thăan
alibi (m)	ข้อแก้ตัว	khôr gâe dtua
innocente (agg)	พ้นผิด	phón phìt
ingiustizia (f)	ความอยุติธรรม	khwaam a-yút-dtì-tam
ingiusto (agg)	ไม่เป็นธรรม	mâi bpen-tham
criminale (agg)	อาชญากร	àat-yaa-gon
confiscare (vt)	ยึด	yéut
droga (f)	ยาเสพติด	yaa sàyp dtìt
armi (f pl)	อาวุธ	aa-wút
disarmare (vt)	ปลดอาวุธ	bplòt aa-wút

ordinare (vt)	**ออกคำสั่ง**	òrk kham sàng
sparire (vi)	**หายตัวไป**	hǎai dtua bpai
legge (f)	**กฎหมาย**	gòt mǎai
legale (agg)	**ตามกฎหมาย**	dtaam gòt mǎai
illegale (agg)	**ผิดกฎหมาย**	phìt gòt mǎai
responsabilità (f)	**ความรับผิดชอบ**	khwaam ráp phìt chôp
responsabile (agg)	**รับผิดชอบ**	ráp phìt chôp

LA NATURA

La Terra. Parte 1

195. L'Universo

cosmo (m)	อวกาศ	a-wá-gàat
cosmico, spaziale (agg)	ทางอวกาศ	thang a-wá-gàat
spazio (m) cosmico	อวกาศ	a-wá-gàat
mondo (m)	โลก	lôhk
universo (m)	จักรวาล	jàk-grà-waan
galassia (f)	ดาราจักร	daa-raa jàk
stella (f)	ดาว	daao
costellazione (f)	กลุ่มดาว	glùm daao
pianeta (m)	ดาวเคราะห์	daao khrór
satellite (m)	ดาวเทียม	daao thiam
meteorite (m)	ดาวตก	daao dtòk
cometa (f)	ดาวหาง	daao hǎang
asteroide (m)	ดาวเคราะห์น้อย	daao khrór nói
orbita (f)	วงโคจร	wong khoh-jon
ruotare (vi)	เวียน	wian
atmosfera (f)	บรรยากาศ	ban-yaa-gàat
il Sole	ดวงอาทิตย์	duang aa-thít
sistema (m) solare	ระบบสุริยะ	rá-bòp sù-rí-yá
eclisse (f) solare	สุริยุปราคา	sù-rí-yú-bpà-raa-kaa
la Terra	โลก	lôhk
la Luna	ดวงจันทร์	duang jan
Marte (m)	ดาวอังคาร	daao ang-khaan
Venere (f)	ดาวศุกร์	daao sùk
Giove (m)	ดาวพฤหัส	daao phá-réu-hàt
Saturno (m)	ดาวเสาร์	daao sǎo
Mercurio (m)	ดาวพุธ	daao phút
Urano (m)	ดาวยูเรนัส	daao-yoo-ray-nát
Nettuno (m)	ดาวเนปจูน	daao-nâyp-joon
Plutone (m)	ดาวพลูโต	daao phloo-dtoh
Via (f) Lattea	ทางช้างเผือก	thaang cháang phèuak
Orsa (f) Maggiore	กลุ่มดาวหมีใหญ่	glùm daao měe yài
Stella (f) Polare	ดาวเหนือ	daao něua
marziano (m)	ชาวดาวอังคาร	chaao daao ang-khaan
extraterrestre (m)	มนุษย์ต่างดาว	má-nút dtàang daao

alieno (m)	มนุษย์ต่างดาว	má-nút dtàang daao
disco (m) volante	จานบิน	jaan bin
nave (f) spaziale	ยานอวกาศ	yaan a-wá-gàat
stazione (f) spaziale	สถานีอวกาศ	sà-thăa-nee a-wá-gàat
lancio (m)	การปล่อยจรวด	gaan bplòi jà-rùat
motore (m)	เครื่องยนต์	khrêuang yon
ugello (m)	ท่อไอพ่น	thôr ai phôn
combustibile (m)	เชื้อเพลิง	chéua phlerng
cabina (f) di pilotaggio	ที่นั่งคนขับ	thêe nâng khon khàp
antenna (f)	เสาอากาศ	săo aa-gàat
oblò (m)	ช่อง	chôrng
batteria (f) solare	อุปกรณ์พลังงานแสงอาทิตย์	ù-bpà-gon phá-lang ngaan săeng aa-thít
scafandro (m)	ชุดอวกาศ	chút a-wá-gàat
imponderabilità (f)	สภาพไร้น้ำหนัก	sà-phâap rái nám nàk
ossigeno (m)	อ็อกซิเจน	ók sí jayn
aggancio (m)	การเทียบท่า	gaan thîap thâa
agganciarsi (vr)	เทียบท่า	thîap thâa
osservatorio (m)	หอดูดาว	hŏr doo daao
telescopio (m)	กล้องโทรทรรศน์	glôrng thoh-rá-thát
osservare (vt)	เฝ้าสังเกต	fâo săng-gàyt
esplorare (vt)	สำรวจ	săm-rùat

196. La Terra

la Terra	โลก	lôhk
globo (m) terrestre	ลูกโลก	lôok lôhk
pianeta (m)	ดาวเคราะห์	daao khrór
atmosfera (f)	บรรยากาศ	ban-yaa-gàat
geografia (f)	ภูมิศาสตร์	phoo-mí-sàat
natura (f)	ธรรมชาติ	tham-má-châat
mappamondo (m)	ลูกโลก	lôok lôhk
carta (f) geografica	แผนที่	phăen thêe
atlante (m)	หนังสือแผนที่โลก	năng-sĕu phăen thêe lôhk
Europa (f)	ยุโรป	yú-ròhp
Asia (f)	เอเชีย	ay-chia
Africa (f)	แอฟริกา	àef-rí-gaa
Australia (f)	ออสเตรเลีย	òrt-dtray-lia
America (f)	อเมริกา	a-may-rí-gaa
America (f) del Nord	อเมริกาเหนือ	a-may-rí-gaa nĕua
America (f) del Sud	อเมริกาใต้	a-may-rí-gaa dtâi
Antartide (f)	แอนตาร์กติกา	aen-dtàak-dtì-gaa
Artico (m)	อาร์กติค	àak-dtìk

197. Punti cardinali

nord (m)	เหนือ	něua
a nord	ทิศเหนือ	thít něua
al nord	ที่ภาคเหนือ	thêe phâak něua
del nord (agg)	ทางเหนือ	thaang něua
sud (m)	ใต้	dtâi
a sud	ทิศใต้	thít dtâi
al sud	ที่ภาคใต้	thêe phâak dtâi
del sud (agg)	ทางใต้	thaang dtâi
ovest (m)	ตะวันตก	dtà-wan dtòk
a ovest	ทิศตะวันตก	thít dtà-wan dtòk
all'ovest	ที่ภาคตะวันตก	thêe phâak dtà-wan dtòk
dell'ovest, occidentale	ทางตะวันตก	thaang dtà-wan dtòk
est (m)	ตะวันออก	dtà-wan òrk
a est	ทิศตะวันออก	thít dtà-wan òrk
all'est	ที่ภาคตะวันออก	thêe phâak dtà-wan òrk
dell'est, orientale	ทางตะวันออก	thaang dtà-wan òrk

198. Mare. Oceano

mare (m)	ทะเล	thá-lay
oceano (m)	มหาสมุทร	má-hăa sà-mùt
golfo (m)	อ่าว	àao
stretto (m)	ช่องแคบ	chôrng khâep
terra (f) (terra firma)	พื้นดิน	phéun din
continente (m)	ทวีป	thá-wêep
isola (f)	เกาะ	gòr
penisola (f)	คาบสมุทร	khâap sà-mùt
arcipelago (m)	หมู่เกาะ	mòo gòr
baia (f)	อ่าว	àao
porto (m)	ท่าเรือ	thâa reua
laguna (f)	ลากูน	laa-goon
capo (m)	แหลม	lăem
atollo (m)	อะทอลล์	à-thorn
scogliera (f)	แนวปะการัง	naew bpà-gaa-rang
corallo (m)	ปะการัง	bpà gaa-rang
barriera (f) corallina	แนวปะการัง	naew bpà-gaa-rang
profondo (agg)	ลึก	léuk
profondità (f)	ความลึก	khwaam léuk
abisso (m)	หุบเหวลึก	hùp wăy léuk
fossa (f) (~ delle Marianne)	ร่องลึกก้นสมุทร	rông léuk gôn sà-mùt
corrente (f)	กระแสน้ำ	grà-săe náam
circondare (vt)	ล้อมรอบ	lórm rôrp

litorale (m)	ชายฝั่ง	chaai fàng
costa (f)	ชายฝั่ง	chaai fàng
alta marea (f)	น้ำขึ้น	náam khêun
bassa marea (f)	น้ำลง	náam long
banco (m) di sabbia	หาดตื้น	hàat dtêun
fondo (m)	ก้นทะเล	gôn thá-lay
onda (f)	คลื่น	khlêun
cresta (f) dell'onda	ม้วนคลื่น	múan khlêun
schiuma (f)	ฟองคลื่น	forng khlêun
tempesta (f)	พายุ	phaa-yú
uragano (m)	พายุเฮอร์ริเคน	phaa-yú her-rí-khayn
tsunami (m)	คลื่นยักษ์	khlêun yák
bonaccia (f)	ภาวะไร้ลมพัด	phaa-wá rái lom phát
tranquillo (agg)	สงบ	sà-ngòp
polo (m)	ขั้วโลก	khûa lôhk
polare (agg)	ขั้วโลก	khûa lôhk
latitudine (f)	เส้นรุ้ง	sên rúng
longitudine (f)	เส้นแวง	sên waeng
parallelo (m)	เส้นขนาน	sên khà-năan
equatore (m)	เส้นศูนย์สูตร	sên sŏon sòot
cielo (m)	ท้องฟ้า	thórng fáa
orizzonte (m)	ขอบฟ้า	khòrp fáa
aria (f)	อากาศ	aa-gàat
faro (m)	ประภาคาร	bprà-phaa-khaan
tuffarsi (vr)	ดำ	dam
affondare (andare a fondo)	จม	jom
tesori (m)	สมบัติ	sŏm-bàt

199. Nomi dei mari e degli oceani

Oceano (m) Atlantico	มหาสมุทรแอตแลนติก	má-hăa sà-mùt àet-laen-dtìk
Oceano (m) Indiano	มหาสมุทรอินเดีย	má-hăa sà-mùt in-dia
Oceano (m) Pacifico	มหาสมุทรแปซิฟิก	má-hăa sà-mùt bpae-sí-fík
mar (m) Glaciale Artico	มหาสมุทรอาร์คติก	má-hăa sà-mùt aa-ká-dtìk
mar (m) Nero	ทะเลดำ	thá-lay dam
mar (m) Rosso	ทะเลแดง	thá-lay daeng
mar (m) Giallo	ทะเลเหลือง	thá-lay lĕuang
mar (m) Bianco	ทะเลขาว	thá-lay khăao
mar (m) Caspio	ทะเลแคสเปียน	thá-lay khâet-bpian
mar (m) Morto	ทะเลเดดซี	thá-lay dàyt-see
mar (m) Mediterraneo	ทะเลเมดิเตอร์เรเนียน	thá-lay may-dì-dtêr-ray-nian
mar (m) Egeo	ทะเลเอเจี้ยน	thá-lay ay-jîan
mar (m) Adriatico	ทะเลเอเดรียติก	thá-lay ay-day-ree-yá-dtìk
mar (m) Arabico	ทะเลอาหรับ	thá-lay aa-ràp

mar (m) del Giappone	ทะเลญี่ปุ่น	thá-lay yêe-bpùn
mare (m) di Bering	ทะเลเบริ่ง	thá-lay bae-rîng
mar (m) Cinese meridionale	ทะเลจีนใต้	thá-lay jeen-dtâi
mar (m) dei Coralli	ทะเลคอรัล	thá-lay khor-ran
mar (m) di Tasman	ทะเลแทสมัน	thá-lay thâet man
mar (m) dei Caraibi	ทะเลแคริบเบียน	thá-lay khae-ríp-bian
mare (m) di Barents	ทะเลบาเรนท์	thá-lay baa-rayn
mare (m) di Kara	ทะเลคารา	thá-lay khaa-raa
mare (m) del Nord	ทะเลเหนือ	thá-lay nĕua
mar (m) Baltico	ทะเลบอลติก	thá-lay bon-dtìk
mare (m) di Norvegia	ทะเลนอรเวย์	thá-lay nor-rá-way

200. Montagne

monte (m), montagna (f)	ภูเขา	phoo khăo
catena (f) montuosa	ทิวเขา	thiw khăo
crinale (m)	สันเขา	săn khăo
cima (f)	ยอดเขา	yôrt khăo
picco (m)	ยอด	yôrt
piedi (m pl)	ตีนเขา	dteun khăo
pendio (m)	ไหลเขา	lài khăo
vulcano (m)	ภูเขาไฟ	phoo khăo fai
vulcano (m) attivo	ภูเขาไฟมีพลัง	phoo khăo fai mee phá-lang
vulcano (m) inattivo	ภูเขาไฟที่ดับแล้ว	phoo khăo fai thêe dàp láew
eruzione (f)	ภูเขาไฟระเบิด	phoo khăo fai rá-bèrt
cratere (m)	ปล่องภูเขาไฟ	bplòng phoo khăo fai
magma (m)	หินหนืด	hĭn nèut
lava (f)	ลาวา	laa-waa
fuso (lava ~a)	หลอมเหลว	lŏrm lĕo
canyon (m)	หุบเขาลึก	hùp khăo léuk
gola (f)	ช่องเขา	chôrng khăo
crepaccio (m)	รอยแตกภูเขา	roi dtàek phoo khăo
precipizio (m)	หุบเหวลึก	hùp wăy léuk
passo (m), valico (m)	ทางผ่าน	thaang phàan
altopiano (m)	ที่ราบสูง	thêe râap sŏong
falesia (f)	หน้าผา	nâa phăa
collina (f)	เนินเขา	nern khăo
ghiacciaio (m)	ธารน้ำแข็ง	thaan náam khăeng
cascata (f)	น้ำตก	nám dtòk
geyser (m)	น้ำพุร้อน	nám phú rórn
lago (m)	ทะเลสาบ	thá-lay sàap
pianura (f)	ที่ราบ	thêe râap
paesaggio (m)	ภูมิทัศน์	phoom thát
eco (f)	เสียงสะท้อน	sĭang sà-thón

alpinista (m)	นักปีนเขา	nák bpeen khăo
scalatore (m)	นักไต่เขา	nák dtài khăo
conquistare (~ una cima)	ไต่เขาถึงยอด	dtài khăo thĕung yôt
scalata (f)	การปีนเขา	gaan bpeen khăo

201. Nomi delle montagne

Alpi (f pl)	เทือกเขาแอลป์	thêuak-khăo-aen
Monte (m) Bianco	ยอดเขามงบล็อง	yôt khăo mong-bà-lŏng
Pirenei (m pl)	เทือกเขาไพรีนีส	thêuak khăo pai-ree-nêet
Carpazi (m pl)	เทือกเขาคาร์เพเทียน	thêuak khăo khaa-phay-thian
gli Urali (m pl)	เทือกเขายูรัล	thêuak khăo yoo-ran
Caucaso (m)	เทือกเขาคอเคซัส	thêuak khăo khor-khay-sát
Monte (m) Elbrus	ยอดเขาเอลบรุส	yôt khăo ayn-brùt
Monti (m pl) Altai	เทือกเขาอัลไต	thêuak khăo an-dtai
Tien Shan (m)	เทือกเขาเทียนชาน	thêuak khăo thian-chaan
Pamir (m)	เทือกเขาพาเมียร์	thêuak khăo paa-mia
Himalaia (m)	เทือกเขาหิมาลัย	thêuak khăo hì-maa-lai
Everest (m)	ยอดเขาเอเวอเรสต์	yôt khăo ay-wer-râyt
Ande (f pl)	เทือกเขาแอนดีส	thêuak-khăo-aen-dèet
Kilimangiaro (m)	ยอดเขาคิลิมันจาโร	yôt khăo khí-lí-man-jaa-roh

202. Fiumi

fiume (m)	แม่น้ำ	mâe náam
fonte (f) (sorgente)	แหล่งน้ำแร่	làeng náam râe
letto (m) (~ del fiume)	เส้นทางแม่น้ำ	sên thaang mâe náam
bacino (m)	ลุ่มน้ำ	lûm náam
sfociare nel ...	ไหลไปสู่...	lăi bpai sòo...
affluente (m)	สาขา	săa-khăa
riva (f)	ฝั่งแม่น้ำ	fàng mâe náam
corrente (f)	กระแสน้ำ	grà-săe náam
a valle	ตามกระแสน้ำ	dtaam grà-săe náam
a monte	ทวนน้ำ	thuan náam
inondazione (f)	น้ำท่วม	nám thûam
piena (f)	น้ำท่วม	nám thûam
straripare (vi)	เอ่อล้น	èr lón
inondare (vt)	ท่วม	thûam
secca (f)	บริเวณน้ำตื้น	bor-rí-wayn nám dtêun
rapida (f)	กระแสน้ำเชี่ยว	grà-săe nám-chîeow
diga (f)	เขื่อน	khèuan
canale (m)	คลอง	khlorng
bacino (m) di riserva	ที่เก็บกักน้ำ	thêe gèp gàk náam
chiusa (f)	ประตูระบายน้ำ	bprà-dtoo rá-baai náam

specchio (m) d'acqua	พื้นน้ำ	phéun náam
palude (f)	บึง	beung
pantano (m)	ห้วย	hûay
vortice (m)	น้ำวน	nám won
ruscello (m)	ลำธาร	lam thaan
potabile (agg)	น้ำดื่มได้	nám dèum dâai
dolce (di acqua ~)	น้ำจืด	nám jèut
ghiaccio (m)	น้ำแข็ง	nám khăeng
ghiacciarsi (vr)	แช่แข็ง	châe khăeng

203. Nomi dei fiumi

Senna (f)	แม่น้ำเซน	mâe náam sayn
Loira (f)	แม่น้ำลัวร์	mâe-náam lua
Tamigi (m)	แม่น้ำเทมส์	mâe-náam them
Reno (m)	แม่น้ำไรน์	mâe-náam rai
Danubio (m)	แม่น้ำดานูบ	mâe-náam daa-nôop
Volga (m)	แม่น้ำวอลกา	mâe-náam won-gaa
Don (m)	แม่น้ำดอน	mâe-náam don
Lena (f)	แม่น้ำลีนา	mâe-náam lee-naa
Fiume (m) Giallo	แม่น้ำหวง	mâe-náam hŭang
Fiume (m) Azzurro	แม่น้ำแยงซี	mâe-náam yaeng-see
Mekong (m)	แม่น้ำโขง	mâe-náam khŏhng
Gange (m)	แม่น้ำคงคา	mâe-náam khong-khaa
Nilo (m)	แม่น้ำไนล์	mâe-náam nai
Congo (m)	แม่น้ำคองโก	mâe-náam khong-goh
Okavango	แม่น้ำ โอคาวังโก	mâe-náam oh-khaa wang goh
Zambesi (m)	แม่น้ำแซมบีซี	mâe-náam saem bee see
Limpopo (m)	แม่น้ำลิมโปโป	mâe-náam lim-bpoh-bpoh
Mississippi (m)	แม่น้ำมิสซิสซิปปี	mâe-náam mít-sít-síp-bpee

204. Foresta

foresta (f)	ป่าไม้	bpàa máai
forestale (agg)	ป่า	bpàa
foresta (f) fitta	ป่าทึบ	bpàa théup
boschetto (m)	ป่าละเมาะ	bpàa lá-mór
radura (f)	ทุ่งโล่ง	thûng lôhng
roveto (m)	ป่าละเมาะ	bpàa lá-mór
boscaglia (f)	ป่าละเมาะ	bpàa lá-mór
sentiero (m)	ทางเดิน	thaang dern
calanco (m)	ร่องธาร	rông thaan

albero (m)	ต้นไม้	dtôn máai
foglia (f)	ใบไม้	bai máai
fogliame (m)	ใบไม้	bai máai
caduta (f) delle foglie	ใบไม้ร่วง	bai máai rûang
cadere (vi)	ร่วง	rûang
cima (f)	ยอด	yôrt
ramo (m), ramoscello (m)	กิ่ง	gìng
ramo (m)	ก้านไม้	gâan mái
gemma (f)	ยอดอ่อน	yôrt òrn
ago (m)	เข็ม	khěm
pigna (f)	ลูกสน	lôok sŏn
cavità (f)	โพรงไม้	phrohng máai
nido (m)	รัง	rang
tana (f) (del fox, ecc.)	โพรง	phrohng
tronco (m)	ลำต้น	lam dtôn
radice (f)	ราก	râak
corteccia (f)	เปลือกไม้	bplèuak máai
musco (m)	มอส	môt
sradicare (vt)	ถอนราก	thŏrn râak
abbattere (~ un albero)	โค่น	khôhn
disboscare (vt)	ตัดไม้ทำลายป่า	dtàt mái tham laai bpàa
ceppo (m)	ตอไม้	dtor máai
falò (m)	กองไฟ	gorng fai
incendio (m) boschivo	ไฟป่า	fai bpàa
spegnere (vt)	ดับไฟ	dàp fai
guardia (f) forestale	เจ้าหน้าที่ดูแลป่า	jâo nâa-thêe doo lae bpàa
protezione (f)	การปกป้อง	gaan bpòk bpôrng
proteggere (~ la natura)	ปกป้อง	bpòk bpôrng
bracconiere (m)	นักลอบล่าสัตว์	nák lôrp lâa sàt
tagliola (f) (~ per orsi)	กับดักเหล็ก	gàp dàk lèk
raccogliere (vt)	เก็บ	gèp
perdersi (vr)	หลงทาง	lŏng thaang

205. Risorse naturali

risorse (f pl) naturali	ทรัพยากรธรรมชาติ	sáp-pá-yaa-gon tham-má-châat
minerali (m pl)	แร่	râe
deposito (m) (~ di carbone)	ตะกอน	dtà-gorn
giacimento (m) (~ petrolifero)	บ่อ	bòr
estrarre (vt)	ขุดแร่	khùt râe
estrazione (f)	การขุดแร่	gaan khùt râe
minerale (m) grezzo	แร่	râe
miniera (f)	เหมืองแร่	měuang râe
pozzo (m) di miniera	ช่องเหมือง	chôrng měuang

minatore (m)	คนงานเหมือง	khon ngaan mĕuang
gas (m)	แก๊ส	gáet
gasdotto (m)	ทอแก๊ส	thôr gáet
petrolio (m)	น้ำมัน	nám man
oleodotto (m)	ท่อน้ำมัน	thôr náam man
torre (f) di estrazione	บ่อน้ำมัน	bòr náam man
torre (f) di trivellazione	ปั้นจั่นขนาดใหญ่	bpân jàn khà-nàat yài
petroliera (f)	เรือบรรทุกน้ำมัน	reua ban-thúk nám man
sabbia (f)	ทราย	saai
calcare (m)	หินปูน	hĭn bpoon
ghiaia (f)	กรวด	grùat
torba (f)	พีต	phêet
argilla (f)	ดินเหนียว	din nĭeow
carbone (m)	ถานหิน	thàan hĭn
ferro (m)	เหล็ก	lèk
oro (m)	ทอง	thorng
argento (m)	เงิน	ngern
nichel (m)	นิเกิล	ní-gêrn
rame (m)	ทองแดง	thorng daeng
zinco (m)	สังกะสี	săng-gà-sĕe
manganese (m)	แมงกานีส	maeng-gaa-nêet
mercurio (m)	ปรอท	bpa -ròrt
piombo (m)	ตะกั่ว	dtà-gùa
minerale (m)	แร่	râe
cristallo (m)	ผลึก	phà-lèuk
marmo (m)	หินออน	hĭn òrn
uranio (m)	ยูเรเนียม	yoo-ray-niam

La Terra. Parte 2

206. Tempo

tempo (m)	สภาพอากาศ	sà-phâap aa-gàat
previsione (f) del tempo	พยากรณ์สภาพอากาศ	phá-yaa-gon sà-phâap aa-gàat
temperatura (f)	อุณหภูมิ	un-hà-phoom
termometro (m)	ปรอทวัดอุณหภูมิ	bpà-ròrt wát un-hà-phoom
barometro (m)	เครื่องวัดความดันบรรยากาศ	khrêuang wát khwaam dan ban-yaa-gàat
umido (agg)	ชื้น	chéun
umidità (f)	ความชื้น	khwaam chéun
caldo (m), afa (f)	ความร้อน	khwaam rórn
molto caldo (agg)	ร้อน	rórn
fa molto caldo	มันร้อน	man rórn
fa caldo	มันอุ่น	man ùn
caldo, mite (agg)	อุ่น	ùn
fa freddo	อากาศเย็น	aa-gàat yen
freddo (agg)	เย็น	yen
sole (m)	ดวงอาทิตย์	duang aa-thít
splendere (vi)	ส่องแสง	sòrng sǎeng
di sole (una giornata ~)	มีแสงแดด	mee sǎeng dàet
sorgere, levarsi (vr)	ขึ้น	khêun
tramontare (vi)	ตก	dtòk
nuvola (f)	เมฆ	mâyk
nuvoloso (agg)	มีเมฆมาก	mee mâyk mâak
nube (f) di pioggia	เมฆฝน	mâyk fǒn
nuvoloso (agg)	มืดครึ้ม	mêut khréum
pioggia (f)	ฝน	fǒn
piove	ฝนตก	fǒn dtòk
piovoso (agg)	ฝนตก	fǒn dtòk
piovigginare (vi)	ฝนปรอย	fòn bproi
pioggia (f) torrenziale	ฝนตกหนัก	fǒn dtòk nàk
acquazzone (m)	ฝนห่าใหญ่	fǒn hàa yài
forte (una ~ pioggia)	หนัก	nàk
pozzanghera (f)	หลุมน้ำ	lòm nám
bagnarsi (~ sotto la pioggia)	เปียก	bpìak
foschia (f), nebbia (f)	หมอก	mòrk
nebbioso (agg)	หมอกจัด	mòrk jàt
neve (f)	หิมะ	hì-má
nevica	หิมะตก	hì-má dtòk

207. Rigide condizioni metereologiche. Disastri naturali

temporale (m)	พายุฟ้าคะนอง	phaa-yú fáa khá-nong
fulmine (f)	ฟ้าผา	fáa phàa
lampeggiare (vi)	แลบ	lâep
tuono (m)	ฟ้าคะนอง	fáa khá-norng
tuonare (vi)	มีฟ้าคะนอง	mee fáa khá-norng
tuona	มีฟ้ารอง	mee fáa rórng
grandine (f)	ลูกเห็บ	lôok hèp
grandina	มีลูกเห็บตก	mee lôok hèp dtòk
inondare (vt)	ท่วม	thûam
inondazione (f)	น้ำทวม	nám thûam
terremoto (m)	แผ่นดินไหว	phàen din wăi
scossa (f)	ไหว	wăi
epicentro (m)	จุดเหนือศูนย์แผ่นดินไหว	jùt nĕua sŏon phàen din wăi
eruzione (f)	ภูเขาไฟระเบิด	phoo khăo fai rá-bèrt
lava (f)	ลาวา	laa-waa
tromba (f) d'aria	พายุหมุน	phaa-yú mŭn
tornado (m)	พายุทอรุเนโด	phaa-yú thor-nay-doh
tifone (m)	พายุไตฝุ่น	phaa-yú dtâi fùn
uragano (m)	พายุเฮอร์ริเคน	phaa-yú her-rí-khayn
tempesta (f)	พายุ	phaa-yú
tsunami (m)	คลื่นสึนามิ	khlêun sèu-naa-mí
ciclone (m)	พายุไซโคลน	phaa-yú sai-khlohn
maltempo (m)	อากาศไมดี	aa-gàat mâi dee
incendio (m)	ไฟไหม	fai mâi
disastro (m)	ความหายนะ	khwaam hăa-yá-ná
meteorite (m)	อุกกาบาต	ùk-gaa-bàat
valanga (f)	หิมะถล่ม	hì-má thà-lòm
slavina (f)	หิมะถลม	hì-má thà-lòm
tempesta (f) di neve	พายุหิมะ	phaa-yú hì-má
bufera (f) di neve	พายุหิมะ	phaa-yú hì-má

208. Rumori. Suoni

silenzio (m)	ความเงียบ	khwaam ngîap
suono (m)	เสียง	sĭang
rumore (m)	เสียงรบกวน	sĭang róp guan
far rumore	ทำเสียง	tam sĭang
rumoroso (agg)	หนวกหู	nùak hŏo
ad alta voce (parlare ~)	เสียงดัง	sĭang dang
alto (voce ~a)	ดัง	dang
costante (agg)	ตอเนื่อง	dtòr nêuang

grido (m)	เสียงตะโกน	sĭang dtà-gohn
gridare (vi)	ตะโกน	dtà-gohn
sussurro (m)	เสียงกระซิบ	sĭang grà síp
sussurrare (vi, vt)	กระซิบ	grà síp
abbaiamento (m)	เสียงเห่า	sĭang hào
abbaiare (vi)	เห่า	hào
gemito (m) (~ di dolore)	เสียงคราง	sĭang khraang
gemere (vi)	คราง	khraang
tosse (f)	เสียงไอ	sĭang ai
tossire (vi)	ไอ	ai
fischio (m)	เสียงผิวปาก	sĭang phĭw bpàak
fischiare (vi)	ผิวปาก	phĭw bpàak
bussata (f)	เสียงเคาะ	sĭang khór
bussare (vi)	เคาะ	khór
crepitare (vi)	เปรี๊ยะ	bpría
crepitio (m)	เสียงเปรี๊ยะ	sĭang bpría
sirena (f)	เสียงสัญญาณเตือน	sĭang săn-yaan dteuan
sirena (f) (di fabbrica)	เสียงนกหวีด	sĭang nók wèet
emettere un fischio	เป่านกหวีด	bpào nók wèet
colpo (m) di clacson	เสียงแตร	sĭang dtrae
clacsonare (vi)	บีบแตร	bèep dtrae

209. Inverno

inverno (m)	ฤดูหนาว	réu-doo năao
invernale (agg)	ฤดูหนาว	réu-doo năao
d'inverno	ช่วงฤดูหนาว	chûang réu-doo năao
neve (f)	หิมะ	hì-má
nevica	มีหิมะตก	mee hì-má dtòk
nevicata (f)	หิมะตก	hì-má dtòk
mucchio (m) di neve	กองหิมะ	gong hì-má
fiocco (m) di neve	เกล็ดหิมะ	glèt hì-má
palla (f) di neve	ก้อนหิมะ	gôn hì-má
pupazzo (m) di neve	ตุ๊กตาหิมะ	dtúk-gà-dtaa hì-má
ghiacciolo (m)	แท่งน้ำแข็ง	thâeng nám khăeng
dicembre (m)	ธันวาคม	than-waa khom
gennaio (m)	มกราคม	mók-gà-raa khom
febbraio (m)	กุมภาพันธ์	gum-phaa phan
gelo (m)	ความหนาวๆ	kwaam năao năao
gelido (aria ~a)	หนาวจัด	năao jàt
sotto zero	ต่ำกว่าศูนย์องศา	dtàm gwàa sŏon ong-săa
primi geli (m pl)	ลมหนาวแรก	lom năao râek
brina (f)	น้ำค้างแข็ง	náam kháang khăeng
freddo (m)	ความหนาว	khwaam năao

fa freddo	อากาศหนาว	aa-gàat năao
pelliccia (f)	เสื้อโค้ทขนสัตว์	sêua khóht khŏn sàt
manopole (f pl)	ถุงมือ	thŭng meu
ammalarsi (vr)	เป็นหวัด	bpen wàt
raffreddore (m)	หวัด	wàt
raffreddarsi (vr)	เป็นหวัด	bpen wàt
ghiaccio (m)	น้ำแข็ง	nám khăeng
ghiaccio (m) trasparente	น้ำแข็งบาง บนพื้นถนน	nám khăeng baang bon phéun thà-nŏn
ghiacciarsi (vr)	แช่แข็ง	châe khăeng
banco (m) di ghiaccio	แพน้ำแข็ง	phae nám khăeng
sci (m pl)	สกี	sà-gee
sciatore (m)	นักสกี	nák sà-gee
sciare (vi)	เล่นสกี	lên sà-gee
pattinare (vi)	เล่นสเก็ต	lên sà-gèt

Fauna

210. Mammiferi. Predatori

predatore (m)	สัตว์กินเนื้อ	sàt gin néua
tigre (f)	เสือ	sěua
leone (m)	สิงโต	sǐng dtoh
lupo (m)	หมาป่า	mǎa bpàa
volpe (m)	หมาจิ้งจอก	mǎa jîng-jòk
giaguaro (m)	เสือจากัวร์	sěua jaa-gua
leopardo (m)	เสือดาว	sěua daao
ghepardo (m)	เสือชีตาห์	sěua chee-dtaa
pantera (f)	เสือดำ	sěua dam
puma (f)	สิงโตภูเขา	sǐng-dtoh phoo khǎo
leopardo (m) delle nevi	เสือดาวหิมะ	sěua daao hì-má
lince (f)	แมวป่า	maew bpàa
coyote (m)	โคโยตี้	khoh-yoh-dtêe
sciacallo (m)	หมาจิ้งจอกทอง	mǎa jîng-jòk thorng
iena (f)	ไฮยีนา	hai-yee-naa

211. Animali selvatici

animale (m)	สัตว์	sàt
bestia (f)	สัตว์	sàt
scoiattolo (m)	กระรอก	grà rôk
riccio (m)	เม่น	mâyn
lepre (f)	กระต่ายป่า	grà-dtàai bpàa
coniglio (m)	กระต่าย	grà-dtàai
tasso (m)	แบดเจอร์	baet-jer
procione (f)	แร็คคูน	ráek khoon
criceto (m)	หนูแฮมสเตอร์	nǒo haem-sà-dtêr
marmotta (f)	มาร์มอต	maa-môt
talpa (f)	ตุ่น	dtùn
topo (m)	หนู	nǒo
ratto (m)	หนู	nǒo
pipistrello (m)	ค้างคาว	kháang khaao
ermellino (m)	เออร์มิน	er-min
zibellino (m)	เซเบิล	say bern
martora (f)	มาร์เทิน	maa thern
donnola (f)	เพียงพอนสีน้ำตาล	phiang phon sěe nám dtaan
visone (m)	เพียงพอน	phiang phorn

castoro (m)	บีเวอร์	bee-wer
lontra (f)	นาก	nâak
cavallo (m)	ม้า	máa
alce (m)	กวางมูส	gwaang môot
cervo (m)	กวาง	gwaang
cammello (m)	อูฐ	òot
bisonte (m) americano	วัวป่า	wua bpàa
bisonte (m) europeo	วัวป่าออรอช	wua bpàa or rôt
bufalo (m)	ควาย	khwaai
zebra (f)	ม้าลาย	máa laai
antilope (f)	แอนทีโลป	aen-thi-lòp
capriolo (m)	กวางโรเดียร์	gwaang roh-dia
daino (m)	กวางแฟลโลว์	gwaang flae-loh
camoscio (m)	เลียงผา	liang-phǎa
cinghiale (m)	หมูป่า	mǒo bpàa
balena (f)	วาฬ	waan
foca (f)	แมวน้ำ	maew náam
tricheco (m)	ช้างน้ำ	cháang náam
otaria (f)	แมวน้ำมีขน	maew náam mee khǒn
delfino (m)	โลมา	loh-maa
orso (m)	หมี	měe
orso (m) bianco	หมีขั้วโลก	měe khûa lôhk
panda (m)	หมีแพนดา	měe phaen-dâa
scimmia (f)	ลิง	ling
scimpanzè (m)	ลิงชิมแปนซี	ling chim-bpaen-see
orango (m)	ลิงอุรังอุตัง	ling u-rang-u-dtang
gorilla (m)	ลิงกอริลลา	ling gor-rin-lâa
macaco (m)	ลิงแม็กแคก	ling mâk-khâk
gibbone (m)	ชะนี	chá-nee
elefante (m)	ช้าง	cháang
rinoceronte (m)	แรด	râet
giraffa (f)	ยีราฟ	yee-râaf
ippopotamo (m)	ฮิปโปโปเตมัส	híp-bpoh-bpoh-dtay-mát
canguro (m)	จิงโจ้	jing-jôh
koala (m)	หมีโคอาล่า	měe khoh aa lâa
mangusta (f)	พังพอน	phang phon
cincillà (f)	คินคิลลา	khin-khin laa
moffetta (f)	สกั๊งก์	sà-gang
istrice (m)	เม่น	mâyn

212. Animali domestici

gatta (f)	แมวตัวเมีย	maew dtua mia
gatto (m)	แมวตัวผู้	maew dtua phôo
cane (m)	สุนัข	sù-nák

cavallo (m)	ม้า	máa
stallone (m)	ม้าตัวผู้	máa dtua phôo
giumenta (f)	มาตัวเมีย	máa dtua mia
mucca (f)	วัว	wua
toro (m)	กระทิง	grà-thing
bue (m)	วัว	wua
pecora (f)	แกะตัวเมีย	gàe dtua mia
montone (m)	แกะตัวผู้	gàe dtua phôo
capra (f)	แพะตัวเมีย	pháe dtua mia
caprone (m)	แพะตัวผู้	pháe dtua phôo
asino (m)	ลา	laa
mulo (m)	ลอ	lôr
porco (m)	หมู	mŏo
porcellino (m)	ลูกหมู	lôok mŏo
coniglio (m)	กระตาย	grà-dtàai
gallina (f)	ไก่ตัวเมีย	gài dtua mia
gallo (m)	ไกตัวผู้	gài dtua phôo
anatra (f)	เป็ดตัวเมีย	bpèt dtua mia
maschio (m) dell'anatra	เป็ดตัวผู้	bpèt dtua phôo
oca (f)	หาน	hàan
tacchino (m)	ไก่งวงตัวผู้	gài nguang dtua phôo
tacchina (f)	ไกงวงตัวเมีย	gài nguang dtua mia
animali (m pl) domestici	สัตว์เลี้ยง	sàt líang
addomesticato (agg)	เลี้ยง	líang
addomesticare (vt)	เชื่อง	chêuang
allevare (vt)	ขยายพันธุ์	khà-yăai phan
fattoria (f)	ฟาร์ม	faam
pollame (m)	สัตว์ปีก	sàt bpèek
bestiame (m)	วัวควาย	wua khwaai
branco (m), mandria (f)	ฝูง	fŏong
scuderia (f)	คอกม้า	khôrk máa
porcile (m)	คอกหมู	khôrk mŏo
stalla (f)	คอกวัว	khôrk wua
conigliera (f)	คอกกระต่าย	khôrk grà-dtàai
pollaio (m)	เล้าไก	láo gài

213. Cani. Razze canine

cane (m)	สุนัข	sù-nák
cane (m) da pastore	สุนัขเลี้ยงแกะ	sù-nák líang gàe
pastore (m) tedesco	เยอรมันเชฟเฟิร์ด	yer-rá-man chayf-fêrt
barbone (m)	พูเดิล	phoo dêrn
bassotto (m)	ดัชชุน	dàt chun
bulldog (m)	บูลด็อก	boon dòrk

boxer (m)	บ็อกเซอร์	bòk-sêr
mastino (m)	มัสตีฟ	mát-dtèef
rottweiler (m)	ร็อตไวเลอร์	rót-wai-ler
dobermann (m)	โดเบอร์แมน	doh-ber-maen
bassotto (m)	บาสเซ็ต	bàat-sét
bobtail (m)	บ็อบเทล	bòp-thayn
dalmata (m)	ดัลเมเชียน	dan-may-chian
cocker (m)	ค็อกเกอร์สเปเนียล	khórk-gêr sà-bpay-nian
terranova (m)	นิวฟาวน์ดฮาวน์ดแลนด์	niw-faao-dà-haao-dà-lǎen
sanbernardo (m)	เซนต์เบอร์นาร์ด	sayn ber nâat
husky (m)	ฮัสกี้	hát-gêe
chow chow (m)	เชาเชา	chao chao
volpino (m)	สปิตซ์	sà-bpìt
carlino (m)	ปั๊ก	bpák

214. Versi emessi dagli animali

abbaiamento (m)	เสียงเห่า	sìang hào
abbaiare (vi)	เห่า	hào
miagolare (vi)	ร้องเหมียว	rórng mǐeow
fare le fusa	ทำเสียงคราง	tham sìang khraang
muggire (vacca)	ร้องมอๆ	rórng mor mor
muggire (toro)	ส่งเสียงคำราม	sòng sǐang kham-raam
ringhiare (vi)	โฮก	hôhk
ululato (m)	เสียงหอน	sǐang hǒn
ululare (vi)	หอน	hǒrn
guaire (vi)	ครางหงิงๆ	khraang ngǐng ngǐng
belare (pecora)	ร้องแบ๊ะๆ	rórng bàe bàe
grugnire (maiale)	ร้องอู๊ดๆ	rórng ùùt ùùt
squittire (vi)	ร้องเสียงแหลม	rórng sǐang lǎem
gracidare (rana)	ร้องอ๊บๆ	rórng ôp ôp
ronzare (insetto)	หึ่ง	hèung
frinire (vi)	ทำเสียงจ๊อกแจ๊ก	tham sǐang jòrk jáek

215. Cuccioli di animali

cucciolo (m)	ลูกสัตว์	lôok sàt
micino (m)	ลูกแมว	lôok maew
topolino (m)	ลูกหนู	lôok nǒo
cucciolo (m) di cane	ลูกหมา	lôok mǎa
leprotto (m)	ลูกกระต่ายป่า	lôok grà-dtàai bpàa
coniglietto (m)	ลูกกระต่าย	lôok grà-dtàai
cucciolo (m) di lupo	ลูกหมาป่า	lôok mǎa bpàa
cucciolo (m) di volpe	ลูกหมาจิ้งจอก	lôok mǎa jîng-jòk

cucciolo (m) di orso	ลูกหมี	lôok mĕe
cucciolo (m) di leone	ลูกสิงโต	lôok sĭng dtoh
cucciolo (m) di tigre	ลูกเสือ	lôok sĕua
elefantino (m)	ลูกช้าง	lôok cháang
porcellino (m)	ลูกหมู	lôok mŏo
vitello (m)	ลูกวัว	lôok wua
capretto (m)	ลูกแพะ	lôok pháe
agnello (m)	ลูกแกะ	lôok gàe
cerbiatto (m)	ลูกกวาง	lôok gwaang
cucciolo (m) di cammello	ลูกอูฐ	lôok òot
piccolo (m) di serpente	ลูกงู	lôok ngoo
piccolo (m) di rana	ลูกกบ	lôok gòp
uccellino (m)	ลูกนก	lôok nók
pulcino (m)	ลูกไก่	lôok gài
anatroccolo (m)	ลูกเป็ด	lôok bpèt

216. Uccelli

uccello (m)	นก	nók
colombo (m), piccione (m)	นกพิราบ	nók phí-râap
passero (m)	นกกระจิบ	nók grà-jìp
cincia (f)	นกติ๊ด	nók dtít
gazza (f)	นกสาลิกา	nók săa-lí gaa
corvo (m)	นกอีกา	nók ee-gaa
cornacchia (f)	นกกา	nók gaa
taccola (f)	นกจำพวกกา	nók jam phûak gaa
corvo (m) nero	นกการูค	nók gaa róok
anatra (f)	เป็ด	bpèt
oca (f)	ห่าน	hàan
fagiano (m)	ไก่ฟ้า	gài fáa
aquila (f)	นกอินทรี	nók in-see
astore (m)	นกเหยี่ยว	nók yìeow
falco (m)	นกเหยี่ยว	nók yìeow
grifone (m)	นกแร้ง	nók ráeng
condor (m)	นกแร้งขนาดใหญ่	nók ráeng kà-nàat yài
cigno (m)	นกหงส์	nók hŏng
gru (f)	นกกระเรียน	nók grà rian
cicogna (f)	นกกระสา	nók grà-săa
pappagallo (m)	นกแก้ว	nók gâew
colibrì (m)	นกฮัมมิ่งเบิร์ด	nók ham-mîng-bèrt
pavone (m)	นกยูง	nók yoong
struzzo (m)	นกกระจอกเทศ	nók grà-jòrk-thâyt
airone (m)	นกยาง	nók yaang
fenicottero (m)	นกฟลามิงโก	nók flaa-ming-goh
pellicano (m)	นกกระทุง	nók-grà-thung

usignolo (m)	นกไนติงเกล	nók-nai-dting-gayn
rondine (f)	นกนางแอน	nók naang-àen
tordo (m)	นกเดินดง	nók dern dong
tordo (m) sasello	นกเดินดงร้องเพลง	nók dern dong rórng phlayng
merlo (m)	นกเดินดงสีดำ	nók-dern-dong sěe dam
rondone (m)	นกแอ่น	nók àen
allodola (f)	นกลาร์ค	nók lâak
quaglia (f)	นกคุ่ม	nók khûm
picchio (m)	นกหัวขวาน	nók hŭa khwăan
cuculo (m)	นกดุเหว่า	nók dù hăy wâa
civetta (f)	นกฮูก	nók hôok
gufo (m) reale	นกเค้าใหญ่	nók kháo yài
urogallo (m)	ไก่ป่า	gài bpàa
fagiano (m) di monte	ไก่ดำ	gài dam
pernice (f)	นกกระทา	nók-grà-thaa
storno (m)	นกกิ้งโครง	nók-gîng-khrohng
canarino (m)	นกขมิ้น	nók khà-mîn
francolino (m) di monte	ไก่น้ำตาล	gài nám dtaan
fringuello (m)	นกจาบ	nók-jàap
ciuffolotto (m)	นกบูลฟินช์	nók boon-fin
gabbiano (m)	นกนางนวล	nók naang-nuan
albatro (m)	นกอัลบาทรอส	nók an-baa-thrôt
pinguino (m)	นกเพนกวิน	nók phayn-gwin

217. Uccelli. Cinguettio e versi

cantare (vi)	ร้องเพลง	rórng phlayng
gridare (vi)	ร้อง	rórng
cantare (gallo)	ร้องขัน	rórng khăn
chicchirichì (m)	เสียงขัน	sĭang khăn
chiocciare (gallina)	ร้องกุ๊กๆ	rórng gúk gúk
gracchiare (vi)	ร้องเสียงกาๆ	rórng sĭang gaa gaa
fare qua qua	ร้องกาบๆ	rórng gâap gâap
pigolare (vi)	ร้องเสียงจิ๊บ ๆ	rórng sĭang jíp jíp
cinguettare (vi)	ร้องจอกแจก	rórng jòk jáek

218. Pesci. Animali marini

abramide (f)	ปลาบรีม	bplaa bpreem
carpa (f)	ปลาคาร์ป	bplaa khâap
perca (f)	ปลาเพิร์ช	bplaa phêrt
pesce (m) gatto	ปลาดุก	bplaa-dùk
luccio (m)	ปลาไพค์	bplaa phai
salmone (m)	ปลาแซลมอน	bplaa saen-morn
storione (m)	ปลาสเตอร์เจียน	bpláa sà-dtêr jian

aringa (f)	ปลาเฮอร์ริ่ง	bplaa her-ring
salmone (m)	ปลาแซลมอนแอตแลนติก	bplaa saen-mon àet-laen-dtìk
scombro (m)	ปลาซาบะ	bplaa saa-bà
sogliola (f)	ปลาลิ้นหมา	bplaa lín-mǎa
lucioperca (f)	ปลาไพค์เพิร์ช	bplaa phái phert
merluzzo (m)	ปลาค็อด	bplaa khót
tonno (m)	ปลาทูน่า	bplaa thoo-nâa
trota (f)	ปลาเทราท์	bplaa thrau
anguilla (f)	ปลาไหล	bplaa lǎi
torpedine (f)	ปลากระเบนไฟฟ้า	bplaa grà-bayn-fai-fáa
murena (f)	ปลาไหลมอเรย์	bplaa lǎi mor-ray
piranha (f)	ปลาปิรันย่า	bplaa bpì-ran-yâa
squalo (m)	ปลาฉลาม	bplaa chà-lǎam
delfino (m)	โลมา	loh-maa
balena (f)	วาฬ	waan
granchio (m)	ปู	bpoo
medusa (f)	แมงกะพรุน	maeng gà-phrun
polpo (m)	ปลาหมึก	bplaa mèuk
stella (f) marina	ปลาดาว	bplaa daao
riccio (m) di mare	หอยเม่น	hǒi mâyn
cavalluccio (m) marino	ม้าน้ำ	máa nám
ostrica (f)	หอยนางรม	hǒi naang rom
gamberetto (m)	กุ้ง	gûng
astice (m)	กุ้งมังกร	gûng mang-gon
aragosta (f)	กุ้งมังกร	gûng mang-gon

219. Anfibi. Rettili

serpente (m)	งู	ngoo
velenoso (agg)	พิษ	phít
vipera (f)	งูแมวเซา	ngoo maew sao
cobra (m)	งูเห่า	ngoo hào
pitone (m)	งูเหลือม	ngoo lěuam
boa (m)	งูโบอา	ngoo boh-aa
biscia (f)	งูเล็กที่ไม่เป็นอันตราย	ngoo lék thêe mâi bpen an-dtà-raai
serpente (m) a sonagli	งูหางกระดิ่ง	ngoo hǎang grà-dìng
anaconda (f)	งูอนาคอนดา	ngoo a -naa-khon-daa
lucertola (f)	กิ้งก่า	gîng-gàa
iguana (f)	อีกัวน่า	ee gua naa
varano (m)	กิ้งก่ามอนิเตอร์	gîng-gàa mor-ní-dtêr
salamandra (f)	ซาลาแมนเดอร์	saa-laa-maen-dêr
camaleonte (m)	กิ้งก่าคาเมเลียน	gîng-gàa khaa-mí-lian
scorpione (m)	แมงป่อง	maeng bpòrng
tartaruga (f)	เต่า	dtào

rana (f)	กบ	gòp
rospo (m)	คางคก	khaang-kók
coccodrillo (m)	จระเข้	jor-rá-khây

220. Insetti

insetto (m)	แมลง	má-laeng
farfalla (f)	ผีเสื้อ	phěe sêua
formica (f)	มด	mót
mosca (f)	แมลงวัน	má-laeng wan
zanzara (f)	ยุง	yung
scarabeo (m)	แมลงปีกแข็ง	má-laeng bpèek khăeng
vespa (f)	ต่อ	dtòr
ape (f)	ผึ้ง	phêung
bombo (m)	ผึ้งบัมเบิลบี	phêung bam-bern bee
tafano (m)	เหลือบ	lèuap
ragno (m)	แมงมุม	maeng mum
ragnatela (f)	ใยแมงมุม	yai maeng mum
libellula (f)	แมลงปอ	má-laeng bpor
cavalletta (f)	ตั๊กแตน	dták-gà-dtaen
farfalla (f) notturna	ผีเสื้อกลางคืน	phěe sêua glaang kheun
scarafaggio (m)	แมลงสาบ	má-laeng sàap
zecca (f)	เห็บ	hèp
pulce (f)	หมัด	màt
moscerino (m)	ริ้น	rín
locusta (f)	ตั๊กแตน	dták-gà-dtaen
lumaca (f)	หอยทาก	hŏi thâak
grillo (m)	จิ้งหรีด	jîng-rèet
lucciola (f)	หิ่งห้อย	hìng-hôi
coccinella (f)	แมลงเต่าทอง	má-laeng dtào thorng
maggiolino (m)	แมงอีนูน	maeng ee noon
sanguisuga (f)	ปลิง	bpling
bruco (m)	บุ้ง	bûng
verme (m)	ไส้เดือน	sâi deuan
larva (f)	ตัวอ่อน	dtua òrn

221. Animali. Parti del corpo

becco (m)	จงอยปาก	ja-ngoi bpàak
ali (f pl)	ปีก	bpèek
zampa (f)	เท้า	tháo
piumaggio (m)	ขนนก	khŏn nók
penna (f), piuma (f)	ขนนก	khŏn nók
cresta (f)	ขนหัว	khŏn hŭa
branchia (f)	เหงือก	ngèuak
uova (f pl)	ไข่ปลา	khài-bplaa

larva (f)	ตัวอ่อน	dtua òrn
pinna (f)	ครีบ	khrêep
squama (f)	เกล็ด	glèt
zanna (f)	เขี้ยว	khîeow
zampa (f)	เท้า	tháo
muso (m)	จมูกและปาก	jà-mòok láe bpàak
bocca (f)	ปาก	bpàak
coda (f)	หาง	hăang
baffi (m pl)	หนวด	nùat
zoccolo (m)	กีบ	gèep
corno (m)	เขา	khăo
carapace (f)	กระดอง	grà dorng
conchiglia (f)	เปลือก	bplèuak
guscio (m) dell'uovo	เปลือกไข่	bplèuak khài
pelo (m)	ขน	khŏn
pelle (f)	หนัง	năng

222. Azioni degli animali

volare (vi)	บิน	bin
volteggiare (vi)	บินวน	bin-won
volare via	บินไป	bin bpai
battere le ali	กระพือ	grà-pheu
beccare (vi)	จิก	jìk
covare (vt)	กกไข่	gòk khài
sgusciare (vi)	ฟักตัวออกจากไข่	fák dtua òrk jàak kài
fare il nido	สร้างรัง	sâang rang
strisciare (vi)	เลื้อย	léuay
pungere (insetto)	ต่อย	dtòi
mordere (vt)	กัด	gàt
fiutare (vt)	ดม	dom
abbaiare (vi)	เห่า	hào
sibilare (vi)	ออกเสียงฟ่อ	òrk sĭang fôr
spaventare (vt)	ทำให้...กลัว	tham hâi...glua
attaccare (vt)	จู่โจม	jòo johm
rodere (osso, ecc.)	ขบ	khòp
graffiare (vt)	ข่วน	khùan
nascondersi (vr)	ซ่อน	sôrn
giocare (vi)	เล่น	lên
cacciare (vt)	ล่า	lâa
ibernare (vi)	จำศีล	jam sĕen
estinguersi (vr)	สูญพันธุ์	sŏon phan

223. Animali. Ambiente naturale

ambiente (m) naturale	ที่อยู่อาศัย	thêe yòo aa-săi
migrazione (f)	การอพยพ	gaan òp-phá-yóp
monte (m), montagna (f)	ภูเขา	phoo khăo
scogliera (f)	แนวปะการัง	naew bpà-gaa-rang
falesia (f)	หน้าผา	nâa phăa
foresta (f)	ป่า	bpàa
giungla (f)	ป่าดิบชื้น	bpàa dìp chéun
savana (f)	สะวันนา	sà wan naa
tundra (f)	ทันดรา	than-draa
steppa (f)	ทุ่งหญ้าสเตปป์	thûng yâa sà-dtàyp
deserto (m)	ทะเลทราย	thá-lay saai
oasi (f)	โอเอซิส	oh-ay-sít
mare (m)	ทะเล	thá-lay
lago (m)	ทะเลสาบ	thá-lay sàap
oceano (m)	มหาสมุทร	má-hăa sà-mùt
palude (f)	บึง	beung
di acqua dolce	น้ำจืด	nám jèut
stagno (m)	บอน้ำ	bòr náam
fiume (m)	แมน้ำ	mâe náam
tana (f) (dell'orso)	ถ้ำสัตว์	thâm sàt
nido (m)	รัง	rang
cavità (f) (~ in un albero)	โพรงไม้	phrohng máai
tana (f) (del fox, ecc.)	โพรง	phrohng
formicaio (m)	รังมด	rang mót

224. Cura degli animali

zoo (m)	สวนสัตว์	sŭan sàt
riserva (f) naturale	เขตสงวนธรรมชาติ	khàyt sà-ngŭan tham-má-châat
allevatore (m)	ที่ขยายพันธุ์	thêe khà-yăai phan
gabbia (f) all'aperto	กรง	grorng
gabbia (f)	กรง	grorng
canile (m)	บานสุนัข	baan sù-nák
piccionaia (f)	บ้านนกพิราบ	bâan nók phí-râap
acquario (m)	ตูปลา	dtôo bplaa
delfinario (m)	บอโลมา	bòr loh-maa
allevare (vt)	ขยายพันธุ์	khà-yăai phan
cucciolata (f)	ลูกสัตว์	lôok sàt
addomesticare (vt)	เชื่อง	chêuang
ammaestrare (vt)	ฝึก	fèuk
mangime (m)	อาหาร	aa-hăan

dare da mangiare	ให้อาหาร	hâi aa-hǎan
negozio (m) di animali	ร้านสัตว์เลี้ยง	ráan sàt líang
museruola (f)	ตะกร้อปาก	dtà-grôr bpàak
collare (m)	ปลอกคอ	bplòrk kor
nome (m) (di un cane, ecc.)	ชื่อ	chêu
pedigree (m)	สายพันธุ์	sǎai phan

225. Animali. Varie

branco (m)	ฝูง	fǒong
stormo (m)	ฝูง	fǒong
banco (m)	ฝูง	fǒong
mandria (f)	ฝูง	fǒong
maschio (m)	ตัวผู้	dtua phôo
femmina (f)	ตัวเมีย	dtua mia
affamato (agg)	หิว	hǐw
selvatico (agg)	ป่า	bpàa
pericoloso (agg)	อันตราย	an-dtà-raai

226. Cavalli

cavallo (m)	ม้า	máa
razza (f)	พันธุ์	phan
puledro (m)	ลูกม้า	lôok máa
giumenta (f)	ม้าตัวเมีย	máa dtua mia
mustang (m)	ม้าป่า	máa bpàa
pony (m)	ม้าพันธุ์เล็ก	máa phan lék
cavallo (m) da tiro pesante	ม้างาน	máa ngaan
criniera (f)	แผงคอ	phǎeng khor
coda (f)	หาง	hǎang
zoccolo (m)	กีบ	gèep
ferro (m) di cavallo	เกือก	gèuak
ferrare (vt)	ใส่เกือก	sài gèuak
fabbro (m)	ช่างเหล็ก	châang lèk
sella (f)	อานม้า	aan máa
staffa (f)	โกลน	glohn
briglia (f)	บังเหียน	bang hǐan
redini (m pl)	สายบังเหียน	sǎai bang hǐan
frusta (f)	แส้	sâe
fantino (m)	นักขี่ม้า	nák khèe máa
sellare (vt)	ใส่อานม้า	sài aan máa
montare in sella	ขึ้นขี่ม้า	khêun khèe máa
galoppo (m)	การควบม้า	gaan khûap máa
galoppare (vi)	ควบม้า	khûap máa

trotto (m)	การเหยาะย่าง	gaan yòr yâang
al trotto	แบบเหยาะยาง	bàep yòr yâang
andare al trotto	เหยาะยาง	yòr yâang
cavallo (m) da corsa	ม้าแข่ง	máa khàeng
corse (f pl)	การแขงม้า	gaan khàeng máa
scuderia (f)	คอกม้า	khôrk máa
dare da mangiare	ให้อาหาร	hâi aa-hăan
fieno (m)	หญ้าแห้ง	yâa hâeng
abbeverare (vt)	ให้น้ำ	hâi nám
lavare (~ il cavallo)	ทำความสะอาด	tham khwaam sà-àat
carro (m)	รถเทียมม้า	rót thiam máa
pascolare (vi)	เล็มหญ้า	lem yâa
nitrire (vi)	ร้องฮี้ๆ	rórng híí híí
dare un calcio	ถีบ	thèep

Flora

227. Alberi

albero (m)	ต้นไม้	dtôn máai
deciduo (agg)	ผลัดใบ	phlàt bai
conifero (agg)	สน	sŏn
sempreverde (agg)	ซึ่งเขียวชอุ่มตลอดปี	sêung khĭeow chá-ùm dtà-lòrt bpee
melo (m)	ต้นแอปเปิ้ล	dtôn àep-bpêrn
pero (m)	ต้นแพร์	dtôn phae
ciliegio (m)	ต้นเชอร์รี่ป่า	dtôn cher-rêe bpàa
amareno (m)	ต้นเชอร์รี่	dtôn cher-rêe
prugno (m)	ต้นพลัม	dtôn phlam
betulla (f)	ต้นเบิร์ช	dtôn bèrt
quercia (f)	ต้นโอ๊ค	dtôn óhk
tiglio (m)	ต้นไม้ดอกเหลือง	dtôn máai dòrk lĕuang
pioppo (m) tremolo	ต้นแอสเพน	dtôn ae sà-phayn
acero (m)	ต้นเมเปิล	dtôn may bpêrn
abete (m)	ต้นเฟอร์	dtôn fer
pino (m)	ต้นเกี๊ยะ	dtôn gía
larice (m)	ต้นลาร์ช	dtôn lâat
abete (m) bianco	ต้นเฟอร์	dtôn fer
cedro (m)	ต้นซีดาร์	dtôn-see-daa
pioppo (m)	ต้นปอปลาร์	dtôn bpor-bplaa
sorbo (m)	ต้นโรแวน	dtôn-roh-waen
salice (m)	ต้นวิลโลว์	dtôn win-loh
alno (m)	ต้นอัลเดอร์	dtôn an-dêr
faggio (m)	ต้นบีช	dtôn bèet
olmo (m)	ต้นเอล์ม	dtôn elm
frassino (m)	ต้นแอช	dtôn aesh
castagno (m)	ต้นเกาลัด	dtôn gao lát
magnolia (f)	ต้นแมกโนเลีย	dtôn mâek-noh-lia
palma (f)	ต้นปาล์ม	dtôn bpaam
cipresso (m)	ต้นไซเปรส	dtôn-sai-bpràyt
mangrovia (f)	ต้นโกงกาง	dtôn gohng gaang
baobab (m)	ต้นเบาบับ	dtôn bao-bàp
eucalipto (m)	ต้นยูคาลิปตัส	dtôn yoo-khaa-líp-dtàt
sequoia (f)	ต้นสนซีควัยา	dtôn sŏn see kua yaa

228. Arbusti

cespuglio (m)	พุ่มไม้	phûm máai
arbusto (m)	ต้นไม้พุ่ม	dtôn máai phûm
vite (f)	ต้นองุ่น	dtôn a-ngùn
vigneto (m)	ไร่องุ่น	râi a-ngùn
lampone (m)	พุ่มราสเบอร์รี่	phûm râat-ber-rêe
ribes (m) nero	พุ่มแบล็คเคอร์แรนท์	phûm blàek-khêr-raen
ribes (m) rosso	พุ่มเรดเคอร์แรนท์	phûm râyt-khêr-raen
uva (f) spina	พุ่มกูสเบอร์รี่	phûm gòot-ber-rêe
acacia (f)	ต้นอาเคเชีย	dtôn aa-khay-chia
crespino (m)	ต้นบาร์เบอร์รี่	dtôn baa-ber-rêe
gelsomino (m)	มะลิ	má-lí
ginepro (m)	ต้นจูนิเปอร์	dtôn joo-ní-bper
roseto (m)	พุ่มกุหลาบ	phûm gù làap
rosa (f) canina	พุ่มด็อกโรส	phûm dòrk-rôht

229. Funghi

fungo (m)	เห็ด	hèt
fungo (m) commestibile	เห็ดกินได้	hèt gin dâai
fungo (m) velenoso	เห็ดมีพิษ	hèt mee pít
cappello (m)	ดอกเห็ด	dòrk hèt
gambo (m)	ต้นเห็ด	dtôn hèt
porcino (m)	เห็ดพอร์ชินี	hèt phor chí nee
boleto (m) rufo	เห็ดพอร์ชินีดอกเหลือง	hèt phor chí nee dòrk lěuang
porcinello (m)	เห็ดตับเต่าที่ขึ้นบนต้นเบิร์ช	hèt dtàp dtào thêe khêun bon dtôn-bèrt
gallinaccio (m)	เห็ดก่อเหลือง	hèt gòr lěuang
rossola (f)	เห็ดตะไค	hèt dtà khai
spugnola (f)	เห็ดมอเรล	hèt mor rayn
ovolaccio (m)	เห็ดพิษหมวกแดง	hèt phít mùak daeng
fungo (m) moscario	เห็ดระโงกหิน	hèt rá ngôhk hĭn

230. Frutti. Bacche

frutto (m)	ผลไม้	phŏn-lá-máai
frutti (m pl)	ผลไม้	phŏn-lá-máai
mela (f)	แอปเปิ้ล	àep-bpêrn
pera (f)	ลูกแพร์	lôok phae
prugna (f)	พลัม	phlam
fragola (f)	สตรอว์เบอร์รี่	sà-dtror-ber-rêe
amarena (f)	เชอร์รี่	cher-rêe

ciliegia (f)	เชอร์รี่ป่า	cher-rêe bpàa
uva (f)	องุ่น	a-ngùn
lampone (m)	ราสเบอร์รี่	râat-ber-rêe
ribes (m) nero	แบล็คเคอร์แรนท์	blàek khêr-raen
ribes (m) rosso	เรดเคอร์แรนท์	râyt-khêr-raen
uva (f) spina	กูสเบอร์รี่	gòot-ber-rêe
mirtillo (m) di palude	แครนเบอร์รี่	khraen-ber-rêe
arancia (f)	ส้ม	sôm
mandarino (m)	ส้มแมนดาริน	sôm maen daa rin
ananas (m)	สับปะรด	sàp-bpà-rót
banana (f)	กล้วย	glûay
dattero (m)	อินทผลัม	in-thá-phâ-lam
limone (m)	เลมอน	lay-mon
albicocca (f)	แอปริคอท	ae-bprì-khôrt
pesca (f)	ลูกท้อ	lôok thór
kiwi (m)	กีวี	gee wee
pompelmo (m)	ส้มโอ	sôm oh
bacca (f)	เบอร์รี่	ber-rêe
bacche (f pl)	เบอร์รี่	ber-rêe
mirtillo (m) rosso	คาวเบอร์รี่	khaao-ber-rêe
fragola (f) di bosco	สตรอว์เบอร์รี่ป่า	sá-dtrorw ber-rêe bpàa
mirtillo (m)	บิลเบอร์รี่	bil-ber-rêe

231. Fiori. Piante

fiore (m)	ดอกไม้	dòrk máai
mazzo (m) di fiori	ช่อดอกไม้	chôr dòrk máai
rosa (f)	ดอกกุหลาบ	dòrk gù làap
tulipano (m)	ดอกทิวลิป	dòrk thiw-líp
garofano (m)	ดอกคาร์เนชั่น	dòrk khaa-nay-chân
gladiolo (m)	ดอกแกลดิโอลัส	dòrk gaen-dì-oh-lát
fiordaliso (m)	ดอกคอร์นฟลาวเวอร์	dòrk khon-flaao-wer
campanella (f)	ดอกระฆัง	dòrk rá-khang
soffione (m)	ดอกแดนดิไลออน	dòrk daen-dì-lai-on
camomilla (f)	ดอกคาโมมายล์	dòrk khaa-moh maai
aloe (m)	ว่านหางจระเข้	wâan-hăang-jor-rá-khây
cactus (m)	ตะบองเพชร	dtà-bong-phét
ficus (m)	ต้นเลียบ	dtôn lîap
giglio (m)	ดอกลิลี่	dòrk lí-lêe
geranio (m)	ดอกเจอราเนียม	dòrk jer-raa-niam
giacinto (m)	ดอกไฮอะซินท์	dòrk hai-a-sin
mimosa (f)	ดอกไมยราบ	dòrk mai râap
narciso (m)	ดอกนาร์ซิสซัส	dòrk naa-sít-sát
nasturzio (m)	ดอกแนสเตอร์ชัม	dòrk nâet-dtêr-cham
orchidea (f)	ดอกกล้วยไม้	dòrk glûay máai

peonia (f)	ดอกโบตั๋น	dòrk boh-dtăn
viola (f)	ดอกไวโอเล็ต	dòrk wai-oh-lét
viola (f) del pensiero	ดอกแพนซี	dòrk phaen-see
nontiscordardimé (m)	ดอกฟอร์เก็ตมีน็อต	dòrk for-gèt-mee-nót
margherita (f)	ดอกเดซี	dòrk day see
papavero (m)	ดอกป๊อปปี้	dòrk bpóp-bpêe
canapa (f)	กัญชา	gan chaa
menta (f)	สะระแหน่	sà-rá-nàe
mughetto (m)	ดอกลิลลี่แห่งหุบเขา	dòrk lí-lá-lêe hàeng hùp khăo
bucaneve (m)	ดอกหยาดหิมะ	dòrk yàat hì-má
ortica (f)	ตำแย	dtam-yae
acetosa (f)	ซอร์เรล	sor-rayn
ninfea (f)	บัว	bua
felce (f)	เฟิร์น	fern
lichene (m)	ไลเคน	lai-khayn
serra (f)	เรือนกระจก	reuan grà-jòk
prato (m) erboso	สนามหญ้า	sà-năam yâa
aiuola (f)	สนามดอกไม้	sà-năam-dòrk-máai
pianta (f)	พืช	phêut
erba (f)	หญ้า	yâa
filo (m) d'erba	ใบหญ้า	bai yâa
foglia (f)	ใบไม้	bai máai
petalo (m)	กลีบดอก	glèep dòrk
stelo (m)	ลำต้น	lam dtôn
tubero (m)	หัวใต้ดิน	hŭa dtâi din
germoglio (m)	ต้นอ่อน	dtôn òrn
spina (f)	หนาม	năam
fiorire (vi)	บาน	baan
appassire (vi)	เหี่ยว	hìeow
odore (m), profumo (m)	กลิ่น	glìn
tagliare (~ i fiori)	ตัด	dtàt
cogliere (vt)	เด็ด	dèt

232. Cereali, granaglie

grano (m)	เมล็ด	má-lét
cereali (m pl)	ธัญพืช	than-yá-phêut
spiga (f)	รวงข้าว	ruang khâao
frumento (m)	ข้าวสาลี	khâao săa-lee
segale (f)	ข้าวไรย์	khâao rai
avena (f)	ข้าวโอ๊ต	khâao óht
miglio (m)	ข้าวฟ่าง	khâao fâang
orzo (m)	ข้าวบาร์เลย์	khâao baa-lây
mais (m)	ข้าวโพด	khâao-phôht

riso (m)	ข้าว	khâao
grano (m) saraceno	บัควีท	bàk-wêet
pisello (m)	ถั่วลันเตา	thùa-lan-dtao
fagiolo (m)	ถั่วรูปไต	thùa rôop dtai
soia (f)	ถั่วเหลือง	thùa lěuang
lenticchie (f pl)	ถั่วเลนทิล	thùa layn thin
fave (f pl)	ถั่ว	thùa

233. Ortaggi. Verdure

ortaggi (m pl)	ผัก	phàk
verdura (f)	ผักใบเขียว	phàk bai khǐeow
pomodoro (m)	มะเขือเทศ	má-khěua thâyt
cetriolo (m)	แตงกวา	dtaeng-gwaa
carota (f)	แครอท	khae-rót
patata (f)	มันฝรั่ง	man fà-ràng
cipolla (f)	หัวหอม	hǔa hǒrm
aglio (m)	กระเทียม	grà-thiam
cavolo (m)	กะหล่ำปลี	gà-làm bplee
cavolfiore (m)	ดอกกะหล่ำ	dòrk gà-làm
cavoletti (m pl) di Bruxelles	กะหล่ำดาว	gà-làm-daao
broccolo (m)	บร็อคโคลี่	bròrk-khoh-lêe
barbabietola (f)	บีท	beet
melanzana (f)	มะเขือยาว	má-khěua-yaao
zucchina (f)	ซูกินี	soo-gi -nee
zucca (f)	ฟักทอง	fák-thorng
rapa (f)	หัวผักกาด	hǔa-phàk-gàat
prezzemolo (m)	ผักชีฝรั่ง	phàk chee fà-ràng
aneto (m)	ผักชีลาว	phàk-chee-laao
lattuga (f)	ผักกาดหอม	phàk gàat hǒrm
sedano (m)	คื่นช่าย	khêun-châai
asparago (m)	หน่อไม้ฝรั่ง	nòr máai fà-ràng
spinaci (m pl)	ผักโขม	phàk khǒm
pisello (m)	ถั่วลันเตา	thùa-lan-dtao
fave (f pl)	ถั่ว	thùa
mais (m)	ข้าวโพด	khâao-phôht
fagiolo (m)	ถั่วรูปไต	thùa rôop dtai
peperone (m)	พริกหยวก	phrík-yùak
ravanello (m)	หัวผักกาดแดง	hǔa-phàk-gàat daeng
carciofo (m)	อาร์ติโชค	aa dtì chôhk

GEOGRAFIA REGIONALE

Paesi. Nazionalità

234. Europa occidentale

Europa (f)	ยุโรป	yú-ròhp
Unione (f) Europea	สหภาพยุโรป	sà-hà phâap yú-rôhp
europeo (m)	คนยุโรป	khon yú-rôhp
europeo (agg)	ยุโรป	yú-ròhp
Austria (f)	ประเทศออสเตรีย	bprà-thâyt òt-dtria
austriaco (m)	คนออสเตรีย	khon òt-dtria
austriaca (f)	คนออสเตรีย	khon òt-dtria
austriaco (agg)	ออสเตรีย	òrt-dtria
Gran Bretagna (f)	บริเตนใหญ่	brì-dtayn yài
Inghilterra (f)	ประเทศอังกฤษ	bprà-thâyt ang-grìt
britannico (m), inglese (m)	คนอังกฤษ	khon ang-grìt
britannica (f), inglese (f)	คนอังกฤษ	khon ang-grìt
inglese (agg)	อังกฤษ	ang-grìt
Belgio (m)	ประเทศเบลเยียม	bprà-thâyt bayn-yiam
belga (m)	คนเบลเยียม	khon bayn-yiam
belga (f)	คนเบลเยียม	khon bayn-yiam
belga (agg)	เบลเยียม	bayn-yiam
Germania (f)	ประเทศเยอรมนี	bprà-thâyt yer-rá-ma-nee
tedesco (m)	คนเยอรมัน	khon yer-rá-man
tedesca (f)	คนเยอรมัน	khon yer-rá-man
tedesco (agg)	เยอรมัน	yer-rá-man
Paesi Bassi (m pl)	ประเทศเนเธอร์แลนด์	bprà-thâyt nay-ther-laen
Olanda (f)	ประเทศฮอลแลนด์	bprà-thâyt hon-laen
olandese (m)	คนเนเธอร์แลนด์	khon nay-ther-laen
olandese (f)	คนเนเธอร์แลนด์	khon nay-ther-laen
olandese (agg)	เนเธอร์แลนด์	nay-ter-laen
Grecia (f)	ประเทศกรีซ	bprà-thâyt grèet
greco (m)	คนกรีก	khon grèek
greca (f)	คนกรีก	khon grèek
greco (agg)	กรีซ	grèet
Danimarca (f)	ประเทศเดนมาร์ก	bprà-thâyt dayn-màak
danese (m)	คนเดนมาร์ก	khon dayn-màak
danese (f)	คนเดนมาร์ก	khon dayn-màak
danese (agg)	เดนมาร์ก	dayn-màak
Irlanda (f)	ประเทศไอร์แลนด์	bprà-thâyt ai-laen
irlandese (m)	คนไอริช	khon ai-rít

irlandese (f)	คนไอริช	khon ai-rít
irlandese (agg)	ไอร์แลนด์	ai-laen
Islanda (f)	ประเทศไอซ์แลนด์	bprà-thâyt ai-laen
islandese (m)	คนไอซ์แลนด์	khon ai-laen
islandese (f)	คนไอซ์แลนด์	khon ai-laen
islandese (agg)	ไอซ์แลนด์	ai-laen
Spagna (f)	ประเทศสเปน	bprà-thâyt sà-bpayn
spagnolo (m)	คนสเปน	khon sà-bpayn
spagnola (f)	คนสเปน	khon sà-bpayn
spagnolo (agg)	สเปน	sà-bpayn
Italia (f)	ประเทศอิตาลี	bprà-thâyt i-dtaa-lee
italiano (m)	คนอิตาเลียน	khon i-dtaa-lian
italiana (f)	คนอิตาเลียน	khon i-dtaa-lian
italiano (agg)	อิตาลี	i-dtaa-lee
Cipro (m)	ประเทศไซปรัส	bprà-thâyt sai-bpràt
cipriota (m)	คนไซปรัส	khon sai-bpràt
cipriota (f)	คนไซปรัส	khon sai-bpràt
cipriota (agg)	ไซปรัส	sai-bpràt
Malta (f)	ประเทศมอลตา	bprà-thâyt mon-dtaa
maltese (m)	คนมอลตา	khon mon-dtaa
maltese (f)	คนมอลตา	khon mon-dtaa
maltese (agg)	มอลตา	mon-dtâa
Norvegia (f)	ประเทศนอร์เวย์	bprà-thâyt nor-way
norvegese (m)	คนนอร์เวย์	khon nor-way
norvegese (f)	คนนอร์เวย์	khon nor-way
norvegese (agg)	นอร์เวย์	nor-way
Portogallo (f)	ประเทศโปรตุเกส	bprà-thâyt bproh-dtù-gàyt
portoghese (m)	คนโปรตุเกส	khon bproh-dtù-gàyt
portoghese (f)	คนโปรตุเกส	khon bproh-dtù-gàyt
portoghese (agg)	โปรตุเกส	bproh-dtù-gàyt
Finlandia (f)	ประเทศฟินแลนด์	bprà-thâyt fin-laen
finlandese (m)	คนฟินแลนด์	khon fin-laen
finlandese (f)	คนฟินแลนด์	khon fin-laen
finlandese (agg)	ฟินแลนด์	fin-laen
Francia (f)	ประเทศฝรั่งเศส	bprà-thâyt fà-ràng-sàyt
francese (m)	คนฝรั่งเศส	khon fà-ràng-sàyt
francese (f)	คนฝรั่งเศส	khon fà-ràng-sàyt
francese (agg)	ฝรั่งเศส	fà-ràng-sàyt
Svezia (f)	ประเทศสวีเดน	bprà-thâyt sà-wěe-dayn
svedese (m)	คนสวีเดน	khon sà-wěe-dayn
svedese (f)	คนสวีเดน	khon sà-wěe-dayn
svedese (agg)	สวีเดน	sà-wěe-dayn
Svizzera (f)	ประเทศสวิตเซอร์แลนด์	bprà-thâyt sà-wìt-sêr-laen
svizzero (m)	คนสวิส	khon sà-wìt
svizzera (f)	คนสวิส	khon sà-wìt

svizzero (agg)	สวิส	sà-wìt
Scozia (f)	ประเทศสก็อตแลนด์	bprà-thâyt sà-gòt-laen
scozzese (m)	คนสก็อต	khon sà-gòt
scozzese (f)	คนสก็อต	khon sà-gòt
scozzese (agg)	สก็อตแลนด์	sà-gòt-laen
Vaticano (m)	นครรัฐวาติกัน	ná-khon rát waa-dtì-gan
Liechtenstein (m)	ประเทศลิกเตนสไตน์	bprà-thâyt lík-tay-ná-sà-dtai
Lussemburgo (m)	ประเทศลักเซมเบิร์ก	bprà-thâyt lák-saym-bèrk
Monaco (m)	ประเทศโมนาโก	bprà-thâyt moh-naa-goh

235. Europa centrale e orientale

Albania (f)	ประเทศแอลเบเนีย	bprà-thâyt aen-bay-nia
albanese (m)	คนแอลเบเนีย	khon aen-bay-nia
albanese (f)	คนแอลเบเนีย	khon aen-bay-nia
albanese (agg)	แอลเบเนีย	aen-bay-nia
Bulgaria (f)	ประเทศบัลแกเรีย	bprà-thâyt ban-gae-ria
bulgaro (m)	คนบัลแกเรีย	khon ban-gae-ria
bulgara (f)	คนบัลแกเรีย	khon ban-gae-ria
bulgaro (agg)	บัลแกเรีย	ban-gae-ria
Ungheria (f)	ประเทศฮังการี	bprà-thâyt hang-gaa-ree
ungherese (m)	คนฮังการี	khon hang-gaa-ree
ungherese (f)	คนฮังการี	khon hang-gaa-ree
ungherese (agg)	ฮังการี	hang-gaa-ree
Lettonia (f)	ประเทศลัตเวีย	bprà-thâyt lát-wia
lettone (m)	คนลัตเวีย	khon lát-wia
lettone (f)	คนลัตเวีย	khon lát-wia
lettone (agg)	ลัตเวีย	lát-wia
Lituania (f)	ประเทศลิทัวเนีย	bprà-thâyt lí-thua-nia
lituano (m)	คนลิทัวเนีย	khon lí-thua-nia
lituana (f)	คนลิทัวเนีย	khon lí-thua-nia
lituano (agg)	ลิทัวเนีย	lí-thua-nia
Polonia (f)	ประเทศโปแลนด์	bprà-thâyt bpoh-laen
polacco (m)	คนโปแลนด์	khon bpoh-laen
polacca (f)	คนโปแลนด์	khon bpoh-laen
polacco (agg)	โปแลนด์	bpoh-laen
Romania (f)	ประเทศโรมาเนีย	bprà-thâyt roh-maa-nia
rumeno (m)	คนโรมาเนีย	khon roh-maa-nia
rumena (f)	คนโรมาเนีย	khon roh-maa-nia
rumeno (agg)	โรมาเนีย	roh-maa-nia
Serbia (f)	ประเทศเซอร์เบีย	bprà-thâyt sêr-bia
serbo (m)	คนเซอร์เบีย	khon sêr-bia
serba (f)	คนเซอร์เบีย	khon sêr-bia
serbo (agg)	เซอร์เบีย	sêr-bia
Slovacchia (f)	ประเทศสโลวาเกีย	bprà-thâyt sà-loh-waa-gia
slovacco (m)	คนสโลวาเกีย	khon sà-loh-waa-gia

slovacca (f)	คนสโลวาเกีย	khon sà-loh-waa-gia
slovacco (agg)	สโลวาเกีย	sà-loh-waa-gia
Croazia (f)	ประเทศโครเอเชีย	bprà-thâyt khroh-ay-chia
croato (m)	คนโครเอเชีย	khon khroh-ay-chia
croata (f)	คนโครเอเชีย	khon khroh-ay-chia
croato (agg)	โครเอเชีย	khroh-ay-chia
Repubblica (f) Ceca	ประเทศเช็กเกีย	bprà-thâyt chék-gia
ceco (m)	คนเช็ก	khon chék
ceca (f)	คนเช็ก	khon chék
ceco (agg)	เช็กเกีย	chék-gia
Estonia (f)	ประเทศเอสโตเนีย	bprà-thâyt àyt-dtoh-nia
estone (m)	คนเอสโตเนีย	khon àyt-dtoh-nia
estone (f)	คนเอสโตเนีย	khon àyt-dtoh-nia
estone (agg)	เอสโตเนีย	àyt-dtoh-nia
Bosnia-Erzegovina (f)	ประเทศบอสเนีย และเฮอรเซโกวินา	bprà-thâyt bòt-nia láe her-say-goh-wí-naa
Macedonia (f)	ประเทศมาซิโดเนีย	bprà-thâyt maa-sí-doh-nia
Slovenia (f)	ประเทศสโลวีเนีย	bprà-thâyt sà-loh-wee-nia
Montenegro (m)	ประเทศ มอนเตเนโกร	bprà-thâyt mon-dtay-nay-groh

236. Paesi dell'ex Unione Sovietica

Azerbaigian (m)	ประเทศอาเซอร์ไบจาน	bprà-thâyt aa-sêr-bai-jaan
azerbaigiano (m)	คนอาเซอร์ไบจาน	khon aa-sêr-bai-jaan
azerbaigiana (f)	คนอาเซอร์ไบจาน	khon aa-sêr-bai-jaan
azerbaigiano (agg)	อาเซอร์ไบจาน	aa-sêr-bai-jaan
Armenia (f)	ประเทศอาร์เมเนีย	bprà-thâyt aa-may-nia
armeno (m)	คนอาร์เมเนีย	khon aa-may-nia
armena (f)	คนอาร์เมเนีย	khon aa-may-nia
armeno (agg)	อาร์เมเนีย	aa-may-nia
Bielorussia (f)	ประเทศเบลารุส	bprà-thâyt blao-rút
bielorusso (m)	คนเบลารุส	khon blao-rút
bielorussa (f)	คนเบลารุส	khon blao-rút
bielorusso (agg)	เบลารุส	blao-rút
Georgia (f)	ประเทศจอร์เจีย	bprà-thâyt jor-jia
georgiano (m)	คนจอร์เจีย	khon jor-jia
georgiana (f)	คนจอร์เจีย	khon jor-jia
georgiano (agg)	จอร์เจีย	jor-jia
kazaco (m)	คนคาซัคสถาน	khon khaa-sák-sà-thăan
kazaca (f)	คนคาซัคสถาน	khon khaa-sák-sà-thăan
kazaco (agg)	คาซัคสถาน	khaa-sák-sà-thăan
Kazakistan (m)	ประเทศคาซัคสถาน	bprà-thâyt khaa-sák-sà-thăan
Kirghizistan (m)	ประเทศ คีร์กีซสถาน	bprà-thâyt khee-gèet-- à-thăan

kirghiso (m)	คนคีร์กีซสถาน	khon khee-gèet-sà-thǎan
kirghisa (f)	คนคีร์กีซสถาน	khon khee-gèet-sà-thǎan
kirghiso (agg)	คีร์กีซสถาน	khee-gèet-sà-thǎan
Moldavia (f)	ประเทศมอลโดวา	bprà-thâyt mon-doh-waa
moldavo (m)	คนมอลโดวา	khon mon-doh-waa
moldava (f)	คนมอลโดวา	khon mon-doh-waa
moldavo (agg)	มอลโดวา	mon-doh-waa
Russia (f)	ประเทศรัสเซีย	bprà-thâyt rát-sia
russo (m)	คนรัสเซีย	khon rát-sia
russa (f)	คนรัสเซีย	khon rát-sia
russo (agg)	รัสเซีย	rát-sia
Tagikistan (m)	ประเทศทาจิกิสถาน	bprà-thâyt thaa-jì-gìt-thǎan
tagico (m)	คนทาจิกิสถาน	khon thaa-jì-gìt-thǎan
tagica (f)	คนทาจิกิสถาน	khon thaa-jì-gìt-thǎan
tagico (agg)	ทาจิกิสถาน	thaa-jì-gìt-thǎan
Turkmenistan (m)	ประเทศ เติร์กเมนิสถาน	bprà-thâyt dtèrk-may-nít-thǎan
turkmeno (m)	คนเติร์กเมนิสถาน	khon dtèrk-may-nít-thǎan
turkmena (f)	คนเติร์กเมนิสถาน	khon dtèrk-may-nít-thǎan
turkmeno (agg)	เติร์กเมนิสถาน	dtèrk-may-nít-thǎan
Uzbekistan (m)	ประเทศอุซเบกิสถาน	bprà-thâyt ùt-bay-gìt-thǎan
usbeco (m)	คนอุซเบกิสถาน	khon ùt-bay-gìt-thǎan
usbeca (f)	คนอุซเบกิสถาน	khon ùt-bay-gìt-thǎan
usbeco (agg)	อุซเบกิสถาน	ùt-bay-gìt-thǎan
Ucraina (f)	ประเทศยูเครน	bprà-thâyt yoo-khrayn
ucraino (m)	คนยูเครน	khon yoo-khrayn
ucraina (f)	คนยูเครน	khon yoo-khrayn
ucraino (agg)	ยูเครน	yoo-khrayn

237. Asia

Asia (f)	เอเชีย	ay-chia
asiatico (agg)	เอเชีย	ay-chia
Vietnam (m)	ประเทศเวียดนาม	bprà-thâyt wîat-naam
vietnamita (m)	คนเวียดนาม	khon wîat-naam
vietnamita (f)	คนเวียดนาม	khon wîat-naam
vietnamita (agg)	เวียดนาม	wîat-naam
India (f)	ประเทศอินเดีย	bprà-thâyt in-dia
indiano (m)	คนอินเดีย	khon in-dia
indiana (f)	คนอินเดีย	khon in-dia
indiano (agg)	อินเดีย	in-dia
Israele (m)	ประเทศอิสราเอล	bprà-thâyt ìt-sà-rǎa-ayn
israeliano (m)	คนอิสราเอล	khon ìt-sà-rǎa-ayn
israeliana (f)	คนอิสราเอล	khon ìt-sà-rǎa-ayn
israeliano (agg)	อิสราเอล	ìt-sà-rǎa-ayn

ebreo (m)	คนยิว	khon yiw
ebrea (f)	คนยิว	khon yiw
ebraico (agg)	ยิว	yiw
Cina (f)	ประเทศจีน	bprà-thâyt jeen
cinese (m)	คนจีน	khon jeen
cinese (f)	คนจีน	khon jeen
cinese (agg)	จีน	jeen
coreano (m)	คนเกาหลี	khon gao-lěe
coreana (f)	คนเกาหลี	khon gao-lěe
coreano (agg)	เกาหลี	gao-lěe
Libano (m)	ประเทศเลบานอน	bprà-thâyt lay-baa-non
libanese (m)	คนเลบานอน	khon lay-baa-non
libanese (f)	คนเลบานอน	khon lay-baa-non
libanese (agg)	เลบานอน	lay-baa-non
Mongolia (f)	ประเทศมองโกเลีย	bprà-thâyt mong-goh-lia
mongolo (m)	คนมองโกล	khon mong-gloh
mongola (f)	คนมองโกล	khon mong-gloh
mongolo (agg)	มองโกเลีย	mong-goh-lia
Malesia (f)	ประเทศมาเลเซีย	bprà-thâyt maa-lay-sia
malese (m)	คนมาเลย์	khon maa-lây
malese (f)	คนมาเลย์	khon maa-lây
malese (agg)	มาเลเซีย	maa-lay-sia
Pakistan (m)	ประเทศปากีสถาน	bprà-thâyt bpaa-gèet-thǎan
pakistano (m)	คนปากีสถาน	khon bpaa-gèet-thǎan
pakistana (f)	คนปากีสถาน	khon bpaa-gèet-thǎan
pakistano (agg)	ปากีสถาน	bpaa-gèet-thǎan
Arabia Saudita (f)	ประเทศ ซาอุดิอาระเบีย	bprà-thâyt saa-u-dì aa-ra--bia
arabo (m), saudita (m)	คนอาหรับ	khon aa-ràp
araba (f), saudita (f)	คนอาหรับ	khon aa-ràp
arabo (agg)	อาหรับ	aa-ràp
Tailandia (f)	ประเทศไทย	bprà-tâyt thai
tailandese (m)	คนไทย	khon thai
tailandese (f)	คนไทย	khon thai
tailandese (agg)	ไทย	thai
Taiwan (m)	ไต้หวัน	dtâi-wǎn
taiwanese (m)	คนไต้หวัน	khon dtâi-wǎn
taiwanese (f)	คนไต้หวัน	khon dtâi-wǎn
taiwanese (agg)	ไต้หวัน	dtâi-wǎn
Turchia (f)	ประเทศตุรกี	bprà-thâyt dtù-rá-gee
turco (m)	คนเติร์ก	khon dtèrk
turca (f)	คนเติร์ก	khon dtèrk
turco (agg)	ตุรกี	dtù-rá-gee
Giappone (m)	ประเทศญี่ปุ่น	bprà-thâyt yêe-bpùn
giapponese (m)	คนญี่ปุ่น	khon yêe-bpùn

giapponese (f)	คนญี่ปุ่น	khon yêe-bpùn
giapponese (agg)	ญี่ปุ่น	yêe-bpùn
Afghanistan (m)	ประเทศอัฟกานิสถาน	bprà-thâyt àf-gaa-nít-thăan
Bangladesh (m)	ประเทศบังคลาเทศ	bprà-thâyt bang-khlaa-thâyt
Indonesia (f)	ประเทศอินโดนีเซีย	bprà-thâyt in-doh-nee-sia
Giordania (f)	ประเทศจอร์แดน	bprà-thâyt jor-daen
Iraq (m)	ประเทศอิรัก	bprà-thâyt i-rák
Iran (m)	ประเทศอิหร่าน	bprà-thâyt i-ràan
Cambogia (f)	ประเทศกัมพูชา	bprà-thâyt gam-phoo-chaa
Kuwait (m)	ประเทศคูเวต	bprà-thâyt khoo-wâyt
Laos (m)	ประเทศลาว	bprà-thâyt laao
Birmania (f)	ประเทศเมียนมาร์	bprà-thâyt mian-maa
Nepal (m)	ประเทศเนปาล	bprà-thâyt nay-bpaan
Emirati (m pl) Arabi	สหรัฐอาหรับเอมิเรตส์	sà-hà-rát aa-ràp ay-mí-râyt
Siria (f)	ประเทศซีเรีย	bprà-thâyt see-ria
Palestina (f)	ปาเลสไตน์	bpaa-lâyt-dtai
Corea (f) del Sud	เกาหลีใต้	gao-lĕe dtâi
Corea (f) del Nord	เกาหลีเหนือ	gao-lĕe nĕua

238. America del Nord

Stati (m pl) Uniti d'America	สหรัฐอเมริกา	sà-hà-rát a-may-rí-gaa
americano (m)	คนอเมริกา	khon a-may-rí-gaa
americana (f)	คนอเมริกา	khon a-may-rí-gaa
americano (agg)	อเมริกา	a-may-rí-gaa
Canada (m)	ประเทศแคนาดา	bprà-thâyt khae-naa-daa
canadese (m)	คนแคนาดา	khon khae-naa-daa
canadese (f)	คนแคนาดา	khon khae-naa-daa
canadese (agg)	แคนาดา	khae-naa-daa
Messico (m)	ประเทศเม็กซิโก	bprà-thâyt mék-sí-goh
messicano (m)	คนเม็กซิโก	khon mék-sí-goh
messicana (f)	คนเม็กซิโก	khon mék-sí-goh
messicano (agg)	เม็กซิโก	mék-sí-goh

239. America centrale e America del Sud

Argentina (f)	ประเทศอาร์เจนตินา	bprà-thâyt aa-jayn-dtì-naa
argentino (m)	คนอาร์เจนตินา	khon aa-jayn-dtì-naa
argentina (f)	คนอาร์เจนตินา	khon aa-jayn-dtì-naa
argentino (agg)	อาร์เจนตินา	aa-jayn-dtì-naa
Brasile (m)	ประเทศบราซิล	bprà-thâyt braa-sin
brasiliano (m)	คนบราซิล	khon braa-sin
brasiliana (f)	คนบราซิล	khon braa-sin
brasiliano (agg)	บราซิล	braa-sin
Colombia (f)	ประเทศโคลัมเบีย	bprà-thâyt khoh-lam-bia

colombiano (m)	คนโคลัมเบีย	khon khoh-lam-bia
colombiana (f)	คนโคลัมเบีย	khon khoh-lam-bia
colombiano (agg)	โคลัมเบีย	khoh-lam-bia
Cuba (f)	ประเทศคิวบา	bprà-thâyt khiw-baa
cubano (m)	คนคิวบา	khon khiw-baa
cubana (f)	คนคิวบา	khon khiw-baa
cubano (agg)	คิวบา	khiw-baa
Cile (m)	ประเทศชิลี	bprà-thâyt chí-lee
cileno (m)	คนชิลี	khon chí-lee
cilena (f)	คนชิลี	khon chí-lee
cileno (agg)	ชิลี	chí-lee
Bolivia (f)	ประเทศโบลิเวีย	bprà-thâyt boh-lí-wia
Venezuela (f)	ประเทศเวเนซุเอลา	bprà-thâyt way-nay-sú-ay-laa
Paraguay (m)	ประเทศปารากวัย	bprà-thâyt bpaa-raa-gwai
Perù (m)	ประเทศเปรู	bprà-thâyt bpay-roo
Suriname (m)	ประเทศซูรินาม	bprà-thâyt soo-rí-naam
Uruguay (m)	ประเทศอุรุกวัย	bprà-thâyt u-rúk-wai
Ecuador (m)	ประเทศเอกวาดอร์	bprà-thâyt ay-gwaa-dor
Le Bahamas	ประเทศบาฮามาส	bprà-thâyt baa-haa-mâat
Haiti (m)	ประเทศเฮติ	bprà-thâyt hay-dtì
Repubblica (f) Dominicana	สาธารณรัฐโดมินิกัน	săa-thaa-rá-ná rát doh-mí-ní-gan
Panama (m)	ประเทศปานามา	bprà-thâyt bpaa-naa-maa
Giamaica (f)	ประเทศจาเมกา	bprà-thâyt jaa-may-gaa

240. Africa

Egitto (m)	ประเทศอียิปต์	bprà-thâyt bprà-thâyt ee-yíp
egiziano (m)	คนอียิปต์	khon ee-yíp
egiziana (f)	คนอียิปต์	khon ee-yíp
egiziano (agg)	อียิปต์	ee-yíp
Marocco (m)	ประเทศมอร็อคโค	bprà-thâyt mor-rók-khoh
marocchino (m)	คนมอร็อคโค	khon mor-rók-khoh
marocchina (f)	คนมอร็อคโค	khon mor-rók-khoh
marocchino (agg)	มอร็อคโค	mor-rók-khoh
Tunisia (f)	ประเทศตูนิเซีย	bprà-thâyt dtoo-ní-sia
tunisino (m)	คนตูนีเซีย	khon dtoo-ní-sia
tunisina (f)	คนตูนีเซีย	khon dtoo-ní-sia
tunisino (agg)	ตูนีเซีย	dtoo-ní-sia
Ghana (m)	ประเทศกานา	bprà-thâyt gaa-naa
Zanzibar	ประเทศแซนซิบาร์	bprà-thâyt saen-sí-baa
Kenya (m)	ประเทศเคนยา	bprà-thâyt khayn-yâa
Libia (f)	ประเทศลิเบีย	bprà-thâyt lí-bia
Madagascar (m)	ประเทศมาดากัสการ์	bprà-thâyt maa-daa-gàt-gaa
Namibia (f)	ประเทศนามิเบีย	bprà-thâyt naa-mí-bia
Senegal (m)	ประเทศเซเนกัล	bprà-thâyt say-nay-gan

Tanzania (f)	ประเทศแทนซาเนีย	bprà-thâyt thaen-saa-nia
Repubblica (f) Sudafricana	ประเทศแอฟริกาใต	bprà-thâyt àef-rí-gaa dtâi
africano (m)	คนแอฟริกา	khon àef-rí-gaa
africana (f)	คนแอฟริกา	khon àef-rí-gaa
africano (agg)	แอฟริกา	àef-rí-gaa

241. Australia. Oceania

Australia (f)	ประเทศออสเตรเลีย	bprà-thâyt òt-dtray-lia
australiano (m)	คนออสเตรเลีย	khon òt-dtray-lia
australiana (f)	คนออสเตรเลีย	khon òt-dtray-lia
australiano (agg)	ออสเตรเลีย	òrt-dtray-lia
Nuova Zelanda (f)	ประเทศนิวซีแลนด์	bprà-thâyt niw-see-laen
neozelandese (m)	คนนิวซีแลนด์	khon niw-see-laen
neozelandese (f)	คนนิวซีแลนด์	khon niw-see-laen
neozelandese (agg)	นิวซีแลนด์	niw-see-laen
Tasmania (f)	ประเทศแทสเมเนีย	bprà-thâyt thâet-may-nia
Polinesia (f) Francese	เฟรนช์โปลินีเซีย	frayn-bpoh-lí-nee-sia

242. Città

L'Aia	เดอะเฮก	dùh hêyk
Amburgo	แฮมเบิร์ก	haem-bèrk
Amsterdam	อัมสเตอร์ดัม	am-sà-dtêr-dam
Ankara	อังคารา	ang-khaa-raa
Atene	เอเธนส์	ay-thayn
L'Avana	ฮาวานา	haa waa-naa
Baghdad	แบกแดด	bàek-dàet
Bangkok	กรุงเทพฯ	grung thâyp
Barcellona	บาร์เซโลนา	baa-say-loh-naa
Beirut	เบรุต	bay-rút
Berlino	เบอร์ลิน	ber-lin
Bombay, Mumbai	มุมไบ	mum-bai
Bonn	บอนน์	bon
Bordeaux	บอร์โด	bor doh
Bratislava	บราติสลาวา	braa-dtìt-laa-waa
Bruxelles	บรัสเซล	bràt-sayn
Bucarest	บูคาเรสต์	boo-khaa-râyt
Budapest	บูดาเปส	boo-daa-bpàyt
Il Cairo	ไคโร	khai-roh
Calcutta	คัลคัตตา	khan-khát-dtaa
Chicago	ชิคาโก	chí-khaa-goh
Città del Messico	เม็กซิโกซิตี้	mék-sí-goh sí-dtêe
Copenaghen	โคเปนเฮเกน	khoh-bpayn-hay-gayn
Dar es Salaam	ดาร์เอสซาลาม	daa àyt saa laam
Delhi	เดลี	day-lee

Dubai	ดูไบ	doo-bai
Dublino	ดับลิน	dàp-lin
Düsseldorf	ดุสเซลดอร์ฟ	dùt-sayn-dòf
Firenze	ฟลอเรนซ์	flor-rayn
Francoforte	แฟรงค์เฟิร์ท	fraeng-fêrt
Gerusalemme	เยรูซาเลม	yay-roo-saa-laym
Ginevra	เจนีวา	jay-nee-waa
Hanoi	ฮานอย	haa-noi
Helsinki	เฮลซิงกิ	hayn-sing-gì
Hiroshima	ฮิโรชิมา	hí-roh-chí-mâa
Hong Kong	ฮองกง	hôrng-gong
Istanbul	อิสตันบูล	ìt-dtan-boon
Kiev	เคียฟ	khîaf
Kuala Lumpur	กัวลาลัมเปอร์	gua-laa lam-bper
Lione	ลียง	lee-yong
Lisbona	ลิสบอน	lít-bon
Londra	ลอนดอน	lon-don
Los Angeles	ลอสแองเจลิส	lôt-aeng-jay-lít
Madrid	มาดริด	maa-drìt
Marsiglia	มาร์กเซย	màak-soie
Miami	ไมอามี่	mai-aa-mêe
Monaco di Baviera	มิวนิค	miw-ník
Montreal	มอนทรีออล	mon-three-on
Mosca	มอสโก	mor-sà-goh
Nairobi	ไนโรบี	nai-roh-bee
Napoli	เนเปิลส์	nay-bpern
New York	นิวยอร์ค	niw-yôk
Nizza	นิซ	nít
Oslo	ออสโล	òrt-loh
Ottawa	อ็อตตาวา	òt-dtaa-waa
Parigi	ปารีส	bpaa-rêet
Pechino	ปักกิ่ง	bpàk-gìng
Praga	ปราก	bpràak
Rio de Janeiro	ริโอเดจาเนโร	rí-oh-ay jaa-nay-roh
Roma	โรม	rohm
San Pietroburgo	เซนต์ปีเตอร์สเบิร์ก	sayn bpì-dtèrt-bèrk
Seoul	โซล	sohn
Shanghai	เซี่ยงไฮ้	sîang-hái
Sidney	ซิดนีย์	sít-nee
Singapore	สิงคโปร์	sĭng-khá-bpoh
Stoccolma	สต็อกโฮล์ม	sà-dtòk-hohm
Taipei	ไทเป	thai-bpay
Tokio	โตเกียว	dtoh-gieow
Toronto	โตรอนโต	dtoh-ron-dtoh
Varsavia	วอร์ซอว์	wor-sor
Venezia	เวนิส	way-nít
Vienna	เวียนนา	wian-naa
Washington	วอชิงตัน	wor ching dtan

243. Politica. Governo. Parte 1

politica (f)	การเมือง	gaan meuang
politico (agg)	ทางการเมือง	thang gaan meuang
politico (m)	นักการเมือง	nák gaan meuang
stato (m) (nazione, paese)	รัฐ	rát
cittadino (m)	พลเมือง	phon-lá-meuang
cittadinanza (f)	สัญชาติ	săn-châat
emblema (m) nazionale	ตราประจำชาติ	dtraa bprà-jam châat
inno (m) nazionale	เพลงชาติ	phlayng châat
governo (m)	รัฐบาล	rát-thà-baan
capo (m) di Stato	ผู้นำประเทศ	phôo nam bprà-thâyt
parlamento (m)	รัฐสภา	rát-thà-sà-phaa
partito (m)	พรรคการเมือง	phák gaan meuang
capitalismo (m)	ทุนนิยม	thun ní-yom
capitalistico (agg)	แบบทุนนิยม	bàep thun ní-yom
socialismo (m)	สังคมนิยม	săng-khom ní-yom
socialista (agg)	แบบสังคมนิยม	bàep săng-khom ní-yom
comunismo (m)	ลัทธิคอมมิวนิสต์	lát-thí khom-miw-nít
comunista (agg)	แบบคอมมิวนิสต์	bàep khom-miw-nít
comunista (m)	คนคอมมิวนิสต์	khon khom-miw-nít
democrazia (f)	ประชาธิปไตย	bprà-chaa-thíp-bpà-dtai
democratico (m)	ผู้นิยมประชาธิปไตย	phôo ní-yom bprà-chaa-típ-bpà-dtai
democratico (agg)	แบบประชาธิปไตย	bàep bprà-chaa-thíp-bpà-dtai
partito (m) democratico	พรรคประชาธิปัตย์	phák bprà-chaa-tí-bpàt
liberale (m)	ผู้เอียงเสรีนิยม	phôo iang sǎy-ree ní-yom
liberale (agg)	แบบเสรีนิยม	bàep sǎy-ree ní-yom
conservatore (m)	ผู้เอียงอนุรักษ์นิยม	phôo iang a-nú rák ní-yom
conservatore (agg)	แบบอนุรักษ์นิยม	bàep a-nú rák ní-yom
repubblica (f)	สาธารณรัฐ	săa-thaa-rá-ná rát
repubblicano (m)	รีพับลิกัน	ree pháp lí gan
partito (m) repubblicano	พรรครีพับลิกัน	phák ree-pháp-lí-gan
elezioni (f pl)	การเลือกตั้ง	gaan lêuak dtâng
eleggere (vt)	เลือก	lêuak
elettore (m)	ผู้ออกเสียงลงคะแนน	phôo òrk sĭang long khá-naen
campagna (f) elettorale	การรณรงค์หาเสียง	gaan ron-ná-rorng hăa sĭang
votazione (f)	การออกเสียงลงคะแนน	gaan òrk sĭang long khá-naen
votare (vi)	ลงคะแนน	long khá-naen
diritto (m) di voto	สิทธิในการเลือกตั้ง	sìt-thí nai gaan lêuak dtâng
candidato (m)	ผู้สมัคร	phôo sà-màk
candidarsi (vr)	ลงสมัคร	long sà-màk

campagna (f)	การรณรงค์	gaan ron-ná-rorng
d'opposizione (agg)	ฝ่ายค้าน	fàai kháan
opposizione (f)	ฝ่ายค้าน	fàai kháan
visita (f)	การเยือน	gaan yeuan
visita (f) ufficiale	การเยือนอย่างเป็นทางการ	gaan yeuan yàang bpen thaang gaan
internazionale (agg)	แบบสากล	bàep sǎa-gon
trattative (f pl)	การเจรจา	gaan jayn-rá-jaa
negoziare (vi)	เจรจา	jayn-rá-jaa

244. Politica. Governo. Parte 2

società (f)	สังคม	sǎng-khom
costituzione (f)	รัฐธรรมนูญ	rát-thà-tham-má-noon
potere (m) (~ politico)	อำนาจ	am-nâat
corruzione (f)	การทุจริตคอรัปชั่น	gaan thút-jà-rìt khor-ráp-chân
legge (f)	กฎหมาย	gòt mǎai
legittimo (agg)	ทางกฎหมาย	thaang gòt mǎai
giustizia (f)	ความยุติธรรม	khwaam yút-dtì-tham
giusto (imparziale)	เป็นธรรม	bpen tham
comitato (m)	คณะกรรมการ	khá-ná gam-má-gaan
disegno (m) di legge	ร่าง	râang
bilancio (m)	งบประมาณ	ngóp bprà-maan
politica (f)	นโยบาย	ná-yoh-baai
riforma (f)	ปฏิรูป	bpà-dtì rôop
radicale (agg)	รุนแรง	run raeng
forza (f) (potenza)	กำลัง	gam-lang
potente (agg)	ทรงพลัง	song phá-lang
sostenitore (m)	ผู้สนับสนุน	phôo sà-nàp-sà-nǔn
influenza (f)	อิทธิพล	ìt-thí pon
regime (m) (~ militare)	ระบอบการปกครอง	rá-bòrp gaan bpòk khrorng
conflitto (m)	ความขัดแย้ง	khwaam khàt yáeng
complotto (m)	การคบคิด	gaan khóp khít
provocazione (f)	การยั่วยุ	gaan yûa yú
rovesciare (~ un regime)	ล้มล้าง	lóm láang
rovesciamento (m)	การล้ม	gaan lóm
rivoluzione (f)	ปฏิวัติ	bpà-dtì-wát
colpo (m) di Stato	รัฐประหาร	rát-thà-bprà-hǎan
golpe (m) militare	การยึดอำนาจด้วยกำลังทหาร	gaan yéut am-nâat dûay gam-lang thá-hǎan
crisi (f)	วิกฤติ	wí-grìt
recessione (f) economica	ภาวะเศรษฐกิจถดถอย	phaa-wá sàyt-thà-gìt thòt thǒi
manifestante (m)	ผู้ประท้วง	phôo bprà-thúang
manifestazione (f)	การประท้วง	gaan bprà-thúang

legge (f) marziale	กฎอัยการศึก	gòt ai-yá-gaan sèuk
base (f) militare	ฐานทัพ	thǎan tháp
stabilità (f)	ความมั่นคง	khwaam mân-khong
stabile (agg)	มั่นคง	mân khong
sfruttamento (m)	การขูดรีด	gaan khòot rêet
sfruttare (~ i lavoratori)	ขูดรีด	khòot rêet
razzismo (m)	คติินิยมเชื้อชาติ	khá-dtì ní-yom chéua châat
razzista (m)	ผูเหยียดผิว	phôo yìat phǐw
fascismo (m)	ลัทธิฟาสซิสต์	lát-thí fâat-sít
fascista (m)	ผูนิยมลัทธิฟาสซิสต์	phôo ní-yom lát-thí fâat-sít

245. Paesi. Varie

straniero (m)	คนต่างชาติ	khon dtàang châat
straniero (agg)	ตางชาติ	dtàang châat
all'estero	ตางประเทศ	dtàang bprà-thâyt
emigrato (m)	ผู้อพยพ	phôo òp-phá-yóp
emigrazione (f)	การอพยพ	gaan òp-phá-yóp
emigrare (vi)	อพยพ	òp-phá-yóp
Ovest (m)	ตะวันตก	dtà-wan dtòk
Est (m)	ตะวันออก	dtà-wan òrk
Estremo Oriente (m)	ตะวันออกไกล	dtà-wan òrk glai
civiltà (f)	อารยธรรม	aa-rá-yá-tham
umanità (f)	มนุษยชาติ	má-nút-sà-yá-châat
mondo (m)	โลก	lôhk
pace (f)	ความสงบสุข	khwaam sà-ngòp-sùk
mondiale (agg)	ทั่วโลก	thûa lôhk
patria (f)	บ้านเกิด	bâan gèrt
popolo (m)	ประชาชน	bprà-chaa chon
popolazione (f)	ประชากร	bprà-chaa gon
gente (f)	ประชาชน	bprà-chaa chon
nazione (f)	ชาติ	châat
generazione (f)	รุน	rûn
territorio (m)	อาณาเขต	aa-naa khàyt
regione (f)	ภูมิภาค	phoo-mí-phâak
stato (m)	รัฐ	rát
tradizione (f)	ธรรมเนียม	tham-niam
costume (m)	ประเพณี	bprà-phay-nee
ecologia (f)	นิเวศวิทยา	ní-wâyt wít-thá-yaa
indiano (m)	อินเดียนแดง	in-dian daeng
zingaro (m)	คนยิปซี	khon yíp-see
zingara (f)	คนยิปซี	khon yíp-see
di zingaro	ยิปซี	yíp see

impero (m)	จักรวรรดิ	jàk-grà-wàt
colonia (f)	อาณานิคม	aa-naa ní-khom
schiavitù (f)	การใชแรงงานทาส	gaan chái raeng ngaan thâat
invasione (f)	การบุกรุก	gaan bùk rúk
carestia (f)	ความอดอยาก	khwaam òt yàak

246. Principali gruppi religiosi. Credi religiosi

religione (f)	ศาสนา	sàat-sà-năa
religioso (agg)	ศาสนา	sàat-sà-năa
fede (f)	ศรัทธา	sàt-thaa
credere (vi)	นับถือ	náp thĕu
credente (m)	ผู้ศรัทธา	phôo sàt-thaa
ateismo (m)	อเทวนิยม	a-thay-wá ní-yom
ateo (m)	ผู้เชื่อว่าไม่มีพระเจ้า	phôo chêua wâa mâi mee phrá jâo
cristianesimo (m)	ศาสนาคริสต์	sàat-sà-năa khrít
cristiano (m)	ผู้นับถือศาสนาคริสต์	phôo náp thĕu sàat-sà-năa khrít
cristiano (agg)	ศาสนาคริสต์	sàat-sà-năa khrít
cattolicesimo (m)	ศาสนาคาธอลิก	sàat-sà-năa khaa-thor-lík
cattolico (m)	ผู้นับถือศาสนาคาธอลิก	phôo náp thĕu sàat-sà-năa khaa-thor-lík
cattolico (agg)	คาธอลิก	khaa-thor-lík
Protestantesimo (m)	ศาสนาโปรแตสแตนท์	sàat-sà-năa bproh-dtàet-dtaen
Chiesa (f) protestante	โบสถ์นิกายโปรแตสแตนท์	bòht ní-gaai bproh-dtàet-dtaen
protestante (m)	ผู้นับถือศาสนาโปรแตสแตนท์	phôo náp thĕu sàat-sà-năa bproh-dtàet-dtaen
Ortodossia (f)	ศาสนาออร์ทอดอกซ์	sàat-sà-năa or-thor-dòrk
Chiesa (f) ortodossa	โบสถ์ศาสนาออร์ทอดอกซ์	bòht sàat-sà-năa or-thor-dòrk
ortodosso (m)	ผู้นับถือศาสนาออร์ทอดอกซ์	phôo náp thĕu sàat-sà-năa or-thor-dòrk
Presbiterianesimo (m)	นิกายเพรสไบทีเรียน	ní-gaai phrayt-bai-thee-rian
Chiesa (f) presbiteriana	โบสถ์นิกายเพรสไบทีเรียน	bòht ní-gaai phrayt-bai-thee-rian
presbiteriano (m)	ผู้นับถือนิกายเพรสไบทีเรียน	phôo náp thĕu ní-gaai phrayt bai thee rian
Luteranesimo (m)	นิกายลูเทอแรน	ní-gaai loo-thay-a-răen
luterano (m)	ผู้นับถือนิกายลูเทอแรน	phôo náp thĕu ní-gaai loo-thay-a-răen
confessione (f) battista	นิกายแบ๊บติสท์	ní-gaai báep-dtìt
battista (m)	ผู้นับถือนิกายแบบติสท	phôo náp thĕu ní-gaai báep-dtìt

Chiesa (f) anglicana	โบสถ์นิกายแองกลิกัน	bòht ní-gaai ae-ngók-lí-gan
anglicano (m)	ผู้นับถือนิกายแองกลิกัน	phôo náp thěu ní-gaai ae ngók lí gan
mormonismo (m)	นิกายมอร์มอน	ní-gaai mor-mon
mormone (m)	ผู้นับถือนิกายมอรมอน	phôo náp thěu ní-gaai mor-mon
giudaismo (m)	ศาสนายิว	sàat-sà-năa yiw
ebreo (m)	คนยิว	khon yiw
buddismo (m)	ศาสนาพุธ	sàat-sà-năa phút
buddista (m)	ผู้นับถือศาสนาพุธ	phôo náp thěu sàat-sà-năa phút
Induismo (m)	ศาสนาฮินดู	sàat-sà-năa hin-doo
induista (m)	ผู้นับถือศาสนาฮินดู	phôo náp thěu sàat-sà-năa hin-doo
Islam (m)	ศาสนาอิสลาม	sàat-sà-năa ìt-sà-laam
musulmano (m)	ผู้นับถือศาสนาอิสลาม	phôo náp thěu sàat-sà-năa ìt-sà-laam
musulmano (agg)	มุสลิม	mút-sà-lim
sciismo (m)	ศาสนาอิสลามนิกายชีอะฮ์	sàat-sà-năa ìt-sà-laam ní-gaai shi-à
sciita (m)	ผู้นับถือนิกายชีอะฮ์	phôo náp thěu ní-gaai shi-à
sunnismo (m)	ศาสนาอิสลามนิกายซุนนี	sàat-sà-năa ìt-sà-laam ní-gaai sun-nee
sunnita (m)	ผู้นับถือนิกายซุนนี	phôo náp thěu ní-gaai sun-nee

247. Religioni. Sacerdoti

prete (m)	นักบวช	nák bùat
Papa (m)	พระสันตะปาปา	phrá săn-dtà-bpaa-bpaa
monaco (m)	พระ	phrá
monaca (f)	แม่ชี	mâe chee
pastore (m)	ศาสนาจารย์	sàat-sà-năa-jaan
abate (m)	เจ้าอาวาส	jâo aa-wâat
vicario (m)	เจาอาวาส	jâo aa-wâat
vescovo (m)	มุขนายก	múk naa-yók
cardinale (m)	พระคาร์ดินัล	phrá khaa-dì-nan
predicatore (m)	นักเทศน์	nák thâyt
predica (f)	การเทศนา	gaan thâyt-sà-năa
parrocchiani (m)	ลูกวัด	lôok wát
credente (m)	ผู้ศรัทธา	phôo sàt-thaa
ateo (m)	ผู้เชื่อว่าไม่มีพระเจ้า	phôo chêua wâa mâi mee phrá jâo

248. Fede. Cristianesimo. Islam

Adamo	อาดัม	aa-dam
Eva	เอวา	ay-waa
Dio (m)	พระเจ้า	phrá jâo
Signore (m)	พระเจ้า	phrá jâo
Onnipotente (m)	พระผู้เป็นเจ้า	phrá phôo bpen jâo
peccato (m)	บาป	bàap
peccare (vi)	ทำบาป	tham bàap
peccatore (m)	คนบาป	khon bàap
peccatrice (f)	คนบาป	khon bàap
inferno (m)	นรก	ná-rók
paradiso (m)	สวรรค์	sà-wăn
Gesù	พระเยซู	phrá yay-soo
Gesù Cristo	พระเยซูคริสต์	phrá yay-soo khrít
Spirito (m) Santo	พระจิต	phrá jìt
Salvatore (m)	พระผู้ไถ่	phrá phôo thài
Madonna	พระนางมารีย์ พรหมจารี	phrá naang maa ree phrom-má-jaa-ree
Diavolo (m)	มาร	maan
del diavolo	ของมาร	khŏrng maan
Satana (m)	ซาตาน	saa-dtaan
satanico (agg)	ซาตาน	saa-dtaan
angelo (m)	เทวทูต	thay-wá-thôot
angelo (m) custode	เทวดาผู้คุ้มครอง	thay-wá-daa phôo khúm khrorng
angelico (agg)	ของเทวดา	khŏrng thay-wá-daa
apostolo (m)	สาวก	săa-wók
arcangelo (m)	หัวหน้าทูตสวรรค์	hŭa nâa thôot sà-wăn
Anticristo (m)	ศัตรูของพระคริสต์	sàt-dtroo khŏrng phrá khrít
Chiesa (f)	โบสถ์	bòht
Bibbia (f)	คัมภีร์ไบเบิ้ล	kham-phee bai-bêrn
biblico (agg)	ไบเบิ้ล	bai-bêrn
Vecchio Testamento (m)	พันธสัญญาเดิม	phan-thá-săn-yaa derm
Nuovo Testamento (m)	พันธสัญญาใหม่	phan-thá-săn-yaa mài
Vangelo (m)	พระวรสาร	phrá won săan
Sacra Scrittura (f)	พระคัมภีร์ไบเบิล	phrá kham-phee bai-bern
Il Regno dei Cieli	สวรรค์	sà-wăn
comandamento (m)	บัญญัติ	ban-yàt
profeta (m)	ผู้เผยพระวจนะ	phôo phŏie phrá wá-jà-ná
profezia (f)	คำพยากรณ์	kham phá-yaa-gon
Allah	อัลลอฮ์	an-lor
Maometto	พระมูฮัมหมัด	phrá moo ham màt

Corano (m)	อัลกุรอาน	an gù-rá-aan
moschea (f)	สุเหรา	sù-rào
mullah (m)	มุลละ	mun lá
preghiera (f)	บทสวดมนต์	bòt sùat mon
pregare (vi, vt)	สวด	sùat
pellegrinaggio (m)	การจาริกแสวงบุญ	gaan jaa-rík sà-wăeng bun
pellegrino (m)	ผู้แสวงบุญ	phôo sà-wăeng bun
La Mecca (f)	มักกะฮ	mák-gà
chiesa (f)	โบสถ์	bòht
tempio (m)	วิหาร	wí-hăan
cattedrale (f)	มหาวิหาร	má-hăa wí-hăan
gotico (agg)	แบบโกธิก	bàep goh-thík
sinagoga (f)	โบสถ์ของศาสนายิว	bòht khŏrng sàat-sà-năa yiw
moschea (f)	สุเหรา	sù-rào
cappella (f)	ห้องสวดมนต์	hôrng sùat mon
abbazia (f)	วัด	wát
convento (m) di suore	สำนักแม่ชี	săm-nák mâe chee
monastero (m)	อาราม	aa raam
campana (f)	ระฆัง	rá-khang
campanile (m)	หอระฆัง	hŏr rá-khang
suonare (campane)	ตีระฆัง	dtee rá-khang
croce (f)	ไม้กางเขน	mái gaang khăyn
cupola (f)	หลังคาทรงโดม	lăng kaa song dohm
icona (f)	รูปเคารพ	rôop kpao-róp
anima (f)	วิญญาณ	win-yaan
destino (m), sorte (f)	ชะตากรรม	chá-dtaa gam
male (m)	ความชั่วร้าย	khwaam chûa ráai
bene (m)	ความดี	khwaam dee
vampiro (m)	ผีดูดเลือด	phĕe dòot lêuat
strega (f)	แม่มด	mâe mót
demone (m)	ปีศาจ	bpee-sàat
spirito (m)	ผี	phĕe
redenzione (f)	การไถ่ถอน	gaan thài thŏrn
redimere (vt)	ไถ่ถอน	thài thŏrn
messa (f)	พิธีมิสซา	phí-tee mít-saa
dire la messa	ประกอบพิธีศีลมหาสนิท	bprà-gòp phí-thee sĕen má-hăa sà-nìt
confessione (f)	การสารภาพ	gaan săa-rá-phâap
confessarsi (vr)	สารภาพ	săa-rá-phâap
santo (m)	นักบุญ	nák bun
sacro (agg)	ศักดิ์สิทธิ์	sàk-gà-dì sìt
acqua (f) santa	น้ำมนต์	nám mon
rito (m)	พิธีกรรม	phí-thee gam
rituale (agg)	แบบพิธีกรรม	bpaep phí-thee gam
sacrificio (m) (offerta)	การบูชายัญ	gaan boo-chaa yan

superstizione (f)	**ความเชื่องมงาย**	khwaam chêua ngom-ngaai
superstizioso (agg)	**เชื่องมงาย**	chêua ngom-ngaai
vita (f) dell'oltretomba	**ชีวิตหลังความตาย**	chee-wít lăng khwaam dtaai
vita (f) eterna	**ชีวิตอันเป็นนิรันดร์**	chee-wít an bpen ní-ran

VARIE

249. Varie parole utili

aiuto (m)	ความช่วยเหลือ	khwaam chûay lěua
barriera (f) (ostacolo)	สิ่งกีดขวาง	sìng gèet-khwǎang
base (f)	ฐาน	thǎan
bilancio (m) (equilibrio)	สมดุล	sà-má-dun
categoria (f)	หมวดหมู่	mùat mòo
causa (f) (ragione)	สาเหตุ	sǎa-hàyt
coincidenza (f)	ความบังเอิญ	khwaam bang-ern
comodo (agg)	สะดวกสบาย	sà-dùak sà-baai
compenso (m)	การชดเชย	gaan chót-choie
confronto (m)	การเปรียบเทียบ	gaan bprìap thîap
cosa (f) (oggetto, articolo)	สิ่ง	sìng
crescita (f)	การเติบโต	gaan dtèrp dtoh
differenza (f)	ความแตกต่าง	khwaam dtàek dtàang
effetto (m)	ผลกระทบ	phǒn grà-thóp
elemento (m)	องค์ประกอบ	ong bprà-gòrp
errore (m)	ข้อผิดพลาด	khôr phìt phlâat
esempio (m)	ตัวอย่าง	dtua yàang
fatto (m)	ข้อเท็จจริง	khôr thét jing
forma (f) (aspetto)	รูปร่าง	rôop râang
frequente (agg)	ถี่	thèe
genere (m) (tipo, sorta)	ประเภท	bprà-phâyt
grado (m) (livello)	ระดับ	rá-dàp
ideale (m)	อุดมคติ	u-dom khá-dtì
inizio (m)	จุดเริ่มต้น	jùt rêrm-dtôn
labirinto (m)	เขาวงกต	khǎo-wong-gòt
modo (m) (maniera)	วิถีทาง	wí-thěe thaang
momento (m)	ช่วงเวลา	chûang way-laa
oggetto (m) (cosa)	สิ่งของ	sìng khǒrng
originale (m) (non è una copia)	ต้นฉบับ	dtôn chà-bàp
ostacolo (m)	อุปสรรค	u-bpà-sàk
parte (f) (~ di qc)	ส่วน	sùan
particella (f)	อนุภาค	a-nú phâak
pausa (f)	การหยุด	gaan yùt
pausa (f) (sosta)	การหยุดพัก	gaan yùt phák
posizione (f)	ตำแหน่ง	dtam-nàeng
principio (m)	หลักการ	làk gaan
problema (m)	ปัญหา	bpan-hǎa
processo (m)	กระบวนการ	grà-buan gaan
progresso (m)	ความก้าวหน้า	khwaam gâao nâa

proprietà (f) (qualità)	คุณสมบัติ	khun-ná-sŏm-bàt
reazione (f)	ปฏิกิริยา	bpà-dtì gì-rí-yaa
rischio (m)	ความเสี่ยง	khwaam sìang
ritmo (m)	จังหวะ	jang wà
scelta (f)	ตัวเลือก	dtua lêuak
segreto (m)	ความลับ	khwaam láp
serie (f)	ลำดับ	lam-dàp
sfondo (m)	ฉากหลัง	chàak lăng
sforzo (m) (fatica)	ความพยายาม	khwaam phá-yaa-yaam
sistema (m)	ระบบ	rá-bòp
situazione (f)	สถานการณ์	sà-thăan gaan
soluzione (f)	ทางแก	thaang gâe
standard (agg)	เป็นมาตรฐาน	bpen mâat-dtrà-thăan
standard (m)	มาตรฐาน	mâat-dtrà-thăan
stile (m)	สไตล	sà-dtai
sviluppo (m)	การพัฒนา	gaan phát-thá-naa
tabella (f) (delle calorie, ecc.)	ตาราง	dtaa-raang
termine (m)	จบ	jòp
termine (m) (parola)	คำ	kham
tipo (m)	ประเภท	bprà-phâyt
turno (m) (aspettare il proprio ~)	ตา	dtaa
urgente (agg)	เร่งด่วน	râyng dùan
urgentemente	อย่างเร่งด่วน	yàang râyng dùan
utilità (f)	ความมีประโยชน์	khwaam mee bprà-yòht
variante (f)	ขอ	khôr
verità (f)	ความจริง	khwaam jing
zona (f)	โซน	sohn

250. Modificatori. Aggettivi. Parte 1

a buon mercato	ถูก	thòok
abbronzato (agg)	ผิวดำแดง	phĭw dam daeng
acido, agro (sapore)	เปรี้ยว	bprîeow
affamato (agg)	หิว	hĭw
affilato (coltello ~)	คม	khom
allegro (agg)	รื่นเริง	rêun rerng
alto (voce ~a)	ดัง	dang
amaro (sapore)	ขม	khŏm
antico (civiltà, ecc.)	โบราณ	boh-raan
aperto (agg)	เปิด	bpèrt
artificiale (agg)	เทียม	thiam
bagnato (vestiti ~i)	เปียก	bpìak
basso (~a voce)	ต่ำ	dtàm
bello (agg)	สวย	sŭay
breve (di breve durata)	มีอายุสั้น	mee aa-yú sân
bruno (agg)	คล้ำ	khlám

buio, scuro (stanza ~a)	มืด	mêut
buono (un libro, ecc.)	ดี	dee
buono, gentile	ดี	dee
buono, gustoso	อร่อย	à-ròi
caldo (agg)	ร้อน	rórn
calmo (agg)	เงียบ	ngîap
caro (agg)	แพง	phaeng
cattivo (agg)	แย่	yâe
centrale (agg)	กลาง	glaang
chiaro (un significato ~)	ชัดเจน	chát jayn
chiaro, tenue (un colore ~)	อ่อน	òrn
chiuso (agg)	ปิด	bpìt
cieco (agg)	ตาบอด	dtaa bòrt
civile (società ~)	พลเรือน	phon-lá-reuan
clandestino (agg)	ลับ	láp
collegiale (decisione ~)	ร่วมกัน	rûam gan
compatibile (agg)	เข้ากันได้	khâo gan dâai
complicato (progetto, ecc.)	ยาก	yâak
contento (agg)	มีความสุข	mee khwaam sùk
continuo (agg)	ยาวนาน	yaao naan
continuo (ininterrotto)	ต่อเนื่อง	dtòr nêuang
cortese (gentile)	ดี	dee
corto (non lungo)	สั้น	sân
crudo (non cotto)	ดิบ	dìp
denso (fumo ~)	หนาแน่น	năa nâen
destro (lato ~)	ขวา	khwăa
di seconda mano	มือสอง	meu sŏrng
di sole (una giornata ~)	แดดแรง	dàet raeng
differente (agg)	หลาย	lăai
difficile (decisione)	ยาก	yâak
distante (agg)	ไกล	glai
diverso (agg)	ต่างกัน	dtàang gan
dolce (acqua ~)	จืด	jèut
dolce (gusto)	หวาน	wăan
dolce, tenero	อ่อนโยน	òn yohn
dritto (linea, strada ~a)	ตรง	dtrorng
duro (non morbido)	แข็ง	khăeng
eccellente (agg)	ยอดเยี่ยม	yôrt yîam
eccessivo (esagerato)	เกินขีด	gern khèet
enorme (agg)	ใหญ่	yài
esterno (agg)	ภายนอก	phaai nôrk
facile (agg)	ง่าย	ngâai
faticoso (agg)	น่าเหนื่อยหน่าย	nâa nèuay nàai
felice (agg)	มีความสุข	mee khwaam sùk
fertile (terreno)	อุดมสมบูรณ์	ù-dom sŏm-boon
fioco, soffuso (luce ~a)	สลัว	sà-lŭa
fitto (nebbia ~a)	หนา	năa

forte (una persona ~)	แข็งแกร่ง	khǎeng gràeng
fosco (oscuro)	มืดมัว	mêut mua
fragile (porcellana, vetro)	เปราะบาง	bpròr baang
freddo (bevanda, tempo)	เย็น	yen
fresco (freddo moderato)	เย็น	yen
fresco (pane ~)	สด	sòt
gentile (agg)	สุภาพ	sù-phâap
giovane (agg)	หนุ่ม	nùm
giusto (corretto)	ถูก	thòok
gradevole (voce ~)	ดี	dee
grande (agg)	ใหญ่	yài
grasso (cibo ~)	มันๆ	man man
grato (agg)	สำนึกในบุญคุณ	sǎm-néuk nai bun khun
gratuito (agg)	ฟรี	free
idoneo (adatto)	ที่เหมาะสม	thêe mòr sǒm
il più alto	สูงสุด	sǒong sùt
il più importante	ที่สำคัญที่สุด	thêe sǎm-khan thêe sùt
il più vicino	ใกล้ที่สุด	glâi thêe sùt
immobile (agg)	ไม่ขยับ	mâi khà-yàp
importante (agg)	สำคัญ	sǎm-khan
impossibile (agg)	เป็นไปไม่ได้	bpen bpai mâi dâai
incomprensibile (agg)	เขาใจไม่ได้	khâo jai mâi dâai
indispensabile	จำเป็น	jam bpen
inesperto (agg)	ขาดประสบการณ์	khàat bprà-sòp gaan
insignificante (agg)	ไม่สำคัญ	mâi sǎm-khan
intelligente (agg)	ฉลาด	chà-làat
interno (agg)	ภายใน	phaai nai
intero (agg)	ทั้งหมด	tháng mòt
largo (strada ~a)	กว้าง	gwâang
legale (agg)	ทางกฎหมาย	thaang gòt mǎai
leggero (che pesa poco)	เบา	bao
libero (agg)	ไม่จำกัด	mâi jam-gàt
limitato (agg)	จำกัด	jam-gàt
liquido (agg)	เหลว	lěo
liscio (superficie ~a)	เนียน	nian
lontano (agg)	ห่างไกล	hàang glai
lungo (~a strada, ecc.)	ยาว	yaao

251. Modificatori. Aggettivi. Parte 2

magnifico (agg)	สวย	sǔay
magro (uomo ~)	ผอม	phǒrm
malato (agg)	ป่วย	bpùay
maturo (un frutto ~)	สุก	sùk
meticoloso, accurato	พิถีพิถัน	phí-thěe-phí-thǎn
miope (agg)	สายตาสั้น	sǎai dtaa sân
misterioso (agg)	ลึกลับ	léuk láp

molto magro (agg)	ผอม	phŏrm
molto povero (agg)	ยากจน	yâak jon
morbido (~ al tatto)	นิ่ม	nîm
morto (agg)	ตาย	dtaai
nativo (paese ~)	ดั้งเดิม	dâng derm
necessario (agg)	จำเป็น	jam bpen
negativo (agg)	แง่ลบ	ngâe lóp
nervoso (agg)	กระวนกระวาย	grà won grà waai
non difficile	ไม่ยาก	mâi yâak
non molto grande	ไม่ใหญ่	mâi yài
noncurante (negligente)	ประมาท	bprà-màat
normale (agg)	ปกติ	bpòk-gà-dtì
notevole (agg)	สำคัญ	săm-khan
nuovo (agg)	ใหม่	mài
obbligatorio (agg)	จำเป็น	jam bpen
opaco (colore)	ด้าน	dâan
opposto (agg)	ตรงข้าม	dtrorng khâam
ordinario (comune)	ปกติ	bpòk-gà-dtì
originale (agg)	ดั้งเดิม	dâng derm
ostile (agg)	เป็นศัตรู	bpen sàt-dtroo
passato (agg)	ที่ผ่านมา	thêe phàan maa
per bambini	ของเด็ก	khŏrng dèk
perfetto (agg)	ยอดเยี่ยม	yôrt yîam
pericoloso (agg)	อันตราย	an-dtà-raai
permanente (agg)	ถาวร	thăa-won
personale (agg)	ส่วนตัว	sùan dtua
pesante (agg)	หนัก	nàk
piatto (schermo ~)	แบน	baen
piatto, piano (superficie ~a)	เรียบ	rîap
piccolo (agg)	เล็ก	lék
pieno (bicchiere, ecc.)	เต็ม	dtem
poco chiaro (agg)	ไม่ชัดเจน	mâi chát jayn
poco profondo (agg)	ตื้น	dtêun
possibile (agg)	เป็นไปได้	bpen bpai dâai
posteriore (agg)	หลัง	lăng
povero (agg)	จน	jon
precedente (agg)	ก่อนหน้า	gòrn nâa
preciso, esatto	ถูกต้อง	thòok dtôrng
premuroso (agg)	ที่ห่วงใย	thêe hùang yai
presente (agg)	ปัจจุบัน	bpàt-jù-ban
principale (più importante)	หลัก	làk
principale (primario)	หลัก	làk
privato (agg)	ส่วนบุคคล	sùan bùk-khon
probabile (agg)	เป็นไปได้	bpen bpai dâai
prossimo (spazio)	ใกล้	glâi
pubblico (agg)	สาธารณะ	săa-thaa-rá-ná
pulito (agg)	สะอาด	sà-àat

puntuale (una persona ~)	ตรงเวลา	dtrorng way-laa
raro (non comune)	หายาก	hăa yâak
rischioso (agg)	เสี่ยง	sìang
salato (cibo)	เค็ม	khem
scorso (il mese ~)	กลาย	glaai
secco (asciutto)	แห้ง	hâeng
semplice (agg)	ง่าย	ngâai
sereno (agg)	ไร้เมฆ	rái mâyk
sicuro (non pericoloso)	ปลอดภัย	bplòrt phai
simile (agg)	คล้ายคลึง	khláai khleung
sinistro (agg)	ซ้าย	sáai
soddisfatto (agg)	พอใจ	phor jai
solido (parete ~a)	แข็ง	khăeng
spazioso (stanza ~a)	กว้างขวาง	gwâang khwăang
speciale (agg)	พิเศษ	phí-sàyt
spesso (un muro ~)	หนา	năa
sporco (agg)	สกปรก	sòk-gà-bpròk
stanco (esausto)	เหนื่อย	nèuay
straniero (studente ~)	ต่างชาติ	dtàang châat
stretto (scarpe ~e)	คับ	kháp
stretto (un vicolo ~)	แคบ	khâep
stupido (agg)	โง่	ngôh
successivo, prossimo	ถัดไป	thàt bpai
supplementare (agg)	เพิ่มเติม	phêrm dterm
surgelato (cibo ~)	แช่แข็ง	châe khăeng
tiepido (agg)	อุ่น	ùn
tranquillo (agg)	สงบ	sà-ngòp
trasparente (agg)	ใส	săi
triste (infelice)	เศร้า	sâo
triste, mesto	เศร้า	sâo
uguale (identico)	เหมือนกัน	mĕuan gan
ultimo (agg)	ท้ายสุด	tháai sùt
umido (agg)	ชื้น	chéun
unico (situazione ~a)	อย่างเดียว	yàang dieow
vecchio (una casa ~a)	เก่า	gào
veloce, rapido	เร็ว	reo
vicino, accanto (avv)	ใกล้	glâi
vicino, prossimo	เพื่อนบ้าน	phêuan bâan
vuoto (un bicchiere ~)	ว่าง	wâang

I 500 VERBI PRINCIPALI

252. Verbi A-C

abbagliare (vt)	ทำให้มองไม่เห็น	tam hâi morng mâi hěn
abbassare (vt)	ลด	lót
abbracciare (vt)	กอด	gòrt
abitare (vi)	อยู่อาศัย	yòo aa-săi
accarezzare (vt)	ลูบ	lôop
accendere (~ la tv, ecc.)	เปิด	bpèrt
accendere (con una fiamma)	จุดไฟ	jùt fai
accompagnare (vt)	รวมไปด้วย	rûam bpai dûay
accorgersi (vr)	สังเกต	săng-gàyt
accusare (vt)	กล่าวหา	glàao hăa
aderire a ...	เข้าร่วมใน	khâo rûam nai
adulare (vt)	ชม	chom
affermare (vt)	ยืนยัน	yeun yan
afferrare (la palla, ecc.)	รับ	ráp
affittare (dare in affitto)	เช่า	châo
aggiungere (vt)	เพิ่ม	phêrm
agire (Come intendi ~?)	ปฏิบัติ	bpà-dtì-bàt
agitare (scuotere)	เขย่า	khà-yào
agitare la mano	โบกมือ	bòhk meu
aiutare (vt)	ช่วย	chûay
alleggerire (~ la vita)	ทำให้...ง่ายขึ้น	tham hâi...ngâai khêun
allenare (vt)	ฝึก	fèuk
allenarsi (vr)	ฝึก	fèuk
alludere (vi)	พูดเป็นนัย	phôot bpen nai
alzarsi (dal letto)	ลุกขึ้น	lúk khêun
amare (qn)	รัก	rák
ammaestrare (vt)	ฝึก	fèuk
ammettere (~ qc)	ยอมรับ	yorm ráp
ammirare (vi)	ชมเชย	chom choie
amputare (vt)	ตัดอวัยวะ	dtàt a-wai-wá
andare (in macchina)	ไป	bpai
andare a letto	ไปนอน	bpai norn
annegare (vi)	จมน้ำ	jom náam
annoiarsi (vr)	เบื่อ	bèua
annotare (vt)	จด	jòt
annullare (vt)	ยกเลิก	yók lêrk
apparire (vi)	ปรากฏ	bpraa-gòt
appartenere (vi)	เป็นของของ...	bpen khŏrng khŏrng...

appendere (~ le tende)	แขวน	khwǎen
applaudire (vi, vt)	ปรบมือ	bpròp meu
aprire (vt)	เปิด	bpèrt
arrendersi (vr)	ยอม	yorm
arrivare (di un treno)	มาถึง	maa thěung
arrossire (vi)	หน้าแดง	nâa daeng
asciugare (~ i capelli)	ทำให้...แห้ง	tham hâi...hâeng
ascoltare (vi)	ฟัง	fang
aspettare (vt)	รอ	ror
aspettarsi (vr)	คาดหวัง	khâat wǎng
aspirare (vi)	ปรารถนา	bpràat-thà-nǎa
assistere (vt)	ช่วย	chûay
assomigliare a ...	เหมือน	měuan
assumere (~ personale)	จ้าง	jâang
attaccare (vt)	โจมตี	johm dtee
aumentare (vi)	เพิ่ม	phêrm
aumentare (vt)	เพิ่ม	phêrm
autorizzare (vt)	อนุญาตให้	a-nú-yâat hâi
avanzare (vi)	คืบหน้า	khêup nâa
avere (vt)	มี	mee
avere fretta	รีบ	rêep
avere paura	กลัว	glua
avvertire (vt)	เตือน	dteuan
avviare (un progetto)	เปิด	bpèrt
avvicinarsi (vr)	เข้าใกล้	khâo glâi
basarsi su ...	อิง	ing
bastare (vi)	พอเพียง	phor phiang
battersi (~ contro il nemico)	สู้	sôo
bere (vi, vt)	ดื่ม	dèum
bruciare (vt)	เผา	phǎo
bussare (alla porta)	เคาะ	khór
cacciare (vt)	ล่าหา	lâa hǎa
cacciare via	ไล่ไป	lâi bpai
calmare (vt)	ทำให้...สงบ	tham hâi...sà-ngòp
cambiare (~ opinione)	เปลี่ยน	bplìan
camminare (vi)	ไป	bpai
cancellare (gomma per ~)	ขัดออก	khàt òrk
canzonare (vt)	เยาะเย้ย	yór-yóie
capeggiare (vt)	นำ	nam
capire (vt)	เข้าใจ	khâo jai
capovolgere (~ qc)	พลิก	phlík
caricare (~ un camion)	ขนของ	khǒn khǒrng
caricare (~ una pistola)	ใส่กระสุน	sài grà-sǔn
cenare (vi)	ทานอาหารเย็น	thaan aa-hǎan yen
cercare (vt)	หา	hǎa
cessare (vt)	หยุด	yùt

chiamare (nominare)	เรียก	rîak
chiamare (rivolgersi a)	เรียก	rîak
chiedere (~ aiuto)	เรียก	rîak
chiedere (domandare)	ขอ	khŏr
chiudere (~ la finestra)	ปิด	bpìt
citare (vt)	อ้างอิง	âang ing
cogliere (fiori, ecc.)	เก็บ	gèp
collaborare (vi)	รวมมือ	rûam meu
collocare (vt)	วาง	waang
coltivare (vt)	ปลูก	bplòok
combattere (vi)	สูรบ	sôo róp
cominciare (vt)	เริม	rêrm
compensare (vt)	ชดเชย	chót-choie
competere (vi)	แข่งขัน	khàeng khăn
compilare (vt)	รวบรวม	rûap ruam
complicare (vt)	ทำให...ซับซ้อน	tham hâi...sáp són
comporre (~ un brano musicale)	แตง	dtàeng
comportarsi (vr)	ประพฤติตัว	bprà-phréut dtua
comprare (vt)	ซื้อ	séu
compromettere (vt)	ทำให้...เสียเกียรติ	tham hâi...sĭa gìat
concentrarsi (vr)	ตั้งสมาธิ	dtâng sà-maa-thí
condannare (vt)	พิพากษา	phí-phâak-săa
confessarsi (vr)	สารภาพ	săa-rá-phâap
confondere (vt)	สับสน	sàp sŏn
confrontare (vt)	เปรียบเทียบ	bprìap thîap
congratularsi (con qn per qc)	แสดงความยินดี	sà-daeng khwaam yin dee
conoscere (qn)	รูจัก	róo jàk
consigliare (vt)	แนะนำ	náe nam
consultare (medico, ecc.)	ปรึกษา	bprèuk-săa
contagiare (vt)	ทำใหติดเชื้อ	tham hâi dtìt chéua
contagiarsi (vr)	ติดเชื้อ	dtìt chéua
contare (calcolare)	นับ	náp
contare su ...	พึ่งพา	phêung phaa
continuare (vt)	ดำเนินการต่อ	dam-nern gaan dtòr
controllare (vt)	ควบคุม	khûap khum
convincere (vt)	โนมนาว	nóhm náao
convincersi (vr)	ถูกโน้มน้าว	thook nóhm náao
coordinare (vt)	ประสานงาน	bprà-săan ngaan
correggere (vt)	แกไข	gâe khăi
correre (vi)	วิ่ง	wîng
costare (vt)	มีราคา	mee raa-khaa
costringere (vt)	บังคับ	bang-kháp
creare (vt)	สราง	sâang
credere (vt)	คิด	khít
curare (vt)	รักษา	rák-săa

253. Verbi D-G

dare (vt)	ให้	hâi
dare da mangiare	ให้อาหาร	hâi aa-hăan
dare istruzioni	สอน	sŏrn
decidere (~ di fare qc)	ตัดสินใจ	dtàt sĭn jai
decollare (vi)	บินขึ้น	bin khêun
decorare (adornare)	ตกแต่ง	dtòk dtàeng
decorare (qn)	มอบรางวัล	môrp raang-wan
dedicare (~ un libro)	อุทิศ	u thít
denunciare (vt)	ประณาม	bprà-naam
desiderare (vt)	ปรารถนา	bpràat-thà-năa
difendere (~ un paese)	ปกป้อง	bpòk bpôrng
difendersi (vr)	ปกป้อง	bpòk bpôrng
dimenticare (vt)	ลืม	leum
dipendere da …	พึ่งพา...	phêung phaa...
dire (~ la verità)	พูด	phôot
dirigere (~ un'azienda)	จัดการ	jàt gaan
discutere (vt)	หารือ	hăa-reu
disprezzare (vt)	รังเกียจ	rang gìat
distribuire (~ volantini, ecc.)	แจกจ่าย	jàek jàai
distribuire (vt)	แจกจ่าย	jàek jàai
distruggere (~ documenti)	ทำลาย	tham laai
disturbare (vt)	รบกวน	róp guan
diventare pensieroso	มัวแต่ครุ่นคิด	mua dtàe khrûn-khít
diventare, divenire	กลายเป็น	glaai bpen
divertire (vt)	ทำให้รื่นเริง	thám hâi rêun rerng
divertirsi (vr)	มีความสุข	mee khwaam sùk
dividere (vt)	หาร	hăan
dovere (v aus)	ต้อง	dtôrng
dubitare (vi)	สงสัย	sŏng-săi
eliminare (un ostacolo)	กำจัด	gam-jàt
emanare (~ odori)	ปล่อย	bplòi
emanare odore	มีกลิ่น	mee glìn
emergere (sommergibile)	ขึ้นมาที่ผิวน้ำ	khêun maa thêe phĭw náam
entrare (vi)	เข้า	khâo
equipaggiare (vt)	ติด	dtìt
ereditare (vt)	รับมรดก	ráp mor-rá-dòrk
esaminare (~ una proposta)	ตรวจสอบ	dtrùat sòrp
escludere (vt)	ไล่ออก	lâi òrk
esigere (vt)	เรียกร้อง	rîak rórng
esistere (vi)	มีอยู่	mee yòo
esprimere (vt)	แสดงออก	sà-daeng òrk
essere (vi)	เป็น	bpen
essere arrabbiato con …	โกรธ	gròht
essere causa di …	เป็นสาเหตุ...	bpen săa-hàyt...

essere conservato	ได้รับการรักษา	dâai ráp gaan rák-săa
essere d'accordo	เห็นด้วย	hĕn dûay
essere diverso da ...	แตกต่าง	dtàek dtàang
essere in guerra	ทำสงคราม	tham sŏng-khraam
essere necessario	เป็นที่ต้องการ	bpen thêe dtôrng gaan
essere perplesso	สับสน	sàp sŏn
essere preoccupato	กังวล	gang-won
essere sdraiato	นอน	norn
estinguere (~ un incendio)	ดับ	dàp
evitare (vt)	หลีกเลี่ยง	lèek lîang
far arrabbiare	ทำให้...โกรธ	tham hâi...gròht
far conoscere	แนะนำ	náe nam
far fare il bagno	อาบน้ำให้	àap náam hâi
fare (vt)	ทำ	tham
fare colazione	ทานอาหารเช้า	thaan aa-hăan cháo
fare copie	ถ่ายสำเนาหลายฉบับ	thàai săm-nao lăai chà-bàp
fare foto	ถ่ายภาพ	thàai phâap
fare il bagno	ว่ายน้ำ	wâai náam
fare il bucato	ซักผ้า	sák phâa
fare la conoscenza di ...	ทำความรู้จัก	tham khwaam róo jàk
fare le pulizie	จัดระเบียบ	jàt rá-bìap
fare un bagno	อาบน้ำ	àap náam
fare un rapporto	รายงาน	raai ngaan
fare un tentativo	ลอง	lorng
fare, preparare	ทำ	tham
fermarsi (vr)	หยุด	yùt
fidarsi (vt)	เชื่อ	chêua
finire, terminare (vt)	จบ	jòp
firmare (~ un documento)	ลงนาม	long naam
formare (vt)	ก่อตั้ง	gòr dtâng
garantire (vt)	รับประกัน	ráp bprà-gan
gettare (~ il sasso, ecc.)	ขว้าง	khwâang
giocare (vi)	เล่น	lên
girare (~ a destra)	เลี้ยว	líeow
girare lo sguardo	ม้วนหน้า	múan nâa
gradire (vt)	ชอบ	chôrp
graffiare (vt)	ข่วน	khùan
gridare (vi)	ตะโกน	dtà-gohn
guardare (~ fisso, ecc.)	มองดู	morng doo
guarire (vi)	ฟื้นตัว	féun dtua
guidare (~ un veicolo)	ขับรถ	khàp rót

254. Verbi I-O

illuminare (vt)	ทำให้สว่าง	tham hâi sà-wàang
imballare (vt)	ห่อ	hòr

imitare (vt)	เลียนแบบ	lian bàep
immaginare (vt)	มีจินตนาการ	mee jin-dtà-naa gaan
importare (vt)	นำเข้า	nam khâo
incantare (vt)	หวานเสน่ห์	wàan sà-này
indicare (~ la strada)	ชี้	chée
indignarsi (vr)	ขุ่นเคือง	khùn kheuang
indirizzare (vt)	บอกทาง	bòrk thaang
indovinare (vt)	คาดเดา	khâat dao
influire (vt)	มีอิทธิพล	mee ìt-thí phon
informare (vt)	แจง	jâeng
informare di ...	แจ้ง	jâeng
ingannare (vt)	หลอก	lòrk
innaffiare (vt)	รดน้ำ	rót náam
innamorarsi di ...	ตกหลุมรัก	dtòk lŭm rák
insegnare (qn)	สอน	sŏrn
inserire (vt)	สอดใส่	sòrt sài
insistere (vi)	ยืนยัน	yeun yan
insultare (vt)	ดูถูก	doo thòok
interessare (vt)	ทำให้...สนใจ	tham hâi...sŏn jai
interessarsi di ...	สนใจ	sŏn jai
intervenire (vi)	แทรกแซง	sâek saeng
intraprendere (vt)	ดำเนินการ	dam-nern gaan
intravedere (vt)	เหลือบมอง	lèuap morng
inventare (vt)	ประดิษฐ์	bprà-dìt
inviare (~ una lettera)	ส่ง	sòng
invidiare (vt)	อิจฉา	ìt-chăa
invitare (vt)	เชิญ	chern
irritare (vt)	ทำให้...รำคาญ	tham hâi...ram-khaan
irritarsi (vr)	หงุดหงิด	ngùt-ngìt
iscrivere (su una lista)	เขียน...ใส่	khĭan...sài
isolare (vt)	แยก	yâek
ispirare (vt)	บันดาลใจ	ban-daan jai
lamentarsi (vr)	บ่น	bòn
lasciar cadere	ทำให้...ตก	tham hâi...dtòk
lasciare (abbandonare)	หย่า	yàa
lasciare (ombrello, ecc.)	ลืม	leum
lavare (vt)	ล้าง	láang
lavorare (vi)	ทำงาน	tham ngaan
legare (~ qn a un albero)	ผูกกับ...	phòok gàp...
legare (~ un prigioniero)	มัด	mát
leggere (vi, vt)	อ่าน	àan
liberare (vt)	ปลดปล่อย	bplòt bplòi
liberarsi (~ di qn, qc)	กำจัด...	gam-jàt...
limitare (vt)	จำกัด	jam-gàt
lottare (sport)	มวยปล้ำ	muay bplâm
mancare le lezioni	พลาด	phlâat

mangiare (vi, vt)	กิน	gin
memorizzare (vt)	จดจำ	jòt jam
mentire (vi)	โกหก	goh-hòk
menzionare (vt)	กล่าวถึง	glàao thěung
meritare (vt)	สมควรได้รับ	sǒm khuan dâai ráp
mescolare (vt)	ผสม	phà-sǒm
mettere fretta a …	รีบ	rêep
mettere in ordine	จัดเรียง	jàt riang
mettere via	เก็บที่	gèp thêe
mettere, collocare	วาง	waang
minacciare (vt)	ขู่	khòo
mirare, puntare su …	เล็ง	leng
moltiplicare (vt)	คูณ	khoon
mostrare (vt)	แสดง	sà-daeng
nascondere (vt)	ซ่อน	sôrn
negare (vt)	ปฏิเสธ	bpà-dtì-sàyt
negoziare (vi)	เจรจา	jayn-rá-jaa
noleggiare (~ una barca)	จ้าง	jâang
nominare (incaricare)	มอบหมาย	môrp mǎai
nuotare (vi)	ว่ายน้ำ	wâai náam
obbedire (vi)	เชื่อฟัง	chêua fang
obiettare (vt)	ค้าน	kháan
occorrere (vi)	มีความจำเป็น	mee khwaam jam bpen
odorare (sentire odore)	ดมกลิ่น	dom glìn
offendere (qn)	ล่วงเกิน	lûang gern
omettere (vt)	เว้น	wén
ordinare (~ il pranzo)	สั่งอาหาร	sàng aa-hǎan
ordinare (mil.)	สั่งการ	sàng gaan
organizzare (vt)	จัด	jàt
origliare (vi)	ลอบฟัง	lôrp fang
ormeggiarsi (vr)	จอดเรือ	jòrt reua
osare (vt)	กล้า	glâa
osservare (vt)	สังเกตการณ์	sǎng-gàyt gaan

255. Verbi P-R

pagare (vi, vt)	จ่าย	jàai
parlare con …	คุยกับ	khui gàp
partecipare (vi)	มีส่วนร่วม	mee sùan rûam
partire (vi)	ออกเดินทาง	òrk dern thaang
peccare (vi)	ทำบาป	tham bàap
penetrare (vi)	แทรกซึม	sâek seum
pensare (credere)	เชื่อ	chêua
pensare (vi, vt)	คิด	khít
perdere (ombrello, ecc.)	ทำหาย	tham hǎai
perdonare (vt)	ยกโทษให้	yók thôht hâi

permettere (vt)	อนุญาต	a-nú-yâat
pesare (~ molto)	มีน้ำหนัก	mee nám nàk
pescare (vi)	จับปลา	jàp bplaa
pettinarsi (vr)	หวีผม	wěe phǒm
piacere (vi)	ชอบ	chôrp
piangere (vi)	ร้องไห้	rórng hâi
pianificare (~ di fare qc)	วางแผน	waang phǎen
picchiare (vt)	ตี	dtee
picchiarsi (vr)	สู้	sôo
portare (qc a qn)	นำมา	nam maa
portare via	เอาไป	ao bpai
possedere (vt)	เป็นเจ้าของ	bpen jâo khǒrng
potere (vi)	สามารถ	sǎa-mâat
pranzare (vi)	ทานอาหารเที่ยง	thaan aa-hǎan thîang
preferire (vt)	ชอบ	chôrp
pregare (vi, vt)	ภาวนา	phaa-wá-naa
prendere (vt)	เอา	ao
prendere in prestito	ขอยืม	khǒr yeum
prendere nota	จดโน้ต	jòt nóht
prenotare (~ un tavolo)	จอง	jorng
preoccupare (vt)	ทำให้...เป็นห่วง	tham hâi…bpen hùang
preoccuparsi (vr)	เป็นห่วง	bpen hùang
preparare (~ un piano)	เตรียม	dtriam
presentare (~ qn)	แนะนำ	náe nam
preservare (~ la pace)	รักษา	rák-sǎa
prevalere (vi)	ชนะ	chá-ná
prevedere (vt)	คาดหวัง	khâat wǎng
privare (vt)	ตัด	dtàt
progettare (edificio, ecc.)	ออกแบบ	òrk bàep
promettere (vt)	สัญญา	sǎn-yaa
pronunciare (vt)	ออกเสียง	òrk sǐang
proporre (vt)	เสนอ	sà-něr
proteggere (vt)	ปกป้อง	bpòk bpôrng
protestare (vi)	ประท้วง	bprà-thúang
provare (vt)	พิสูจน์	phí-sòot
provocare (vt)	ยั่วยุ	yûa yú
pubblicizzare (vt)	โฆษณา	khôht-sà-naa
pulire (vt)	ทำความสะอาด	tham khwaam sà-àat
pulirsi (vr)	ทำความสะอาด	tham khwaam sà-àat
punire (vt)	ลงโทษ	long thôht
raccomandare (vt)	แนะนำ	náe nam
raccontare (~ una storia)	เล่า	lâo
raddoppiare (vt)	เพิ่มเป็นสองเท่า	phêrm bpen sǒrng thâo
rafforzare (vt)	เสริม	sěrm
raggiungere (arrivare a)	ไปถึง	bpai thěung

raggiungere (obiettivo)	บรรลุ	ban-lú
rammaricarsi (vr)	เสียใจ	sĭa jai
rasarsi (vr)	โกน	gohn
realizzare (vt)	ทำให้...เป็นจริง	tham hâi...bpen jing
recitare (~ un ruolo)	เล่นบท	lên bòt
regolare (~ un conflitto)	ยุติ	yút-dtì
respirare (vi)	หายใจ	hăai jai
riconoscere (~ qn)	จดจำ	jòt jam
ricordare (a qn di fare qc)	นึกถึง	néuk thĕung
ricordare (vt)	จำ	jam
ricordarsi di (~ qn)	จำ	jam
ridere (vi)	หัวเราะ	hŭa rór
ridurre (vt)	ลด	lót
riempire (vt)	เติมให้เต็ม	dterm hâi dtem
rifare (vt)	ทำซ้ำ	tham sám
rifiutare (vt)	ปฏิเสธ	bpà-dtì-sàyt
rimandare (vt)	ส่งคืน	sòng kheun
rimproverare (vt)	ตำหนิ	dtam-nì
rimuovere (~ una macchia)	ล้างออก	láang òrk
ringraziare (vt)	แสดงความขอบคุณ	sà-daeng khwaam khòrp kun
riparare (vt)	ซ่อม	sôrm
ripetere (ridire)	พูดซ้ำ	phôot sám
riposarsi (vr)	พัก	phák
risalire a (data, periodo)	มาตั้งแต่...	maa dtâng dtàe...
rischiare (vi, vt)	เสี่ยง	sìang
risolvere (~ un problema)	แก้ไข	gâe khăi
rispondere (vi, vt)	ตอบ	dtòrp
ritornare (vi)	กลับ	glàp
rivolgersi a ...	พูดกับ	phôot gàp
rompere (~ un oggetto)	ทำพัง	tham phang
rovesciare (~ il vino, ecc.)	ทำให้...หก	tham hâi...hòk
rubare (~ qc)	ขโมย	khà-moi

256. Verbi S-V

salpare (vi)	ถอดออก	thòrt òrk
salutare (vt)	ทักทาย	thák thaai
salvare (~ la vita a qn)	ช่วยชีวิต	chûay chee-wít
sapere (qc)	รู้	róo
sbagliare (vi)	ทำผิดพลาด	tham phìt phlâat
scaldare (vt)	อุ่นให้ร้อน	ùn hâi rórn
scambiare (vt)	แลกเปลี่ยน	lâek bplìan
scambiarsi (vr)	แลกเปลี่ยน	lâek bplìan
scavare (~ un tunnel)	ขุด	khùt
scegliere (vt)	เลือก	lêuak

scendere (~ per le scale)	ลง	long
scherzare (vi)	ล้อเล่น	lór lên
schiacciare (~ un insetto)	บี้	bêe
scoppiare (vi)	ขาด	khàat
scoprire (vt)	สอบถาม	sòrp thăam
scoprire (vt)	ค้นพบ	khón phóp
screpolarsi (vr)	แตก	dtàek
scrivere (vi, vt)	เขียน	khĭan
scusare (vt)	ให้อภัย	hâi a-phai
scusarsi (vr)	ขอโทษ	khŏr thôht
sedere (vi)	นั่ง	nâng
sedersi (vr)	นั่ง	nâng
segnare (~ con una croce)	ทำเครื่องหมาย	tham khrêuang măai
seguire (vt)	ไปตาม...	bpai dtaam...
selezionare (vt)	เลือก	lêuak
seminare (vt)	หว่าน	wàan
semplificare (vt)	ทำให้ง่ายขึ้น,	tham hâi ngâai khêun
sentire (percepire)	รับรู้	ráp róo
servire (~ al tavolo)	เสิร์ฟ	sêrf
sgridare (vt)	ดุว่า	dù wâa
significare (vt)	บ่งบอก	bòng bòrk
slegare (vt)	แก้มัด	gâe mát
smettere di parlare	หยุดพูด	yùt phôot
soddisfare (vt)	ทำให้...พอใจ	tham hâi...phor jai
soffiare (vento, ecc.)	เป่า	bpào
soffrire (provare dolore)	ทรมาน	thor-rá-maan
sognare (fantasticare)	ฝัน	făn
sognare (fare sogni)	ฝัน	făn
sopportare (~ il freddo)	ทน	thon
sopravvalutare (vt)	ตีค่าสูงเกิน	dtee khâa sŏong gern
sorpassare (vt)	ผ่าน	phàan
sorprendere (stupire)	ทำให้...ประหลาดใจ	tham hâi...bprà-làat jai
sorridere (vi)	ยิ้ม	yím
sospettare (vt)	สงสัย	sŏng-săi
sospirare (vi)	ถอนหายใจ	thŏrn hăai-jai
sostenere (~ una causa)	สนับสนุน	sà-nàp-sà-nŭn
sottolineare (vt)	ขีดเส้นใต้	khèet sên dtâi
sottovalutare (vt)	ดูถูก	doo thòok
sovrastare (vi)	ทำให้...สูงเหนือ	tham hâi...sŏong nĕua
sparare (vi)	ยิง	ying
spargersi (zucchero, ecc.)	หก	hòk
sparire (vi)	หายไป	hăai bpai
spegnere (~ la luce)	ปิด	bpìt
sperare (vi, vt)	หวัง	wăng
spiare (vt)	แอบดู	àep doo
spiegare (vt)	อธิบาย	à-thí-baai

spingere (~ la porta)	ผลัก	phlàk
splendere (vi)	ส่องแสง	sòrng sǎeng
sporcarsi (vr)	สกปรก	sòk-gà-bpròk
sposarsi (vr)	แต่งงาน	dtàeng ngaan
spostare (~ i mobili)	ย้าย	yáai
sputare (vi)	ถุย	thǔi
staccare (vt)	ตัดออก	dtàt òrk
stancare (vt)	ทำให้...เหนื่อย	tham hâi...nèuay
stancarsi (vr)	เหนื่อย	nèuay
stare (sul tavolo)	อยู่	yǒo
stare bene (vestito)	เหมาะ	mò
stirare (con ferro da stiro)	รีด	rêet
strappare (vt)	ฉีก	chèek
studiare (vt)	เรียน	rian
stupirsi (vr)	ประหลาดใจ	bprà-làat jai
supplicare (vt)	ขอร้อง	khǒr rórng
supporre (vt)	สุมมุติ	sǒm mút
sussultare (vi)	สั่น	sàn
svegliare (vt)	ปลุกให้ตื่น	bplùk hâi dtèun
tacere (vi)	นิ่งเงียบ	nîng ngîap
tagliare (vt)	ตัดออก	dtàt òrk
tenere (conservare)	เก็บ	gèp
tentare (vt)	พยายาม	phá-yaa-yaam
tirare (~ la corda)	ดึง	deung
toccare (~ il braccio)	สัมผัส	sǎm-phàt
togliere (rimuovere)	เอาออก	ao òrk
tradurre (vt)	แปล	bplae
trarre una conclusione	สรุป	sà-rùp
trasformare (vt)	เปลี่ยนแปลง	bplìan bplaeng
trattenere (vt)	ยับยั้ง	yáp yáng
tremare (~ dal freddo)	หนาวสั่น	nǎao sàn
trovare (vt)	ค้นหา	khón hǎa
tuffarsi (vr)	ดำ	dam
uccidere (vt)	ฆ่า	khâa
udire (percepire suoni)	ได้ยิน	dâai yin
unire (vt)	ทำให้...รวมกัน	tham hâi...ruam gan
usare (vt)	ใช้	chái
uscire (andare fuori)	ออกไป	òrk bpai
uscire (libro)	ออกวางจำหน่าย	òrk waang jam-nàai
utilizzare (vt)	ใช้	chái
vaccinare (vt)	ฉีดวัคซีน	chèet wák-seen
vantarsi (vr)	อวด	ùat
vendere (vt)	ขาย	khǎai
vendicare (vt)	แก้แค้น	gâe kháen
versare (~ l'acqua, ecc.)	ริน	rin

vietare (vt)	**ห้าม**	hâam
vivere (vi)	**มีชีวิต**	mee chee-wít
volare (vi)	**บิน**	bin
voler dire (significare)	**บ่งบอก**	bòng bòrk
volere (desiderare)	**ต้องการ**	dtôrng gaan
votare (vi)	**ลงคะแนน**	long khá-naen

www.ingramcontent.com/pod-product-compliance
Lightning Source LLC
Chambersburg PA
CBHW071321090426
42738CB00012B/2754